JN117487

越前・若狭 武将たちの戦国

外岡慎一郎ほか◉著
福井県郷土誌懇談会＋
石川美咲・大河内勇介・角 明浩◉編

岩田書院ブックレット
H-32
［歴史考古学系］

岩田書院

装幀◉渡辺将史

越前・若狭　武将たちの戦国　目次

コラム

凡例

一、典拠史料のうち、古記録は『二重カギ括弧』で表記した。

一、本書の企画・編集は、福井県郷土誌懇談会出版事業編集委員（石川美咲・角明浩・金田久璋・中島嘉文・本川幹男・柳沢芙美子）が行い、実務は石川美咲・大河内勇介・角明浩および事務局が行った。

一、各人名は一般に呼称されているものを基本とし、必要に応じて実名・別名・改姓名・号等を注記するに止めた。

一、巻末に「参考文献」を掲げ、本文中でそれを参照する場合は、（人名 発行年）で示した。

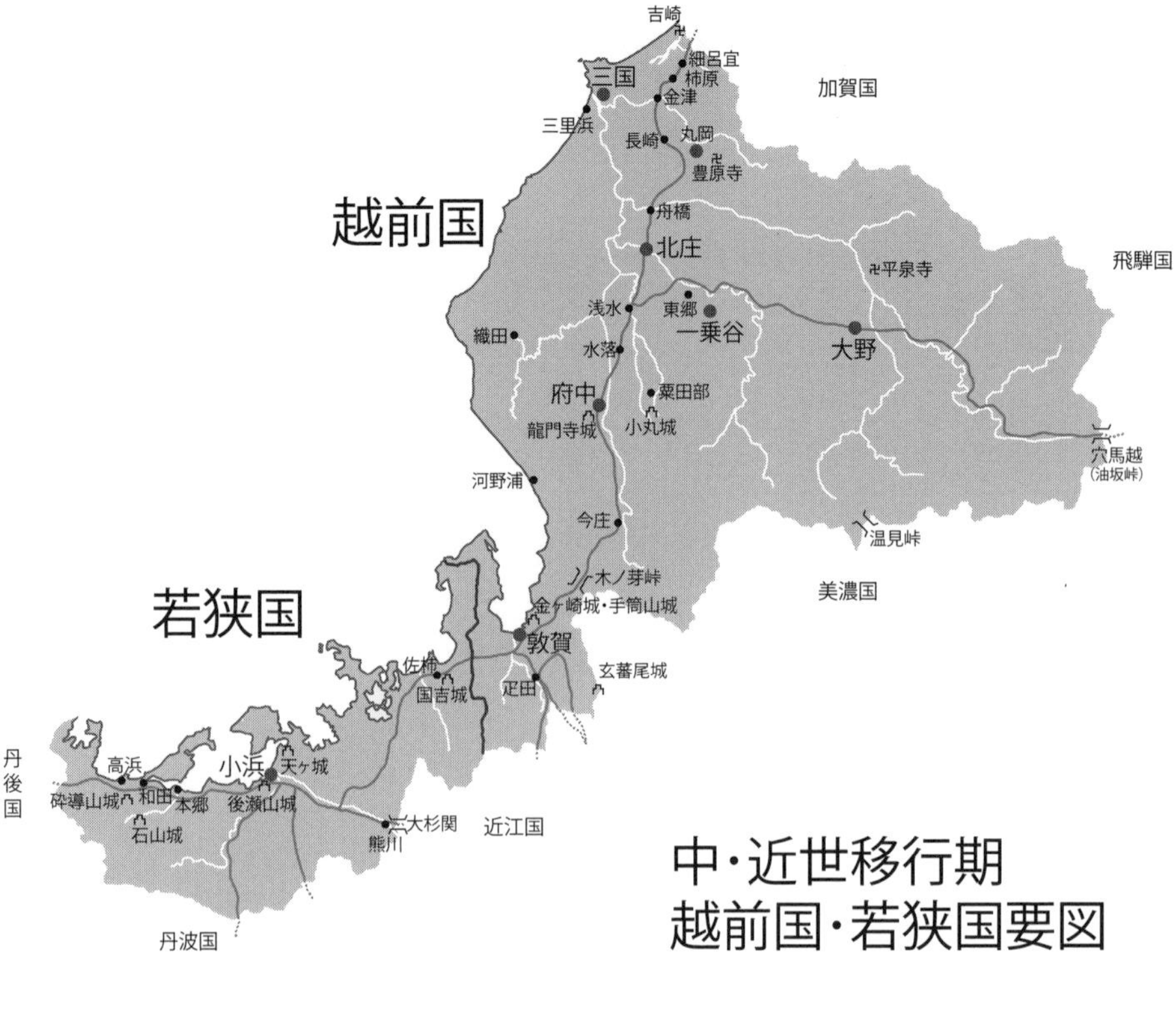

中・近世移行期
越前国・若狭国要図

総論　越前・若狭の戦国時代

外岡慎一郎

本書は、戦国時代の越前《えちぜん》・若狭《わかさ》に確かな足跡を残した武将たちの生きざまをたどりながら、中世から近世に移り変わる時代の姿を読み解くことを目的としている。

したがって、本編は武将たちの簡潔な評伝集で、登場するのは多く戦国時代の後半期を生きた武将たちである。ほぼ活躍する年代順に掲げた。しかし、**11**「結城秀康《ゆうきひでやす》・忠直《ただなお》」では、江戸時代の越前（福井）藩主松平《まつだいら》忠直をとりあげている。逆に、戦国時代の前半期を生きた武将たち、たとえば著名な朝倉孝景《あさくらたかかげ》（英林《えいりん》）や武田《たけだ》元光《もとみつ》らの評伝を欠いている。本編の構成に違和感を持たれる読者がいるかもしれない。

そこで、この総論では、越前・若狭の戦国時代を概観して、個別武将の評伝で補い切れない時代の隙間を埋めていくことで、本編評伝の理解を深める一助としたい（以下、本書所収の武将たちは、そのタイトルの数字を〔**11**〕のように記す）。

長い一六世紀　「時は戦国、群雄割拠《ぐんゆうかっきょ》の時代」といわれると、なんとなくわかったような気持ちになるが、戦国時代とは果たしていつからいつまでなのか、実は定説がない。また、「群雄割拠」というときの「群雄」は、名の知れた戦国大名たちだけを指しているわけではない。有名無名の武将や宗教勢力が、個別に、あるいは統治共同体（惣国《そうこく》一揆《いっき》など)を形成して「割拠」したのである。

したがって、戦国時代の始まりということでは、室町幕府が解体過程に突入し、室町殿のもとに各国守護《しゅご》が国ごとの地方行政・軍事を担う枠組み、いわゆる室町幕府―守護体制が崩壊して、新しい地域ごとの政治秩序の形成が促されていくという時流が、いつ、あるいは何を起点としたかを考え、始期を確定していくことになるだろう。現在では、東国においては享徳《きょうとく》の乱(一四五五～八三年)、畿内近国では応仁《おうにん》の乱(一四六七～七七年)が戦国時代の始まりと考えられている。

一方、戦国時代の終焉は、いつ、あるいは何を指標とすべきであろうか。いわゆる天下一統は豊臣秀吉《とよとみひでよし》の業績であるが、私戦の禁止(惣無事《そうぶじ》)を唱えた秀吉自身は戦争をやめず、朝鮮半島に兵を進め、戦争をやめないままに没した。その結果、徳川幕藩制という新しい政治秩序が形成されるためには、ふたたび関ケ原合戦(東北・九州の合戦含む)、大坂の陣という戦争を経験することになったのである。そして大坂の陣終結(一六一五年)をひとつの契機として元号も元和《げんな》と改められ、徳川政権は戦国時代の終焉、「元和偃武《えんぶ》」を宣言したとされる。

ただ、その後におこる島原《しまばら》・天草《あまくさ》一揆(島原の乱、一六三七～三八年)の規模が大きかったことや、これが事実上最後の内乱であったこと、さらには一揆壊滅の翌年に「鎖国」が完了することを考慮する必要があるかもしれない。したがって、おおよそ戦国時代の時代範囲は、広く一五世紀の後半期から一七世紀の前半期に至る約二〇〇年間に設定しておくのが現状では穏当なようである。

ところで、この約二〇〇年間は、ヨーロッパの歴史では「大航海時代」などと呼ばれ、ポルトガル、スペイン、次いでオランダ、イギリスの海洋進出によって莫大な富が西ヨーロッパに蓄積され、近代資本主義経済の基礎が築かれ、さらには一七世紀以降の近代世界システム構築へとつながる時代と評価されている。いわゆる「長い一六世紀」である（フェルナン・ブローデル〈一九〇二—一九八五〉、イマニエル・ウォーラーステイン〈一九三〇—二〇一九〉）。一六四八年、主にドイツを舞台として戦われた三〇年戦争の講和条約として締結されたウェストファリア条約が、ヨーロッパの新秩序を規定し、近代国際法の始原と評価されることを想起すれば、これも「長い一六世紀」の産物ということができる。

日本における中近世移行期もまさに「長い一六世紀」に相当する。その後に生まれた社会は西ヨーロッパと日本では大きく異なっているが、日本史研究でも「長い一六世紀」という考え方を導入して、合戦に勝利したものが正当性を獲得する「戦国」といった、ある意味わかりやすい変化とともに、経済・思想・文化といった緩慢な変化をみせる分野についても、時代を切り取ることができる可能性が追究されている。

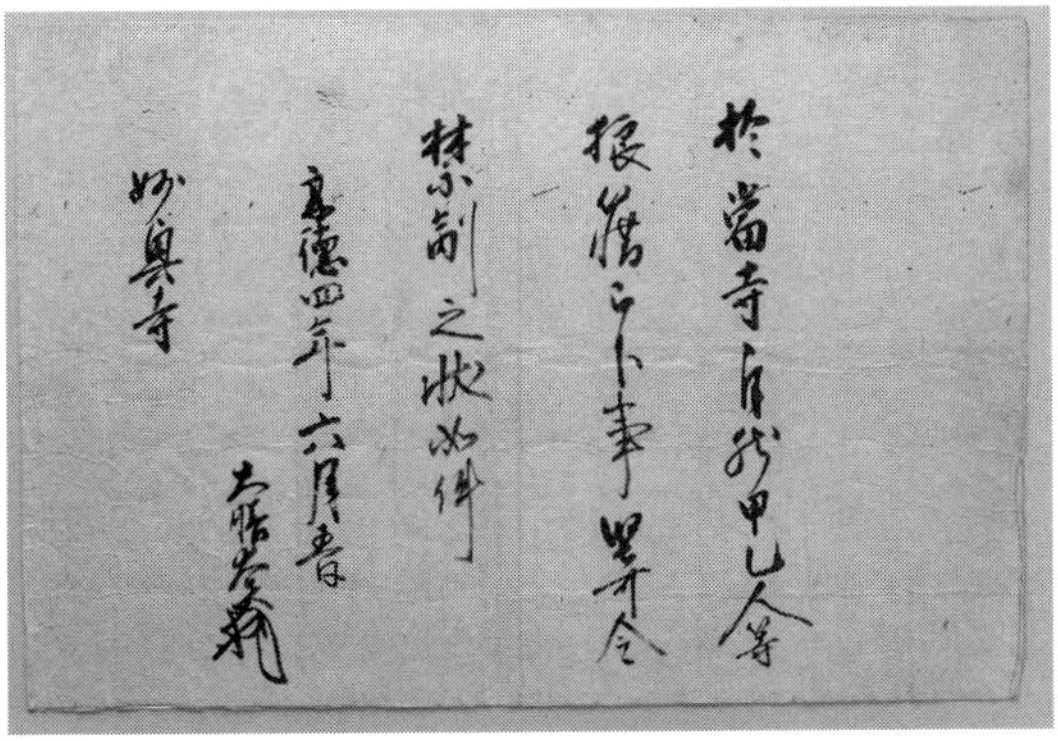

写真１　武田信賢禁制

ただ、ヨーロッパの「長い一六世紀」においても、地域により変化の速度や質に違いがあることが指摘されるように、日本の「長い一六世紀」においても、当然地域性の問題には配慮が必要であろう。ここでの総論のテーマは「越前・若狭の戦国時代」である。武将たちの「長い一六世紀」を考える場合にも地域性は考慮しなければならない。

若狭の「戦国」　武田氏が若狭守護になるのは永享一二年（一四四〇）五月のことである。将軍足利義教《あしかがよしのり》の密命を受けた武田信栄《のぶひで》・細川持常《ほそかわもちつね》らが、大和《やまと》の陣中（大和越智《おち》氏攻略）で一色義貫《いっしきよしつら》を暗殺。義貫が帯びていた丹後《たんご》守

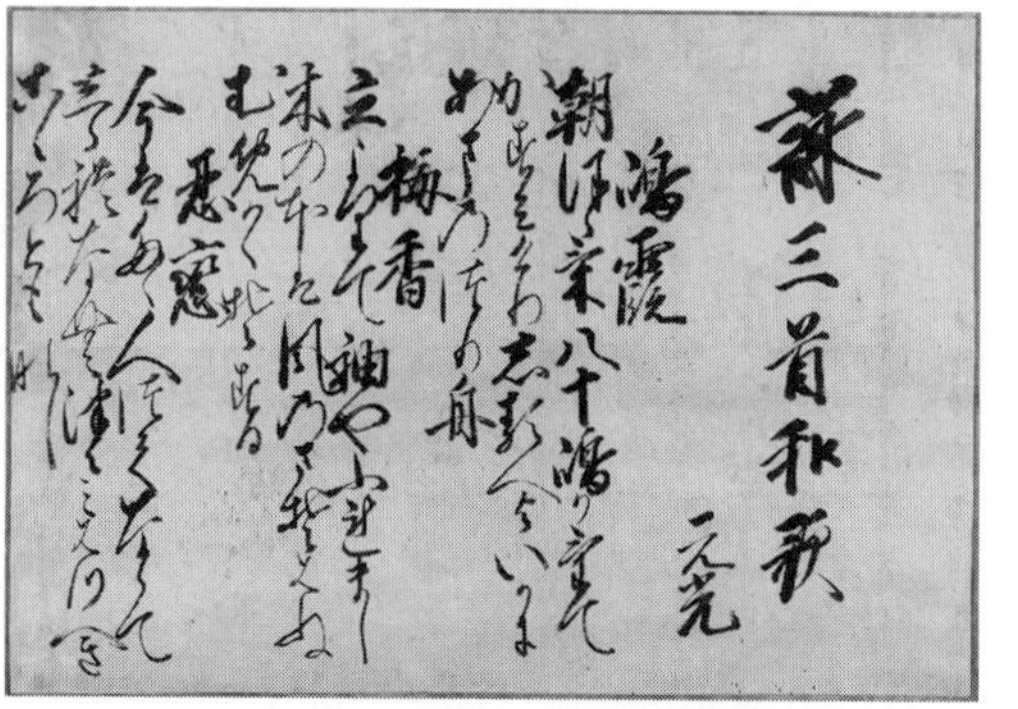

写真２　武田元光　三首和歌懐紙

護は甥の一色教親《のりちか》に、若狭守護は武田信栄にそれぞれ与えられた。しかし信栄はまもなく亡くなり、弟の信賢《のぶかた》が後継となるが、南北朝期以降、若狭守護を世襲した一色氏の残存勢力（「一色牢人《ろうにん》」）の抵抗は、若狭の港湾都市小浜《おばま》を拠点に展開して根強く、守護支配はなかなか実現しなかったらしい。

それは、若狭武田氏の若狭支配の実績を示す最初の文書が、享徳四年（一四五五）六月に信賢が妙興寺《みょうこうじ》に授与した禁制《きんぜい》（写真1、妙興寺文書）であるということにもあらわれている。

「一色牢人」はその後も徳政《とくせい》一揆などと連動して断続的に蜂起《ほうき》した。応仁元年（一四六七）五月、のちに応仁の乱と称されることになる京での戦いが起きた折にも（これは改元《かいげん》を契機とした徳政一揆であろうか）、混乱に乗じて小浜周辺に集結した「一色牢人」の鎮圧のため、信賢は若狭に向かわなければならなかった。そして、翌六月には京で東軍武田信賢と西軍朝倉孝景が干戈《かんか》を交えることになる。応仁の乱初期においては、朝倉氏は「西兆本」、武田氏は「東大将」と称されたという。

こうしてみると、若狭の戦国時代（「長い一六世紀」）の始まりは、武田氏の若狭守護就任とこれに抵抗する「一色牢人」の争いが終結をみないままに応仁の乱を迎えていくところに求められ、また特徴づけられることになろう。

ただ、応仁の乱の期間中を含め、一六世紀に入ってもしばらくは若狭国内での戦争は確認できない。この間、武田氏（若狭守護）の世代は国信《くにのぶ》（信賢弟）・元信《もとのぶ》（国信子息）と継承されるが、京の武田邸で犬追物《いぬおうもの》が催されたり、貴族主催の歌会《うたかい》や蹴鞠《けまり》会に招かれたり、あるいは若狭に来訪する貴族たちを歓待したりと、貴族文化、武家故実の伝承者、保護者としての力量を感じさせる活動記録にこと欠かない（写真2、福井県立若狭歴史博物館蔵）。

しかし、その一方で戦争の時代は継続していた。武田氏の主たる戦場は京都周辺にあり、応仁の乱後も将軍足利義尚《よしひさ》の近江《おうみ》出陣（一四八七〜八九年、長享《ちょうきょう》・延徳《えんとく》の乱）、管領《かんれい》細川政元《まさもと》による将軍足利義材《よしき》追放・将軍義澄《よしずみ》推戴《すいたい》（一四九三年、明応《めいおう》の政変）と相次ぎ、武田氏の軍事行動にも休息の暇はあまりなかった。陣中で没した義尚の遺体に付き添って帰京したのは国信であり、明応の政変で政元に与《くみ》して義材の反抗を食い止めたのは元信である。

こうした文武両面における実績によって、崩れゆく室町幕府を何とか支えた武田氏であるが、政元が暗殺され（永正四年〈一五〇七〉）、周防大内《すおうおおうち》氏を頼って山口に寄寓《きぐう》していた義材が大内義興《よしおき》に奉じられて京都に帰還し、将軍に返り咲くと（改名して義稙《よしたね》）、元信は京を去らねばならなかった。

しかし、領国《りょうごく》経営にかかる武田氏当主の意思決定権の強化が反映された文書様式の顕著な変化が、元信の代にあらわれ、元信の子息元光がこれを定着させたこと、元光が大永二年（一五二二）に後瀬山《のちせやま》城を築いて領国経営の拠点としていくこと、「国家」という文言をその発給《はっきゅう》文書に使用し始めることなどから、元信・元光の世代に若狭武田氏は室町幕府―守護体制から離脱して若狭の国主《こくしゅ》、自立した戦国大名として歩み始めたと評価される（河村二〇二一a）。

こうして戦国大名化した武田氏であるが、これで中央政局の環から解放されたわけではなかった。分裂した室町将軍家や細川管領（京兆《けいちょう》）家の権力闘争に関与して損害を被り（大永七年〈一五二七〉の京都桂川《かつらがわ》合戦で、元光が細川高国《たかくに》を支援して大敗）、家臣団に対する求心力も低下させて、元光の後継信豊《のぶとよ》は、元光の弟信孝《のぶたか》を擁した重臣粟田元隆《あわたもとたか》の謀反《むほん》（天文七年〈一五三八〉）に悩まされることになる。本編評伝に登場する武田義統《よしむね》〔2〕は、信豊の子息である。

若狭と丹後　一色義貫暗殺ののち丹後守護になったのは、義貫の甥の教親であったことはすでに紹介した。教親は父持信《もちのぶ》とともに将軍足利義教の側近衆であり、義貫暗殺が彼らの積極的意思によって遂行されたことは想像に難くない。義貫暗殺の直後、教親は京の義貫を襲撃して多くの義貫家人《けにん》を死に追いやってもいる。

しかし教親は宝徳三年(一四五一)に急逝し、丹後守護は義貫の子息義直《よしなお》が継ぐことになった。教親に継嗣にふさわしい子息がいなかったからとされる。その義直は、応仁の乱がおこると西軍につく。その背景には、「一色牢人」の拠点でもあった小浜をめぐる武田氏との争いがあった。応仁の乱の少し前、寛正四年(一四六三)には武田信賢の被官《ひかん》と一色義直被官の「若州《じゃくしゅう》小浜住人」が舟荷物をめぐって相論《そうろん》し、幕府法廷で「一色殿御使小倉《おぐら》」と「武田使逸見《へんみ》」らが対決している(『政所内談記録』)。

ただ、応仁の乱で将軍足利義政《よしまさ》は事実上東軍に属したので、西軍に属した義直は丹後守護を解任され、信賢にあたえられた。文明元年(一四六九)四月、武田方の武将逸見・粟屋《あわや》らが丹後に侵入しているのは、こうした事情を背景にしている。武田氏の若狭入部後、これに抵抗する「一色牢人」の抵抗に見舞われることになったが、「一色牢人」のなかには、一色氏を追って丹後に移った者も少なくなかった。逸見らの侵入を食い止めたのは彼らであり、義貫に殉じた延永修理亮《のぶながしゅりのすけ》の一族もそのなかにあった。

武田氏の丹後侵入は後も断続的に繰り返された(表1参照)。武田氏は明応の政変後、幕府政治を掌握していた管領細川政元の支援を得て優勢に戦いを進めたが、永正四年(一五〇七)に政元が暗殺され、その後継をめぐる争い(永正の錯乱)が深刻化すると、一転、一色氏の反抗を許すことになった。

一色氏にとって何より不幸だったのは、義直以降の当主に力がなく、ついに永正一三年、守護一色義清《よしきよ》を支える重臣石川直経《いしかわなおつね》と、一色九郎の推戴を図る延永春信《はるのぶ》の間で内訌《ないこう》が生じたことである。翌永正一四年、延永勢が若狭に侵入したことをとらえ、武田元信は越前朝倉氏の軍事的支援を得て丹後に侵攻し、加佐《かさ》郡の大半を占領し武田氏はその後も実効支配を続けることになった。

表１　若狭武田氏 戦国期年表

永享12(1440) 5.15	足利義教の命を受け、武田信栄・細川持常らが大和の陣所で一色義貫・土岐持頼を討つ。武田信栄、一色氏に替わり若狭守護となる。丹後守護は一色教親。
6.29	若狭守護職を得た武田信栄が若狭に下向する。７月死去。
嘉吉１(1441) 10.21	若狭前守護一色義貫の牢人、武田氏と大飯郡佐分郷で戦い敗れる。
11.12	若狭で一色氏牢人と土一揆が徳政一揆として蜂起し、武田勢と小浜で戦う。
嘉吉２(1442) 11.28	一色義貫被官人の延永氏らが愁訴のため北野社に閉篭し、また一色氏の宿所に押し寄せるとの風評により物騒となる。
(8)	若狭で一色牢人が徳政一揆と結んで蜂起。
宝徳３(1451) 11.28	丹後守護一色教親死去(一色義直が丹後守護)。
応仁１(1467) 1.18	応仁の乱が始まる。５月、武田信賢、小浜近辺の一色勢を退けるため若狭へ下向。
文明１(1469) 4.1	武田信賢の部将逸見・粟屋・温科氏ら、細川持賢の家臣天竺孫四郎とともに丹後に討ち入る。
6.25	江北の朽木氏に対し、若狭武田氏と連携し敦賀郡境へ出陣するよう将軍義政が督促する。
文明16(1484)	丹後守護一色義直、幕府より小浜支配を認められる。
文明18(1486) 8.28	後土御門天皇、禁裏料所小浜の支配について一色義直を止め、若狭守護武田国信に命じたため、義直が丹後に下国する。
永正３(1506) 9.24	武田軍、丹後・津城を攻略する。
永正４(1507) 4.27	武田元信、細川政元らの支援を得て丹後に出兵。６月、細川政元死去。
永正14(1517) 6.2	丹後国守護代延永春信の軍が若狭に侵入し、大飯郡和田に着陣したことにより、将軍、朝倉孝景に対し武田元信への合力を命じる。
9.22	武田軍、丹後竹野郡堤篭屋城を攻撃する。
10.11	武田軍、丹後竹野郡吉沢城で合戦。
大永１(1521) 11.19	武田元光、若狭に下る。
大永５(1525) 9.25	幕府、近江朽木氏に対し、武田元光に従い丹後に出兵すべきことを命じる。
天文４(1535) 10.1	武田氏、丹後田辺を攻撃する。
天文５(1536) 5.22	武田氏、丹後田辺城を攻略する。
天文７(1538) 11.15	武田軍、丹後加佐郡水真村で合戦。
天文20(1551) 9.	丹後国加佐郡代官の殺害を発端として所領を失った加佐郡衆が、郡内所々に城郭を構えて武田氏と戦う。
天文21(1552)	武田信豊、丹後国加佐郡攻撃のため大飯郡高浜城まで出陣。

天文七年（一五三八）に作成された伊勢御師《いせおし》の檀那回りの台帳『丹後国御檀家帳』には加佐郡の記載がない。また、下って弘治二年（一五五六）、遠敷《おにゅう》郡明通寺《みょうつうじ》鐘鋳勧進《かねいかんじん》に従事した僧の記録には、加佐郡内の成生浦《なりう》・田井浦《たい》・与保呂《よほろ》村・大内荘《おおうちのしょう》・余部《あまるべ》・朝来《あせく》・川《か》（河）辺《べ》などで米銭の喜捨《きしゃ》を受けたことが記されている。

若狭武田氏と同様に守護から成長した戦国大名といえば、駿河《するが》今川《いまがわ》氏・甲斐《かい》武田氏などがあげられる。彼らは国境を越え、守護として支配した国の領域の倍以上の大名領国を獲得していくのであるが、若狭武田氏の領国拡張はこの丹後国加佐郡の一領域に限られる。この点も戦国大名若狭武田氏の特質として記憶すべきであろう。

越前の「戦国」　武田氏が若狭守護になった頃、越前で最も威勢を振るっていたのは越前守護代の甲斐《かい》将久《ゆきひさ》（常治《じょうち》）である。甲斐氏は南北朝期から斯波《しば》管領家（武衛《ぶえい》家）の執事として史料上にあらわれるが、もともと斯波氏の被官であったわけではなく、足利将軍家の直臣から斯波家に転じたと考えられている。常治は斯波義淳《よしあつ》・義郷《よしさと》・義健《よしたけ》を支えてきたが、それぞれ当主として弱体であったといわれ、影響力を強めた。守護代として臨んだ越前においても、国内に所在する諸荘園の代官職《だいかんしき》（荘園年貢を皆済することを条件に現地支配を行う）を次々に手に入れていた。これら代官職の多くは、越前土着の武士や斯波氏の家臣が、実効支配を前提に荘園領主と契約し経済基盤としてきたのであるが、常治はこれらを実は奪っていたようである。

守護の斯波義敏《よしとし》は、義健が若くして亡くなり、継嗣がなかったため、その死後に幕府の裁量で武衛家の家督を継ぐことになった人物である。義敏の父持種《もちたね》は大野郡を領しながら義健を支える立場にあって、しばしば常治と軋轢《あつれき》を生じていたという。こうした背景のなか、いよいよ両者の軍事衝突が越前を舞台に展開されることになる（長禄合戦、一四五八～五九年）。甲斐氏に対する不満は国内に充満しており、おりしも常治は病床にあった。義敏には勝算があったのだろう。

しかし、勝ったのは甲斐氏であった。複雑に入れ込む戦況について述べることは省くが、長禄合戦のなかで頭角を顕したのは朝倉孝景である。孝景は甲斐氏に与して戦い、義敏に与した堀江《ほりえ》利真《としざね》(堀江氏は坂井地域を基盤にする雄族)や、一族で競合関係にあった朝倉将景《まさかげ》らが戦死したことで、足羽《あすわ》郡・坂井《さかい》郡にかけて勢力を広げていく。しかも、甲斐常治の子息甲斐八郎《はちろう》二郎《じろう》(敏光《としみつ》)が守護に擁立した松王丸《まつおうまる》(義敏の子息)は幕府によって退けられ(寛正二年〈一四六一〉)、足利一門の渋川《しぶかわ》氏から義廉《よしかど》が迎えられた。敏光は守護代の地位を維持したが、幕府は孝景も在京させて義廉を補佐させた。

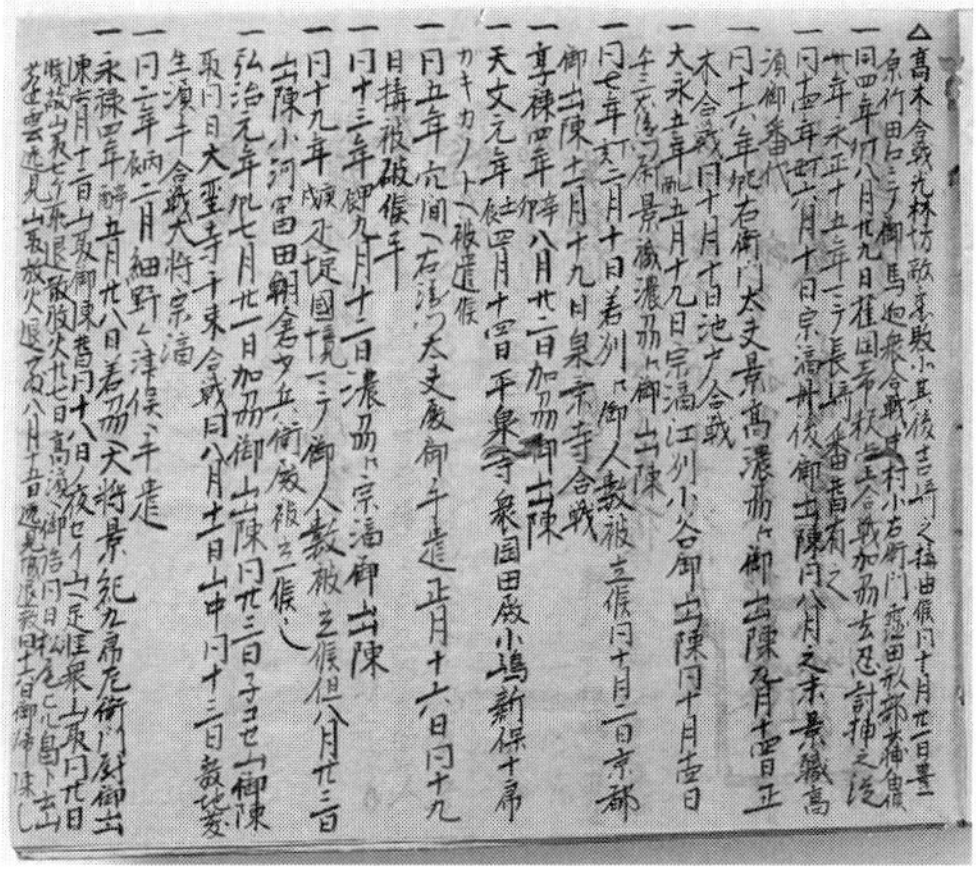

写真３　当国御陣之次第　朝倉氏軍事行動の記録

ところが、周防に引退していた義敏が、将軍義政のもとで幕政を掌握していた政所執事伊勢貞親《いせさだちか》(義敏とは姻戚となる)らを動かして復権を果たし、文正元年(一四六六)、義廉は越前守護を解任されてしまう。甲斐・朝倉の在京勢力や、義敏との縁談を進めていた山名宗全《やまなそうぜん》(持豊《もちとよ》)はこれに抗議して京都は騒然となり、結局、義廉とこれを擁立した貞親らは京から没落することになった(文正の政変)。

応仁の乱の要因となる斯波氏の分裂はここに始まる。そしてこの政変で力を示した山名宗全に警戒心を強めたのが管領細川勝元《かつもと》なのである。

応仁の乱のなかで、孝景はさらに飛躍を目指す。文明三年(一四七一)、越前守護に任命されることを条件に将軍義政に帰順し、東軍に転身したのである。これで西軍に残留した甲斐氏とは敵対することに

表２　越前における朝倉・甲斐の戦い

1471	文明３	2	29	朝倉孝景、直奉公分として将軍義政に参仕し、子息氏景も同じく越前に下向して、義敏被官となったと伝えられる。
		6	10	朝倉孝景、東軍方として軍事行動をおこし、今立郡河俣で戦う。
		7	21	朝倉孝景、国司と称し立烏帽子・狩衣の装束をつけたため国人たちの反感をかい、西軍の甲斐方に惨敗。
		8	24	今立郡鯖江・新庄で朝倉孝景と甲斐氏が合戦。
1472	文明４	8	6	朝倉氏が府中を制圧する。
		8	8	坂井郡長崎荘に閉篭していた甲斐勢下方衆を、朝倉氏が攻撃し敗走させる。
1473	文明５	4	3	甲斐氏、西軍の支援を得て越前に下る。
		7	10	甲斐・加賀富樫幸千代勢、坂井郡細呂宜に侵入。
		8	8	甲斐・朝倉両勢、坂井郡光塚・蓮浦で合戦。
		10	1	越前に甲斐八郎二郎の軍勢が打ち入り、坂井郡河口荘・坪江郷を焼き払う。
1474	文明６	1	18	甲斐勢と朝倉勢が南条郡杣山で合戦。
		5	16	甲斐勢と朝倉勢が崩河（九頭竜川）、吉田郡殿下、足羽郡桶田口・波着山・岡保などで合戦（閏５月15日まで）。
		閏5	5	敦賀天神浜で合戦。
1475	文明７	2	25	斯波義敏の子義良と甲斐八郎二郎が合流し、将軍義政に拝謁。
1479	文明11	10		朝倉孝景、斯波義良・甲斐勢らとの合戦のため、京都から越前への通路を閉鎖。
		11	1	斯波義良と甲斐氏、坂井郡豊原寺に入る。４日、二宮氏、大野郡平泉寺に入る。ついで坂井郡細呂宜で朝倉方と戦う。
		11	21	朝倉勢、金津夜討。
1480	文明12	1	10	甲斐勢、金津の朝倉氏景を攻撃し、町屋を焼く。
		4		朝倉氏景と甲斐勢の戦闘で、金津町屋と坂井郡熊坂が焼ける。
		7	11	甲斐勢、坂井郡長崎城を攻略。
		7	12	甲斐勢、坂井郡金津城・兵庫城・新庄城を攻略。九頭竜川以北の朝倉方の城は４、５か所のみとなる。
		8	28	甲斐方、坂井郡河口荘民を兵士に徴発し、朝倉孝景と吉田郡芝原で戦う。
1481	文明13	8	17	朝倉勢、坂井郡粟田島の甲斐勢を破る。
		9	15	越前で朝倉氏景と斯波義良・甲斐八郎二郎らが戦い、斯波・甲斐勢が敗れて加賀に退く。
		10		朝倉氏、美濃国守護代の斎藤妙純（利国）の調停により、斯波義廉の子息を越前に迎え入れる。
1483	文明15	4	30	朝倉氏景と甲斐八郎二郎が和睦。
1484	文明16	11	7	甲斐勢、加賀一揆の支援をうけて坂井郡に侵入し、関嶋田・河和田で合戦。
1487	長享１	9	11	越前に甲斐氏が打ち入るとの風評あり。
1494	明応３	10	21	甲斐勢が大野郡や豊原寺へ侵攻し、朝倉勢と戦い加賀に退却。
1506	永正３	7	13	越前で一向衆・甲斐氏牢人が土一揆として蜂起（永正の一向一揆）。

なり、越前国内で展開された甲斐氏との戦いは、応仁の乱の期間を越え、世代を超えて展開する（表2参照）。朝倉氏《うじ》景《かげ》（孝景子息）と甲斐敏光の間で和睦が成立するのは文明一五年のことで、越前守護代は朝倉氏、遠江《とおとうみ》守護代は甲斐氏と決まった。甲斐氏が越前を拠点に「割拠」する可能性はここで失われ、朝倉氏がその可能性を追うことになったのである。

ただ、氏景の子息貞景《さだかげ》の代になっても、朝倉氏は守護斯波氏の意思に反して越前を不当に実効支配しているという尾張《おわり》の斯波義寛《よしひろ》（義敏の子息）の主張が、正論として幕府に受け入れられていた。延徳四年（一四九二）に至り、貞景の訴訟をうけて、斯波義廉の子息（義俊《よしとし》か）への参仕を条件に越前支配を公認する内容の調停がはかられたようである（松原一九九四）。この点を重視すれば、守護という幕府職制を維持したままこれを根拠に戦国大名化した若狭武田氏と異なり、守護を上位に戴かない守護代のまま戦国大名化した朝倉氏は、実質的には国主であっても、どこかで幕府や斯波氏との折り合いをつけなければならなかったとみることができる。

実力で一国単位の実効支配を実現したうえで、いわば後付けで守護や国主の地位を幕府に求める他の戦国大名のケースと似通うが、朝倉氏の場合は、越前国の領域を越えて他国を侵し領土とすることはなかった（写真3）。特筆すべき越前朝倉氏の特徴である。本編に登場する朝倉義景《よしかげ》〔1〕はその朝倉氏最後の当主である。

永禄一一年　越前・若狭の戦国時代を論じる場合、大きな転換点となるのは永禄一一年（一五六八）である。この年、二つの大きな出来事があった。足利義昭《よしあき》の越前退去と、若狭守護武田元明《もとあき》の越前移転である。

越前を退去して美濃で織田信長《おだのぶなが》に対面した義昭は、信長に奉じられてこの年のうちに上洛を果たし室町将軍に就任する。信長が最初の越前侵攻に踏み切るのはその翌々年のことである。武田元明は朝倉義景の攻撃を受けて降伏。居城の後瀬山城から連行され、若狭は事実上、朝倉氏の支配下に置かれた。しかし、粟屋・逸見らの国衆《くにしゅう》は朝倉氏の支

写真４　国吉城址遠望　（美浜町指定史跡）

配を受け入れようとはしなかった。このことが最初の信長による越前侵攻のなかで意味を持つことになる。粟屋氏が朝倉氏の攻撃に耐えて維持した国吉城《くによし》(写真4)が信長の越前侵攻拠点になり、二度と若狭は武田氏の支配に属することはなかった。

織田信長は尾張守護代家庶流の出身であるが、実力でのし上がり尾張を統一。次いで美濃《みの》を制し、美濃に拠点を移して足利義昭を迎え、これを奉じて上洛し、将軍義昭による「天下静謐《せいひつ》」(「戦国」の終焉)を実現する軍事指揮官という立場で、永禄一三年(信長出陣中に元亀と改元)四月、まず越前に向かったのである。越前侵攻の信長軍には義昭の直臣、たとえばこの合戦で負傷する松井甚七郎《まついじんしちろう》(康之《やすゆき》、のち細川忠興《ただおき》家臣)も参陣しており、後世、姉川《あねがわ》合戦と呼ばれることになる同年六月の信長と浅井《あざい》・朝倉連合軍との戦いも、当初義昭自身の出馬が予定されていたことが確認できるから、信長が陣頭に立つ「天下静謐」の戦いには、将軍義昭の名義で招集された武将たちがあったことを想定すべきであろう。

また、信長の領国はこの時点で尾張・美濃である。駿河今川《いまがわ》氏は、守護国の駿河から西へ遠江・三河《みかわ》と領土拡大を実現した。甲斐武田氏は信濃《しなの》(今川氏崩壊後は駿河など)、越後上杉《えちごうえすぎ》氏は越中《えっちゅう》・能登《のと》と、隣接する地域へ領土拡大するのが戦国大名の実践であるのに対し、信長は美濃から越前に国境を越えて侵入したわけではない。しかも信長が守護や国主といった地域公権にかかる既成の地位にこだわった形跡はなく、室町将軍を奉じて「天下静謐」の戦いの陣頭に立っても、管領や侍所頭人《さむらいどころとうにん》などの幕府職制に就くことなど思慮の外であった。その意味で、信長の越前侵攻は、戦国時代のこれまでのすべての戦争とは次元の異なる戦争だったのである。

信長は敦賀《つるが》を制圧し、金ケ崎《かねがさき》城を朝倉氏攻略の橋頭堡《きょうとうほ》とすべく、京から番匠《ばんしょう》を呼び寄せる手はずを整えていたが、近江《おうみ》浅井氏の軍事行動に疑念が生じ、従軍していた武将たちを置き去りにして一路京を目指し撤退する。しかし、朝倉氏は、信長をはじめ、従軍していた木下《きのした》秀吉（豊臣秀吉）・徳川家康《とくがわいえやす》・明智光秀《あけちみつひで》・松永久秀《まつながひさひで》など、その後の歴史に名を遺す武将たちの誰一人として討ち取ることができなかった。

追撃できなかったのか、追撃しなかったのか、さまざまな説明が試みられているが、この戦いについては大半の情報を信長・秀吉・家康らの伝記的史料に依拠するほかはないことから、説得力ある説明ができないのが現状といえよう。ただ、義景の戦争は越前国を守るというところを基調としていて、信長の「天下静謐」を掲げた戦争とは次元を異にしていたことは明らかである。追撃しない、追撃できない、どちらの理由もそこから説明できるのではないか。

天下人の時代　元亀四年（一五七三）二月、信長は槇島《まきしま》城に足利義昭を攻めて降伏に追い込み、義昭は事実上将軍としての立場を失う。年号も信長の選択で天正となる。将軍不在となった「天下静謐」の戦いは信長のものである。

八月、岐阜から近江へ兵を進め浅井氏の小谷《おだに》城攻略をめざした。いわゆる姉川合戦のあと、秀吉が横山城を拠点に近江の国衆に対する調略を進めていて、浅井氏は窮地にあった。朝倉義景は浅井氏支援のため近江に進軍したが、戦況判断からか、あるいは何らかの策からか、敦賀に向かって撤退を始める。これを待っていたかのように追撃し、刀《と》根坂《ねざか》で朝倉軍をとらえ壊滅的な損傷をあたえた。一乗谷《いちじょうだに》に逃れた義景は一族の離反にあって自刃。事実上ここで朝倉氏は滅亡する。その後、小谷城も陥落して浅井氏も滅亡する。

九月、若狭に信長の家臣丹羽《にわ》長秀《ながひで》［7］が入部する。三方《みかた》郡には粟屋氏、大飯《おおい》郡には逸見氏が旧領を維持しながら長

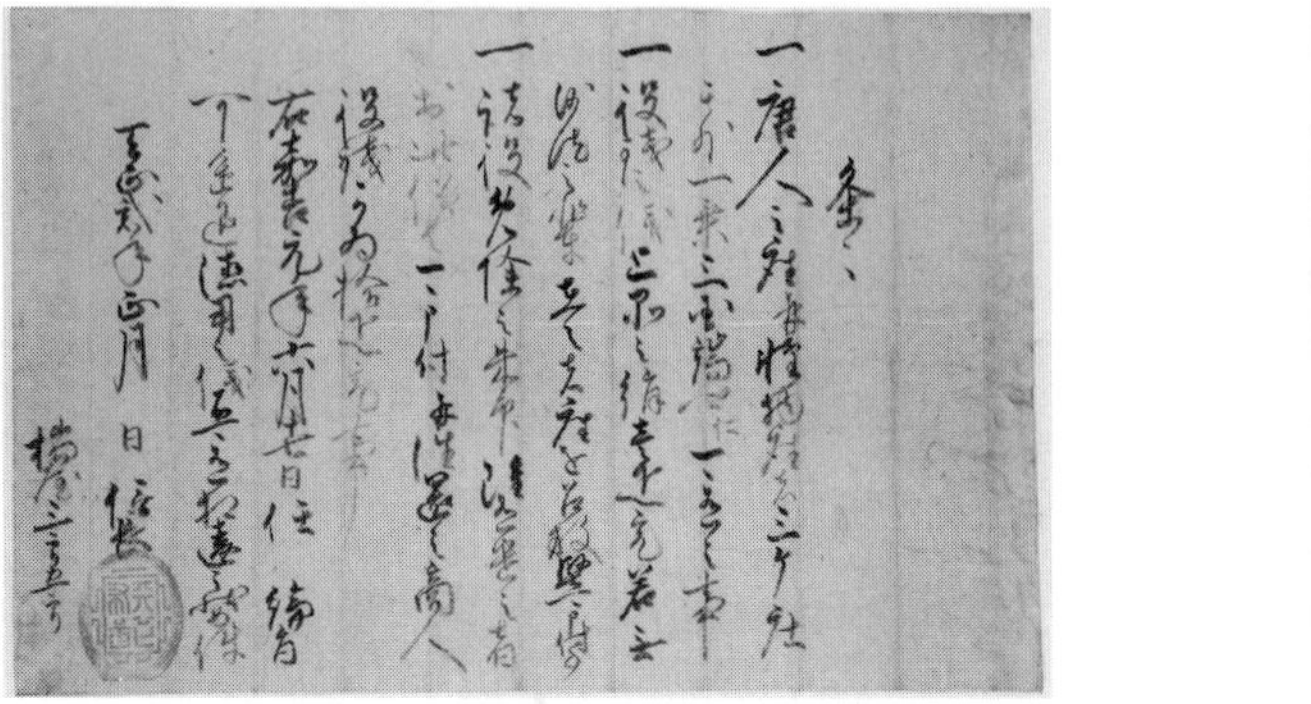

写真５　織田信長朱印状

秀の与力《よりき》となり、かつての若狭守護武田元明《もとあき》もまた長秀の与力に加えられることになった。

　越前はその後、一向《いっこう》一揆が蜂起し、一揆持ちの国に転生したが、天正三年（一五七五）、再び信長軍が進攻し、徹底的に鎮圧した。その過程で、中世寺社勢力の一典型として「割拠」していた平泉寺《へいせんじ》・豊原寺《とよはらじ》が滅び、実現したかにみえた一向一揆の「割拠」も排除され、いわばすっかり更地になった越前に信長の家臣が入部してくる。北庄《きたのしょう》（福井）に柴田勝家《しばたかついえ》〔**4**〕、大野に金森長近《かなもりながちか》〔**6**〕、府中にはいわゆる「府中三人衆」（不破光治《ふわみつはる》・佐々成政《さっさなりまさ》・前田利家《まえだとしいえ》）〔**5**〕、敦賀に武藤舜秀《むとうきよひで》らが置かれた。

　これら信長によって配置された領主たち（織田大名）の権限については、すべてが信長のコントロールのもとにあったのか、個々の独自性が発揮されていたのか、議論がある。本編のなかで触れることでもあるので多言を控えるが、その領知について、自己の努力や工夫にかかわらず持続性は保証されていないのが「織田大名」であり、この点で戦国大名と異なることは確認しておきたい。

　天正一〇年六月、本能寺の変で織田信長が斃れたあと、賤ケ岳《しずがたけ》合戦で柴田勝家を破った羽柴《はしば》（豊臣）秀吉が「天下静謐」の事業を信長から引き継ぎ、これを実現していった。

　ちなみに、織田信長・豊臣秀吉・徳川家康の三人を天下人という名称で呼ぶことがいま定着しているが、信長は尾張、家康は三河と、それぞれに戦国大名と定義づけが可能な経歴を有するが、秀吉にはない。知られるように、秀吉の武将としての経歴は信長の家人から始まる。信長「天下静謐」が完了した地域に、信長の家人が大名として配置され、秀吉は近江に領知をあたえられた。その点は、越前・若狭を領知した柴田勝家・丹羽長秀も同様で、彼らは研究者によって「織田大名」と呼ばれる。これに対し、伊達《だて》氏・北条《ほうじょう》氏・上杉氏・毛利《もうり》氏・島津《しまづ》氏などは、戦国大名そのままに「割拠」しているので、「織田大名」には含まれない。

天下人豊臣秀吉のもとでもその原則は大きく変わらない。ただ、秀吉の時代まで「割拠」していたさまざまな勢力(戦国大名、宗教勢力、一揆など)を次々と屈服させ、一律の基準を設けた豊臣大名領知制を構築していく。

天正一三年以降、越前にはあらたに堀秀政《ほりひでまさ》〔8〕(北庄、丹羽長秀・長重《ながしげ》の跡)、長谷川秀一《はせがわひでかず》(東郷《とうごう》)、木村重茲《きむらしげこれ》(府中)、青木一矩《あおきかずのり》(大野)、大谷吉継《おおたによしつぐ》〔9〕(敦賀)などが入部してくる。若狭は丹羽長秀の死後、子息長重が継いだが、まもなく加賀小松《かがこまつ》に移され、かわって浅野長吉《あさのながよし》らが入った。浅野は秀吉の親族であり、越前の堀以下の武将はこの時点では秀吉の直臣といってよい存在である。越前・若狭は信長の時代に事実上天下人の直轄支配に属していたので、領知割(土地の分割)と人の配置の変更にとどまった印象がある。豊臣政権期にさらなる領知割と人の変更はあるが、秀吉人事の枠内でことは進んだ。

関ケ原合戦　慶長三年(一五九八)八月、豊臣秀吉が没する。そして、その後の権力闘争を制した徳川家康が次の天下人となる。家康が天下人となることを決定づけたのは慶長五年の関ケ原《せきがはら》合戦での勝利であるが、ここでは関ケ原合戦の意義について大局的に論じる場ではないので、越前・若狭とのかかわりに絞って述べておく。

関ケ原合戦直前の時点で越前に領知を得ていたのは、青木一矩(北庄)・青山忠元《あおやまただもと》(丸岡《まるおか》)・丹羽長正《ながまさ》(東郷)・堀尾吉晴《ほりおよしはる》(府中)・大谷吉継(敦賀)などである。北庄にいた堀秀治《ひではる》〔8〕は慶長三年に越後春日山《かすがやま》(旧主は上杉景勝《かげかつ》)に転じている。若狭は、浅野長吉(長政《ながまさ》)が文禄二年(一五九三)に甲斐に移り、豊臣一門(豊臣秀俊《ひでとし》〈小早川秀秋《こばやかわひであき》の兄〉)の木下勝俊《かつとし》

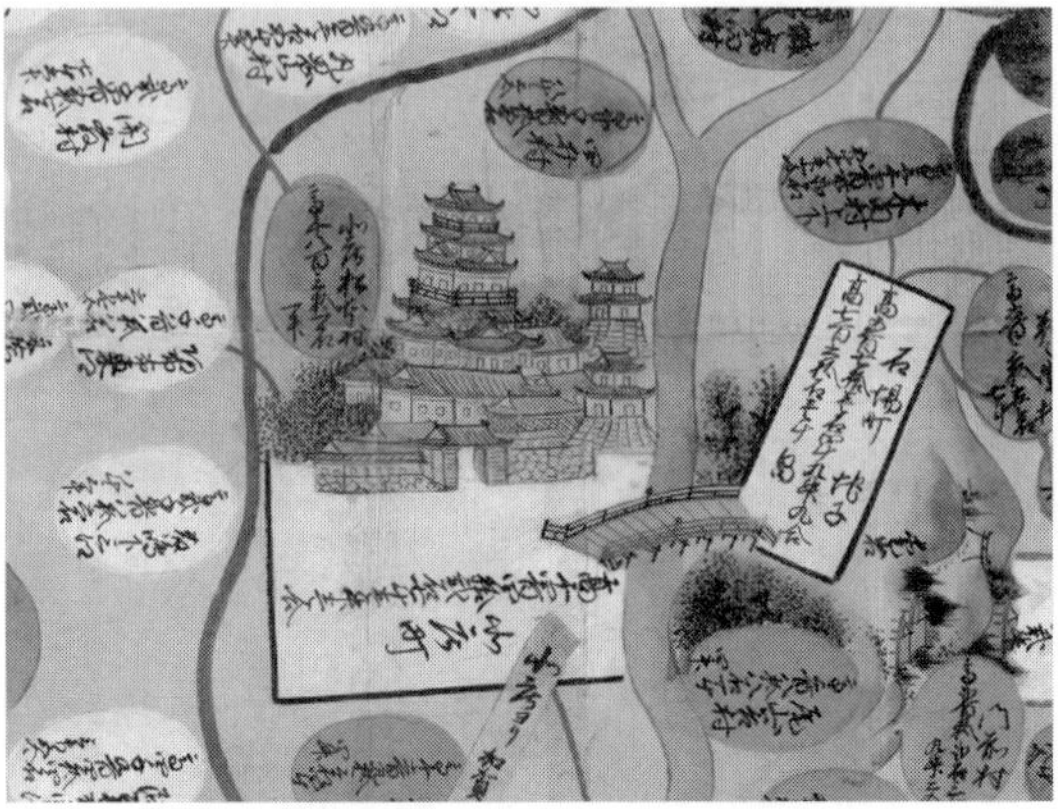
写真６　結城秀康が築いた北庄城（越前国絵図）

が入っていた。

大谷吉継は伏見《ふしみ》城攻撃に参加していたが、その陥落が決定的となるのを見届けて、前田利長《としなが》の南下に備えるため敦賀に戻り、利長が加賀大《だい》聖寺《しょうじ》城を攻略して先陣が九頭竜《くずりゅう》川付近に達したところで急転帰国したため、大聖寺城を回復し、関ケ原合戦の二〇日ほど前まで北陸に滞留した。前田利長は撤収のおり小松で丹羽長重の迎撃を受けるが、この戦いに一族の丹羽長正も参戦している。

こうした過程のなかで、越前の領主たちは堀尾吉晴（府中）を除きすべて西軍に帰属した。堀尾は不慮の事件に巻き込まれ負傷し府中を不在にしたが、留守居が籠城し、吉継もこれを放置したという。木下勝俊は当初伏見城の守備についたが、家康の城である伏見城の留守居鳥居元忠《とりいもとただ》らから排除されたなど諸説あるが、伏見城を退去したことは事実で、退去後は合戦に関与しなかった。勝俊はその後文芸の世界に沈潜し、木下長嘯子《ちょうしょうし》の名で生きていく。

関ケ原合戦で大谷吉継は戦死。越前の領主たちも戦後はすべて改易《かいえき》となった。そして、結城秀康（**11**）が越前（写真6）、京極高次《きょうごくたかつぐ》（**10**）が若狭に、それぞれ一国領主として入ってくる。それぞれ関ケ原合戦で重要な役割を果たしていた。結城秀康は家康が関ケ原に向かった後の関東（宇都宮）に残り、上杉氏をはじめ伊達氏・佐竹《さたけ》氏らの動向を注視した。京極高次は、大谷吉継とともに北陸に在陣していたが、吉継が陣払いして関ケ原に向かう折に戦線離脱して近江大津城に籠城して東軍に反転した。いずれにしても、越前・若狭にとっては、朝倉氏・武田氏が失権して以来の大規模な領主交替である。

大坂の陣、その後　関ケ原合戦から大坂の陣の開始（慶長一九年〈一六一四〉）までの間に、前田利長・加藤清正《かとうきよまさ》・浅野幸長《よしなが》・池田輝政《いけだてるまさ》・浅野長政ら、いわゆる豊臣恩顧の武将たちが死去している。豊臣家は関ケ原合戦に直接関与しなかったとはいえ、大坂城が西軍の拠点であったことは疑いなく、戦後豊臣氏の領地は家康に与した武将たちの恩賞に充てられるなどして、大きく減少した。人的にも経済的にも弱体化した豊臣家に未来を見出すことはすでに困難になっていたが、家康は豊臣家が犯した瑕疵《かし》（方広寺《ほうこうじ》鐘銘《しょうめい》事件）に乗じて豊臣家を追い込み、最終的に滅亡させる。大坂の陣には、越前国主の松平忠直（結城秀康子息）〔11〕、若狭国主の京極忠高《ただたか》が参戦している。忠高の父高次の正室であった常高院《じょうこういん》が大坂城に籠る姉の淀殿《よどどの》との交渉に従事したことは、よく知られている。

関ケ原合戦で主家を失うなどして流浪した武将（浪人）たちが大坂城に集結したことは、家康の危機意識を高めたが、その一方で、彼ら浪人たちを豊臣家ともども亡きものとできれば、戦乱の時代を終わらせる好機ともなった。本稿の冒頭で述べたように、大坂の陣終結をもって「偃武」を唱えるためには必要条件であったかもしれない。

ただ、かつて豊臣秀吉が惣無事を唱えながら秀吉自身は戦争をやめなかったことをおもえば、大坂の陣もまた、関ケ原合戦で惣無事を実現した家康がみずから仕掛けた戦争といえなくもない。そのあたり、見解は分かれるところであろう。

また、その一方で、「偃武」を唱えたのちも、規模はさまざまであるが幕府の軍事行動を必須とした、あるいは必須としなければならなかったかもしれない事象はいくつか確認される。松平（結城）忠直の事件もそのひとつで、最終的には忠直配流《はいる》（元和九年〈一六二三〉）で決着するものの、忠直の対応によっては戦争になる可能性があり、秋田佐竹家・加賀前田家・近江井伊《いい》家・豊前《ぶぜん》細川家では出陣用意を整えたことが知られている。その後も、徳川忠長《ただなが》改易、肥《ひ》後《ご》熊本加藤家改易(ともに寛永九年〈一六三二〉)など、危機は存在した。

そして、その戦争の危機が現実化したのが島原・天草一揆(寛永一四年)である。一揆勢が拠点とした原《はら》城は、一国一城令の原則が用いられるなか、松倉《まつくら》氏の島原築城にともない廃城(破城)となったはずの「古城」である。加藤家改易により浪人となった武将たちも一揆軍に加わっており、その意味では大坂の陣の第二章とでもいうべき性格を持っている。この一揆が「戦国」最後の戦いと称される理由でもある。

越前・若狭の「長い一六世紀」　島原・天草一揆に、越前の松平忠昌《ただまさ》(忠直の弟、越後高田《たかだ》藩から移る)、若狭の酒《さか》井《い》忠勝《ただかつ》(京極忠高は寛永一一年〈一六三四〉に松江に転封《てんぽう》)が出陣した形跡はない。ただ、酒井忠勝は一揆対応の中心にいた松平信綱《のぶつな》とともに将軍徳川家光《いえみつ》を支える重臣であり、忠昌は家光とは、いとこである。

出陣となれば軍費調達は領民の負担増加の要因となる。その点は戦国時代と変わるところはない。武家政権といえば耳にやさしいが、軍事政権であることに疑いはない。江戸幕府もまた軍事政権である。しかし、越前・若狭においても間違いなく軍事を理由に人とモノが動員されることが普通であった時代が終わりを告げるのが、寛永期(一六二四〜四四)といえよう。繰り返しになるが、松平忠直事件が収束するのが元和九年(一六二三)。その結果、越前が分《ぶん》知《ち》となり、敦賀郡が越前松平家支配から若狭京極家支配に移るのが寛永元年(元和一〇年に改元)。酒井忠勝の若狭入部が寛永一一年である。江戸時代を通じて原則維持される藩のかたちも整う。

日本史の教科書では織田信長の登場をもって「近世」の始まりとしている。本稿でいう天下人の時代以降が「近世」というのが教科書の目次である。しかしその一方で、「戦国」の終わりは、越前・若狭においても寛永期と認識されるのであれば、武田氏や朝倉氏が姿を現す一五世紀半ばから、寛永期、すなわち一七世紀半ばくらいを中近世移行期（「長い一六世紀」）と認識することができる。これをもって総論を閉じたい。

なお、本来であれば、「長い一六世紀」の議論は、村や町などの構成を含めた在地構造の変化や、文化・思想の分野まで視野を広げたところで展開すべきであり、日本史研究もそのような水準にある。このあたりの不足は、別の機会に補いたい。

1　朝倉義景（一五三三―一五七三）
―列島を俯瞰する外交知略―

石川　美咲

義景には器用がない？

三河国《みかわ》明眼寺《みょうげんじ》（愛知県岡崎市）の可心《かしん》という僧が不思議な夢を見た。聖徳太子《しょうとくたいし》が夢枕に立ち、こう言った。

天下を浄するは三人あり。義景《よしかげ》は望むとも用なかればなすべからず。信玄《しんげん》は望むといえども慈悲なく、なすべからず。信長《のぶなが》一人に帰すべきなり（今、天下を治めるにたる人物は三人いる。朝倉《あさくら》義景はこれを望むも、その器用がなく、成し遂げられない。武田《たけだ》信玄は無慈悲なので、成し遂げられない。残るは、織田《おだ》信長ただ一人である）。

写真7　朝倉義景画像

可心がこの夢を見たのは、元亀四年（一五七三）正月であったという。ちょうどこの年の四月に信玄は没し、同年八月に義景も没した。結果的には、聖徳太子の予言は的中したことになる。当時、この話を人伝に聞いた奈良興福寺《こうふくじ》塔頭《たっちゅう》多聞《たもん》院《いん》の院主英俊《えいしゅん》は、これを天正一〇年（一五八二）三月二三日の日記に綴っている（『多聞院日記』同日条）。

注目したいのは、義景に関する記述である。義景没後間もないころから、為政者としての義景を「器用がない」とみる向きがあったのである。とはいえ、信長・信玄と肩を並べて、この顔ぶれに入っていること自体、義景が一定程度世間から認められた存在であった証でもある。

　朝倉義景は、熱心なファンはいるものの、信玄や信長に比べて、一般的には人気がない。義景不人気の要因は、従来、義景が「文化に溺れた」朝倉氏最後の当主と理解されてきたことにあるだろう。従来的な評価の上では、義景の「懐古趣味」とそこから派生した「名門意識」が、信長からの上洛《じょうらく》要請を拒み、自家を滅亡へと追いやったと考えられてきた（米原一九九四）。だが、こうした義景の評価はあくまでも「滅亡」を起点としたものである。朝倉義景は何のために生まれて、何をして生きたのか。朝倉義景という存在が、日本の歴史に何をもたらしたのか。「朝倉氏滅亡時の当主」というバイアスを離れて、義景の一生を通覧してみたい。

写真８　毛氈鞍覆（複製品）と白傘袋（復元品）

朝倉家のレガリア　朝倉家は、義景の父、四代当主朝倉孝景《たかかげ》（一四九三―一五四八）の代に、室町幕府との結びつきを深め、家格を上昇させた。永正一三年（一五一六）、将軍足利義稙《あしかがよしたね》から、守護《しゅご》クラスの大名に付与される特権である白傘袋《しろかさぶくろ》と毛氈鞍覆《もうせんくらおおい》（写真8）の使用を許可された。これは王権などを象徴するレガリアと言えるだろう。そして大永八年（一五二八）には足利義晴《よしはる》の御供衆《おともしゅう》（将軍の出行に供奉する身分）に加えられた。さらには、天文七年（一五三八）には、御相伴衆《おしょうばんしゅう》（将軍の外での宴会に相伴する人々の意）に列せられた。この時期、御相伴衆には地方の有力大名が複数加えられており、御相伴衆への加入は、本来の職掌とは切り離され、大名家の格

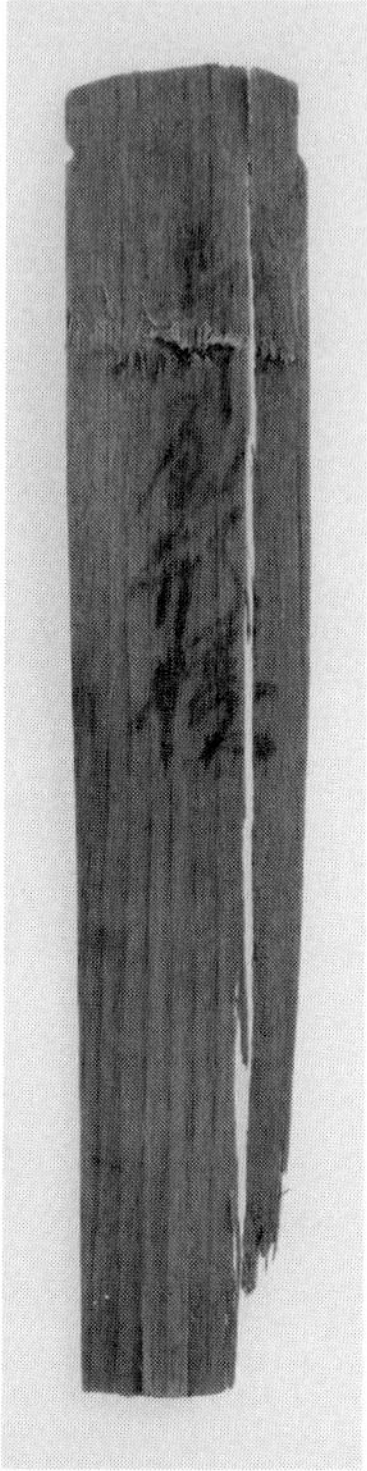
写真９　木簡「御屋形様」墨書

式を示す「栄典《えいてん》」としての性格を強く帯びていた。このように、朝倉氏は正式には守護職《しゅごしき》を得ていないにもかかわらず、幕府から守護と同等かそれ以上の扱いを受け、異例の大出世を遂げたのである。朝倉氏は、大名家としての「成熟期」を迎えていた。

天文二年九月二四日、父孝景四一歳、待望の嫡男として長夜叉《ながやしゃ》が誕生した。後の義景である。その一五年後、天文一七年三月二二日、孝景は一乗谷《いちじょうだに》近郊の波着寺《はちゃくじ》（福井市成願寺町）に参詣した帰りに急死した。五六歳だった。父の突然死にもかかわらず、大きな混乱もなく、義景へと家督は継承された。それは、この家督継承が用意周到に計画されてきたがゆえと考えられる。

孝景の死から半年が過ぎた九月二〇日、義景は義晴から御相伴衆の「継目《つぎめ》」を認められ、御礼を進上し、この日、御内書《ごないしょ》が下された（『松雲公採集遺編類纂』）。義景は、室町幕府体制下における守護クラスの大名の伝統的な呼称である「屋形号《やかたごう》」も父から継承した。父孝景の代から、史料上に孝景に対する呼称として「御屋形様《おやかたさま》」の文言が現れはじめ、領民からそのように呼び慕われていたことがうかがえる（瀧谷寺文書、田中忠三郎氏所蔵文書）。義景の邸宅朝倉《あさくら》館《やかた》跡から「御屋形様」の墨書のある木札が出土している（写真９）。義景の地位は、幕府からのみならず、越前《えちぜん》国内からも広く認められていたのである。

一乗谷朝倉氏遺跡の発掘調査により、一六世紀初めには現朝倉館を基軸に城下町の町割りが形成されていたことが判明し、朝倉一族の館や寺院（南陽寺《なんようじ》）などとの位置関係・館群構成も明らかとなったことから、現朝倉館は少なくとも父孝景の時代から機能していた可能性が高い。また、近年、朝倉館跡の南、中《なか》の御殿《ごてん》跡の西に隣接する大型の武家屋敷跡と想定される方形区画（第一〇九次調査区）を継嗣館《けいしやかた》に比定する説も打ち出された（小野二〇二一）。

朝倉左衛門督義景の誕生

　一六歳という若年で家督を継いだ義景は、父祖の遠忌《おんき》供養や氏神の赤淵神社《あかぶちじんじゃ》の顕彰など、当主としての務めを着実に果たし、また家臣への知行宛行《ちぎょうあてがい》や寺社領の安堵《あんど》など内政も充実させていった（佐藤二〇〇三）。そして、家督継承から四年後の天文二一年六月、将軍義藤《よしふじ》（のちの義輝《よしてる》）から「義」の一字を拝領《はいりょう》して「延景《のぶかげ》」から「義景」へと改名した（『後鑑』同年八月二八日条）。足利将軍の通字《とおりじ》である「義」は、「晴」や「輝」などの下の字に比べ授与された事例がごく限られており、異例中の異例であった。同時に、義景は「左衛門督《さえもんのかみ》」の官途《かんと》も得た。義景以前の当主が「左衛門尉《さえもんのじょう》」（衛門府《えもんふ》の三等官）だったのに対し、一等官である「左衛門督」の官途挙任は義景が初であった。左衛門督は室町幕府の官途序列認識のなかで最上位の官途であり、これもまた破格の厚遇といえよう。

　一連の厚遇の背景には、五摂家《ごせっけ》の筆頭近衛家《このえけ》を介した朝倉家と将軍家との姻戚関係が作用したのだろう。義景は近衛稙家《たねいえ》の娘を継室としている（『朝倉始末記』）。その前提に、足利義晴の正室慶寿院《けいじゅいん》（義輝・義昭《よしあき》の生母）と義景の母光《こう》徳院《とくいん》とが懇意であったことがある。慶寿院も近衛家出身（稙家の妹）である。また、永禄元年（一五五八）一二月、足利義輝も近衛稙家の娘（大陽院《だいよういん》）を室に迎え入れている（『後鑑』所収『伊勢貞助記』）。したがって、義輝と義景は近衛稙家の娘たち、すなわち姉妹をそれぞれ娶《めと》ったのである。つまり、義景からみて義輝は三歳下の義弟（妻の姉妹の夫）であったのだ。

　将軍家との姻戚関係を周旋《しゅうせん》したと考えられる人物がいる。それが、大覚寺義俊《だいかくじぎしゅん》である。京都嵯峨《さが》大覚寺（京都市右京区）の門主《もんしゅ》であった義俊自身も、近衛尚通《ひさみち》の子であり、稙家の弟であり、慶寿院の兄であった。つまり、義俊の姪たちが義輝・義景の室という間柄になる。義俊こそ、父孝景の頃から朝倉家と幕府との間を仲介してきたその人であ

写真10　犬追物図屏風（17世紀初頭）

る（川嶋二〇〇八、木村二〇一一）。義輝期の幕府と地方武家との交流は、管《かん》領《れい》以下の幕臣を窓口とするものから、将軍家の外戚である近衛家の人脈によるものへと軸足を移しつつあった（黒嶋二〇一二）。朝倉氏との関係強化もこの一環である。ただし、義景と近衛稙家息女との間には子ができず離縁となり、彼女は京都へ帰された。しかし、義俊を介したいわゆる「足利―近衛体制」下での朝倉家と幕府との良好な関係はその後も継続してゆく。

犬追物と川中島　永禄四年四月六日、義景は一万人を超す被官《ひかん》を伴い、棗荘《なつめのしょう》大窪《おおくぼ》（福井市大窪町）の三里浜《さんりはま》で犬追物《いぬおうもの》（写真10）を行った（『朝倉始末記』）。従来、この犬追物興行は「華美と盛大さを好む」、「文人風の性格」へと義景が傾倒していったひとつの契機ととらえられていた（松原一九九七）。

　遡ること六年、天文二四年七月二一日、加賀《かが》への大規模な軍事介入が行われた（当国御陣之次第、『賀越闘諍記』）。初代孝景の末子で軍奉行《いくさぶぎょう》の朝倉宗滴《そうてき》が、齢七九にして大将として出陣し、加賀江沼郡《えぬまぐん》（石川県加賀市周辺）を制圧した。ところが、八月一五日、陣中で宗滴は発病し、代わって朝倉景隆《かげたか》・景《かげ》健《たけ》父子が派遣された。宗滴は一乗谷へ帰還したが、薬石の効なく九月八日に一乗谷で息を引き取った。宗滴没後も翌弘治二年（一五五六）春まで戦いは続いたものの、幕府からの停戦命令もあり、四月二一日、開陣となった（『賀越闘諍記』『私心記』）。

父孝景は本願寺《ほんがんじ》とは絶交状態を貫き、加賀への積極的な介入もしなかった。義景に至っての加賀侵攻の背景には何があったのだろうか。越後《えちご》の長尾《ながお》景虎《かげとら》（後の上杉謙信《うえすぎけんしん》）と甲斐《かい》の武田晴信《はるのぶ》（後の信玄）の勢力衝突に伴い、景虎は能登《のと》の畠山義続《はたけやまよしむね》を通じて、朝倉義景に合力を要請し、晴信と連合した加賀一向一揆《いっこういっき》への攻撃を申し合わせている（『反古裏書』、佐藤二〇〇三）。実際、第二次川中島合戦《かわなかじまかっせん》が開戦したのは天文二四年七月一九日だった。また、宗滴は陣僧《じんそう》を景虎の陣へと派遣し、その際の飛驒《ひだ》から越中《えっちゅう》境までの路次《ろじ》警護を八月二一日付の書状で三木良頼《みつきよしより》に依頼している（『明叔録』）。つまり、朝倉氏の軍事行動は、一乗谷から三〇〇㎞以上離れた川中島（長野市）で繰り広げられた合戦に連動していたのである。この後の朝倉氏による加賀出兵は、上杉氏との連携が課題となってゆく。

話を犬追物に戻そう。犬追物が行われた永禄四年四月、この時期、景虎（この時の名乗りは政虎《まさとら》）は関東在陣中であり、一方信玄は加賀・越中の一向一揆を越後へ侵攻させるべく策動していた。こうした状況を勘案すれば、棗荘大窪浜の犬追物は、朝倉軍がいつでも加賀へ侵攻可能だと内外に誇示する目的があったのだろう。つまり、景虎留守の背後に潜む敵勢への牽制を意図した一大軍事演習だったのである。従来説のごとく、犬追物を義景の単なる文人趣味ととらえるのは、もはや無理があるだろう。

出羽へ贈る国友鉄砲

永禄五年四月二一日、朝倉一門の一源軒宗秀《いちげんけんそうしゅう》は、出羽《でわ》檜山《ひやま》（秋田県能代市）を拠点に出羽から陸奥《むつ》北端部に勢力を張る大名下国《しものくに》（安東《あんどう》）愛季《ちかすえ》に宛て一通の書状を送った（八戸湊家文書）。内容としては、朝倉氏から下国氏へ、愛季の義父（妻の父）で庄内《しょうない》砂越《さごし》城（山形県酒田市）主の砂越宗恂《そうじゅん》を取次《とりつぎ》として脇差《わきざし》と「鉄炮《てっぽう》壱挺国友丸筒《くにともまるづつ》」、「桐油《とうゆ》推」（近江《おうみ》特産の雨合羽か）といった品々を進上し、通好を求めたものである。上方《かみがた》への要望があれば、義景へ取り次ぐとも申し添えている。本状のなかで、朝倉氏と下国氏はそれぞれの前代当主（朝倉孝景・下国舜季《きよすえ》）の頃から通好があったことや、朝倉宗秀と砂越は「当府《とうふ》」すなわち越後府中《ふちゅう》（新潟県上越市）で「度々参会」したといい、互いに面識があった旨も言及されている。前年の永禄四年、砂越宗恂は川中島合戦の上杉方の後方支援のため、越後方面へ出陣している(八戸湊家文書、佐藤二〇一五)。また、前述の天文二四年に宗滴のはからいで上杉の陣へと派遣された陣僧は、宗秀なのかもしれない。

この越前─出羽間の通好に両国は何を期待したのだろうか。義景としては、贈答品として珍重された出羽の馬鷹の入手もさることながら、明言されていないものの、日本海交易の拡大を狙った可能性が高い。一方、下国氏としては、日本海沿岸と京都を結ぶ越前の地理的・政治的な位置に期待し、その安全保障を求めたわけである。

若狭侵攻、その先へ　永禄七年、朝倉氏は再び加賀に出兵した。大野郡司《おおのぐんじ》の朝倉景鏡《かげあきら》と、一門の有力武将の朝倉景《かげ》隆《たか》を両大将に定めて、九月一日を期して加賀へ出陣させ、越前勢は加賀へなだれ込んだ。しかし、この陣中で宗滴の孫の朝倉景垙《かげみつ》が景鏡と大将の座を争い、敗れて憤死した(『朝倉始末記』)。そして、九月一二日、義景自らが大将として加賀へ出馬した。わずか一四日間の侵攻作戦であったが、朝倉氏当主の国外出兵は、実に七〇年ぶりのことであった。この加賀出兵の前後、義景は越後の上杉輝虎《てるとら》(後の謙信)のもとに加賀出兵の「証人」を「押懸」けさせ、越前─越後で加賀を挟み撃ちにする作戦のもと、盟約を締結した(『歴代古案』)。輝虎は、翌八年二月には加賀への進軍を決意したものの、武蔵《むさし》・上野《こうずけ》方面の情勢急変により関東への「越山《えつざん》」を優先させ、加賀出兵を見送った(前掲文書。しかし、結局この時の輝虎の越山も見送られた)。

遡って永禄四年五月、義景は若狭《わかさ》守護武田義統《たけだよしむね》の要請により、義統に反旗を翻した逸見昌経《へんみまさつね》討伐のための援軍として敦賀郡司景紀《かげのり》・景垙《かげみつ》父子に若狭出兵を命じ、高浜城《たかはま》下まで進軍した(当国御陣之次第)。反乱は八月下旬までに鎮圧されたが、景紀は今回の出兵を「義景聊爾《りょうじ》」(義景の軽率な判断)と非難している(『朝倉始末記』)。反対に、義景のまなざしは、すでに若狭を越えたその先の山陰尼子《あまご》領を見据えていた。新出の同年七月二六日付の尼子義久《よしひさ》宛朝倉義景書状の中で義景は、義久が「遠路」にもかかわらず出陣の「御尋《おたずね》」を寄越してくれたことに謝し、軍勢を派遣したことと戦況を伝えている（益田實氏所蔵文書）。つまり、朝倉氏の若狭出兵に尼子氏も深く関与していたのである。いうまでもなく、義景が尼子氏と好を通じた背景には、小浜《おばま》以西へ日本海交易を拡大する意図があったと考えられる。

この後も、義景は若狭への干渉の手を緩めず、武田氏の重臣粟屋《あわや》氏などを牽制するため、永禄六年から毎年のように八、九月に国吉城《くによし》（美浜町佐柿）を襲っている（『国吉籠城記』）。そして、永禄一〇年四月八日、武田義統が三〇代の若さで没すると（仏国寺本武田家系図）、子の元明《もとあき》が家督を継承した。義統・元明の代は、たび重なる内乱と家中《かちゅう》の分裂をきたし、若狭武田氏の支配体制は大きく動揺し、ついに翌一一年八月、元明は後瀬山城《のちせやま》（小浜市伏原）を脱し、朝倉氏のもとへ寄寓《きぐう》した（朝倉家文書、『国吉籠城記』）。これを朝倉氏による元明の「拉致《らち》」とみるか、「庇護《ひご》」とみるか評価が分かれる。ただ、武田家中の合意を得ぬまま、朝倉氏は元明を一乗谷へ連れ帰ったことには違いない。

永禄の変後の「調略」　永禄八年五月一九日、京都将軍邸で現職の室町幕府将軍が暗殺された。永禄の変である。足利義輝は、三好三人衆《みよしさんにんしゅう》・松永久通《まつながひさみち》らによる襲撃を受け、自ら応戦するも自害に追い込まれた。この事件をきっかけに、畿内近国をめぐる政情は急転する。

事件の直後、上杉輝虎は朝倉氏のもとへ使僧を派遣し、変の詳細を報告するように依頼した。ところが、朝倉氏の側では、京都から入る情報の集約に手間取り、上杉氏への詳細報告を遅滞させてしまっていた。そうしたところ、翌六月一四日付で義景のもとへ輝虎からの催促の書状が届いた。これを受けて六月一六日、ようやく朝倉氏から同名衆《どうみょうしゅう》を代表して朝倉景連《かげつら》と、年寄衆《としよりしゅう》を代表して山崎吉家《やまざきよしいえ》の連署状《れんしょじょう》が、景虎の重臣直江景綱《なおえかげつな》へ宛てて発給された（上杉家文書）。

ただ、朝倉氏も上杉氏の圧力に押される一方ではなかった。連署状の中で、一乗院覚慶《いちじょういんかくけい》（後の足利義昭）の擁立に

写真11　原寸再現された朝倉館

ついて、「定めて御同意たるべく候《そうろう》（きっとご同意のことでしょう）」と迫り、上杉氏にこれを断る余地を与えていない。また、輝虎がこれまで理由をつけて見送ってきた加賀出兵についても、重ねての延期がないよう強く念を押している。

このように、外交戦略上、難しい「舵取り」が必要とされる場面において、朝倉氏は相手に飲まれず、自らの要求も通そうとする姿勢をみせたのであった。

覚慶は奈良の松永久秀《ひさひで》のもとで保護されていた。その久秀を「調略」したのが、朝倉義景だった。七月、義景は久秀に対し「直談せしめ種々調略を廻らし」た。すなわち、義景がさまざまな手を使って久秀を説き伏せたことにより、覚慶は奈良から脱出し、同月二八日、近江の和田《わだ》城（滋賀県甲賀市）に逃れたのである（上杉家文書）。この義景―久秀間の連絡調整をはかったのが、大覚寺義俊であった。だが、これが義俊の最後の大仕事となった。一年以上に及んだ義秋《よしあき》（覚慶から還俗）の越前敦賀滞在中の永禄一〇年正月一二日、義俊は敦賀で帰らぬ人となった。

永禄一〇年一一月三日、義秋の工作が功を奏し、朝倉氏と加賀一向一揆の和睦《わぼく》が成立した（『顕如上人文案』）。これを受けて、同月二一日、義景は義秋を一乗谷に迎え入れ、一二月二五日に義秋の初めての朝倉館御成《おなり》となった（写真11）。翌年四月二一日、義秋は朝倉館で元服《げんぷく》し、義昭に名を改め、義景が加冠《かかん》を務めた。五月一七日、義昭の元服を祝して朝倉館への御成が盛大に執り行われ、一七献《じゅうしちこん》に及ぶ宴は夜が更けるまで続いた(『朝倉始末記』『朝倉義景亭御成記』)。その一方で、二度の朝倉館御成は、義昭の前に朝倉一族内の不和を露呈させた。敦賀郡司朝倉景恒《かげつね》(憤死した景垙の弟)と大野郡司景鏡のいずれかのボイコットにより、御成の席に両者が揃うことはなかった。

義昭の一乗谷滞在は約八カ月間に及んだ。しかし、義景には義昭を奉じて上洛する意思はなかった。永禄一一年六月、陰謀の渦に巻き込まれ義景の嫡子阿君《くまきみ》(七歳)が毒殺された。そして、七月一六日、義昭は一乗谷を離れ、信長の岐阜へと去った。時代の潮目が移り変わろうとしていた。

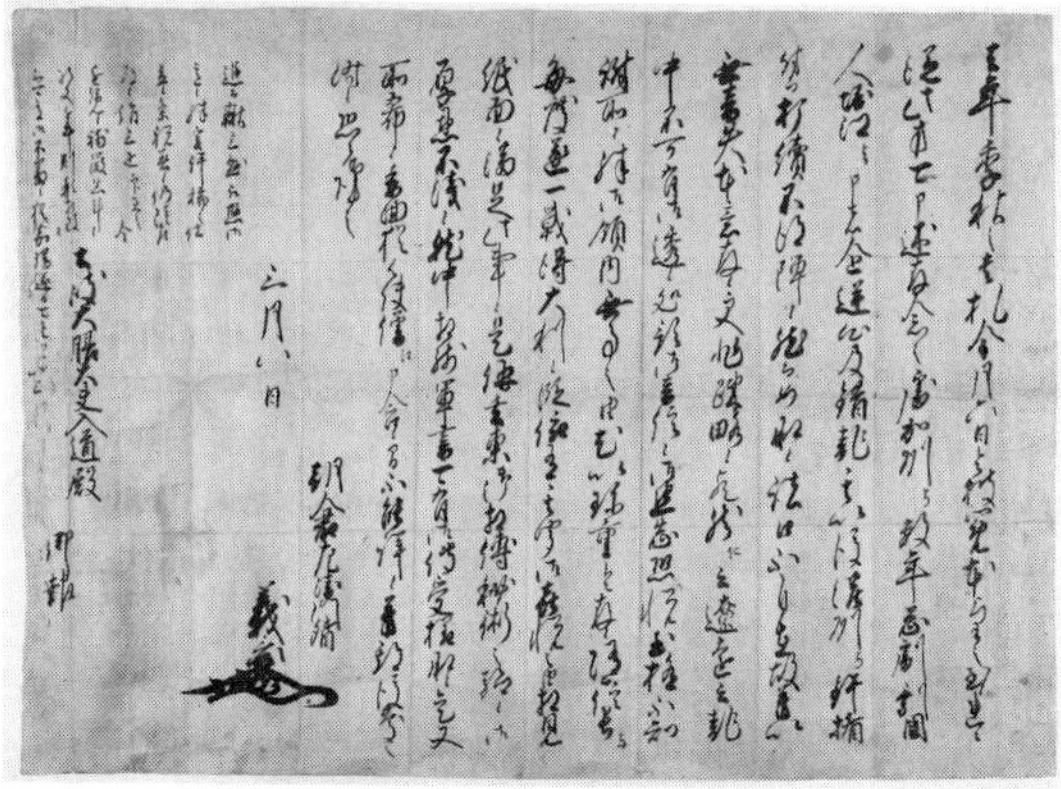

写真12　朝倉義景書状

元亀争乱のはじまり　織田信長は三好氏と朝倉氏を敵として、天下の儀の成敗権を義昭に認めさせ、元亀元年(四月二三日に改元)以降四年にわたって朝倉義景を攻撃した。義景は正面から信長と対決するに至った。一連の戦いの期間が元亀年間(一五七〇〜七三)に相当することから「元《げん》亀《き》争乱《そうらん》」と呼ばれる。従来、元亀争乱は義景が上洛要請を拒否したことが争乱の火種になったと理解されてきた。近年、このような従来的理解の見直しが進んだ(功刀二〇一七、久野二〇一七)。実際のところ、元亀争乱はどのように始まったのだろうか。

永禄一三年正月、信長は諸大名への上洛要請から義景を疎外し、両者の溝が表面化した(成簣堂文庫所蔵文書)。同年四月二〇日、信長は敵対する若狭国衆《くにしゅう》で石山《いしやま》城(おおい町石山)主の武藤友益《むとうともます》攻めのための兵を挙げた。これに、義景が武藤氏の後詰《ごづめ》を支援するかたちで加わり、敦賀郡司朝倉景恒を金ヶ崎《かねがさき》城に入れた。義景の後方支援は、信長に朝倉攻めの口実を与える結果となった。信長としては、武藤氏の「悪逆《あくぎゃく》」を放置しておけば若狭の国衆全体が朝倉方に属しかねないことを危惧したのである（毛利家文書）。このように、そもそも義景には上洛の要請自体がなく、お呼びでなかったということである。義景は義昭―信長政権からの疎外に反発するかたちで、元亀争乱の沼に足を踏み入れたのであった。その後、金ヶ崎の戦い（退《の》き口《ぐち》）、姉川《あねがわ》の戦い、志賀《しが》の陣、比叡山《ひえいざん》焼き討ちと、戦いは長期化してゆく。

東国ルール、横内折書状　元亀四年三月八日付で、朝倉義景が常陸江戸崎《ひたちえどさき》城（茨城県稲敷市）を拠点とする領主土岐《とき》治英《はるふさ》に宛てた書状がある（写真12、松平文庫）。義景は久方ぶりの音信となったことを詫び、織田信長との対立に至る経緯を述べるとともに、「濃州《のうしゅう》と鉾楯《ほこたて》につきて打続き、隙《すき》を得ず候（信長との合戦が打ち続き、息つく暇もありません）」と近況を伝えている。宛所の土岐治英は、土岐頼芸《よりのり》の甥（常陸に移住した弟治頼《はるより》の子）にあたる。義景は、前年小谷《おだに》城の大嶽《おおづく》曲輪《ぐるわ》に在陣した際に、治英の仲介によって兵法伝授の機会に恵まれた。

本状の中で義景は、信長との戦で勝利を得たのは「玄東《げんとう》」（甲斐武田氏の臣で諸国使番衆《しょこくつかいばんしゅう》の日向玄東斎宗立《ひなたげんとうさいむねたて》のこと）「御相伝秘術」の「験《しるし》」と述べ、仲介者である治英の顔を立てている。また、治英から贈られた馬具については、「殊《こと》にここもと稀の仕立てに候条祝着《しゅうちゃく》候（こちらでは珍しい仕立なので嬉しいです）」と具体的な理由とともに感謝を伝えた。義景は返礼に越前特産の絹を贈った。義景から治英に対する細やかな気配りが節々から看取される。

注目すべきは、この史料が特殊な紙の使い方をしている点である。本紙に竪紙《たてがみ》（料紙《りょうし》を横長に用いたもの）を用い、本紙の上下に付いた折り目から、「横内折《よこうちおり》」と呼ばれる折り方をしていたことがわかる（中央の折線は後世の折りの改変により生じたもの）。こうした特徴を併せ持つ文書は、戦国期東国《とうごく》大名間で流行した「横内折書状」と呼ばれる。いわば東国限定、ローカルルールの文書である。江戸崎土岐氏にしてみれば、外部との書状でのやり取りはこのような様式で行うのが通例である。一方で、通常、朝倉氏が越前周辺および畿内以西に宛てた文書では、この様式は用いない。義景はひと手間かけてでも、このやり方を採用したのだとわかる。その方が東国の公的秩序の中で通用しやすく、交渉が円滑に運ぶことを、義景は理解していたのであろう。なお、この三日後の一一日には、義景自ら将軍義昭の要請に応じて一乗谷から敦賀へと出馬している（同月一一日付朽木元綱《くつきもとつな》宛朝倉義景書状、個人蔵）。

義景に残された時間は、残り半年と迫っていた。

朝倉義景の夢　天正元年（七月二八日に改元）八月一三日、近江との国境にほど近い刀根坂《とねざか》（敦賀市刀根）で信長方に大敗を喫し、朝倉軍は主力部隊の多くを失った。義景は一乗谷に帰陣し、いとこの大野郡司朝倉景鏡の勧めにより大野郡に移った。信長は府中龍門寺《りゅうもんじ》（越前市本町）に着陣し、軍勢を遣わして一乗谷の谷中に放火し、破壊した。八月二〇日、義景は信長に内通した景鏡の兵に囲まれ、大野六坊賢松寺《ろくぼうけんしょうじ》（大野市泉町付近）で自尽《じじん》した。享年四一だった。応仁《おうにん》の乱《らん》以来、五代約一〇〇年続いた越前朝倉氏はここに滅亡したのであった。

ここまで朝倉義景の一生を通覧してきた。軍事指揮能力や家中の統率力が振るわなかった点は否めない。実際、同族同士の争いを制御することはできなかった。では、義景に見るべきものはなかったのか。ここまでを通読した読者であれば、そうではないことに気づくだろう。

永禄一〇年七月二三日、義景は九州の島津義久《しまづよしひさ》に、琉球《りゅうきゅう》貿易の便宜を謝し、琉球渡海船の発遣《はっけん》を約束する書状を送った（島津家文書）。折しも、足利義昭の敦賀滞在期間中であった。我々は義昭が義景を見限ってこの一年後に一乗谷を去ることを知っている。ゆえに、島津との通好よりも、義昭をつなぎとめる政治的工作でもしていれば、とついつい考えてしまう。同様に、滅亡の半年前に江戸崎土岐氏へ送った書状の中でも、義景は「殊に御領内無事の由、尤《もっと》ももって珍重に存じせしめ候（貴方様のご領内は平穏無事とのこと。それはなにより良かったです）」と述べている。

写真13　復元されたゴブレット

他人の領国の心配よりも己の頭上の蠅《はえ》を追え、と思わなくもない。

しかし、当たり前のことだが、義景は義昭に見限られることも、自家が滅亡することもその時点では知らない。したがって、その後の歴史を知る現代人が史実と異なる仮定の話をいくらしたところで、あまり意味をなさない。視点を変えてみよう。義景はどんな状況になっても、外交を止めなかった。これが朝倉義景の志向性の本質なのであろう。出羽から薩摩《さつま》まで列島を俯瞰《ふかん》するかのごとく、義景は交易拡大のビジョンを持ち続けたのであった。

ガラスのゴブレット（写真13）の破片、金の獅子《しし》目貫《めぬき》、銅製の指輪など、一乗谷朝倉氏遺跡出土品の数々は、四〇〇年以上もの間、土の中で息を潜めてきたもので、我々の目を驚かせてくれる。同時に、交易拡大のあくなき夢を抱いた五代当主朝倉義景が、この地に確かに存在したことの「証明」でもあるのだ。

コラム❶　真柄十郎左衛門は二人いた⁉

真柄十郎左衛門とは

真柄十郎左衛門《まがらじゅうろうざえもん》は名を直隆《なおたか》といい、越前《えちぜん》国の真柄荘《まがらのしょう》（越前市上真柄町・真柄町一帯）を本拠とし、朝倉義景《あさくらよしかげ》に仕えたとされる武将である（写真14）。後世の記録や講談では、三メートルを超える大太刀《おおだち》を振り回す怪力無双の豪傑として描かれ、現在でも、さまざまな漫画やアニメ、ゲームなどに登場する「福井の有名人」である。ただ、彼が生きていた頃に記された一次史料は存在せず、有名な割に、その実態は謎に包まれたままであった。

真柄氏家記覚書の発見

そうした状況のなか、真柄十郎左衛門などの真柄氏の事績をまとめた「真柄氏家記《かき》覚書《おぼえがき》」（以下「覚書」）なる新史料が見つかった（写真15）。「覚書」は真柄氏の流れを汲む福井藩田《た》代《しろ》家に伝来し、令和三年（二〇二一）に同家文書を一括で購入した福井県立歴史博物館が発見したものである。作者は真柄氏の子孫である田代養山《ようざん》で、成立年は養山が死去した元禄一〇年（一六九七）以前となり、真柄十郎左衛門が生きた戦国時代から一二〇年以上たっており、この「覚書」は一次史料とはいえない。

しかしながら、内容を検討すると、若干の記憶違いや誇張はあるものの、基本的には既知の歴史的事象と矛盾

写真14　姉川合戦図屏風に描かれた真柄十郎左衛門直隆

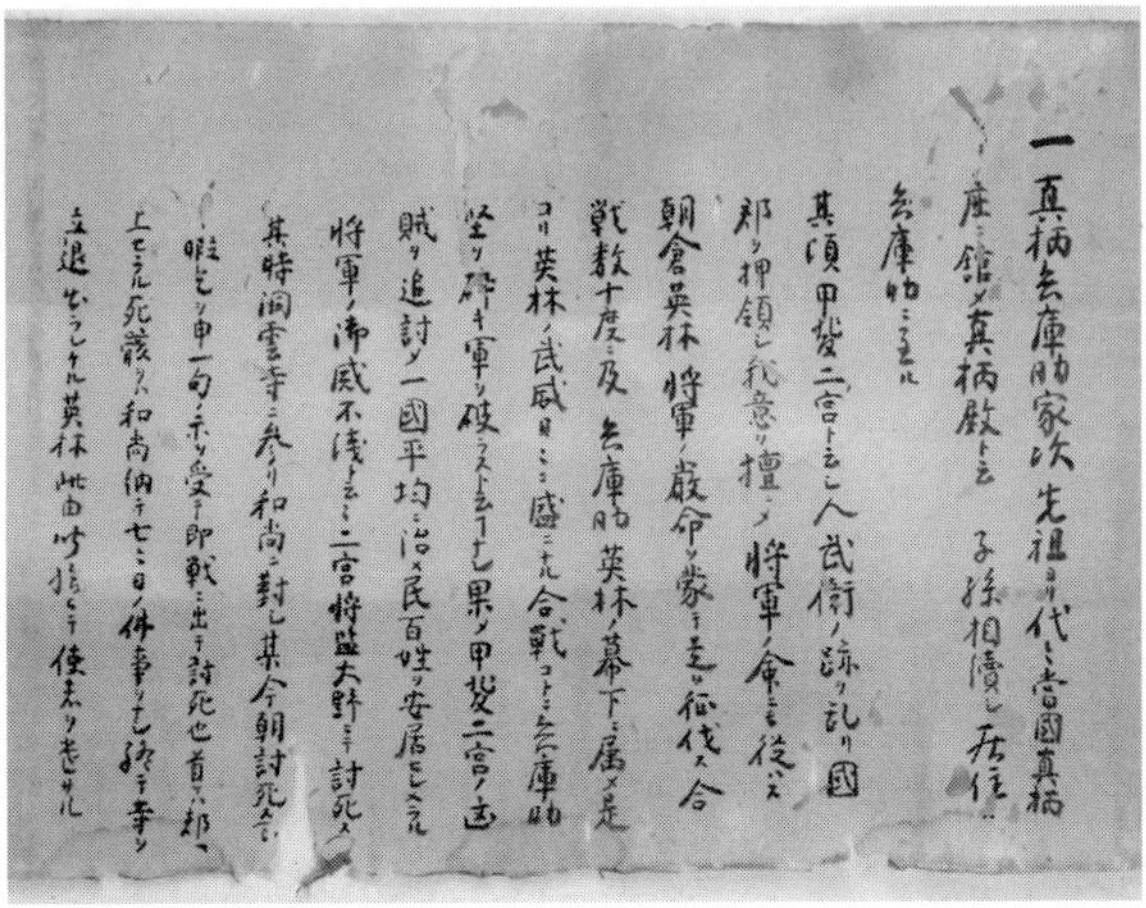

写真15　「真柄氏家記覚書」（冒頭部分）

しないうえ、断片的に知られる真柄氏の一次史料と符合することから、ある程度信頼できる史料と評価される。加えて、作者は、寛永年中（一六二四～四四）に福井城下にいた朝倉氏旧臣や、真柄十郎左衛門を討ち取ったとされる張本人から話を聞いており、情報源の質の高さも注目されよう。

もう一人の真柄十郎左衛門　その覚書によれば、直隆には父の家正《いえまさ》がいた。家正は若年時に十郎左衛門と称し、大永七年（一五二七）の朝倉宗滴《そうてき》による京都出陣など、多くの合戦で武名を轟《とどろ》かせた。その後、十郎左衛門の号を直隆に譲って備前守《びぜんのかみ》と称し、元亀元年（一五七〇）の姉川合戦《あねがわかっせん》で直隆とともに討死したとされる。すなわち、親子二代続けて十郎左衛門を称したというわけである。戦国時代、親から子へ名乗りが継承されるのは、よく知られるところであろう。なお、家正は当時の史料と考えられる『朝倉義景亭御成記《あさくらよしかげていおなりき》』に登場する「真柄備中守《びっちゅうのかみ》」とみられ、備前守ではなく備中守が正しいとしたうえで、その実在を確認できる。

さらに「覚書」では、「信長記に十郎左衛門尉と記したることは、備前（備中）守、初めは十郎左衛門尉といい、兵術の達者にて度々武功多くして世に名を知られたるものなり、後に其名を嫡子に譲りて備前（備中）守になりければ、昔の名を記したるなり」とあり、いわゆる『信長公記《しんちょうこうき》』に記される「真柄十郎左衛門」は家正を指すという注目すべき記述がある。

そこで、『信長公記』を確認すると、姉川合戦で織田《おだ》・徳川《とくがわ》方が討ち取った浅井《あざい》・朝倉方の武将のリスト、「討ち捕る頸《くび》の注文」として、「真柄十郎左衛門」とあるだけで、その実名は記されていない。それは、『信長公記』の諸本のうち、もっとも信頼できる、作者太田《おおた》牛一《ぎゅういち》自筆本（池田家文庫本）でも同様である。この「真柄十郎左衛門」が、「覚書」のとおり、若かりし頃に十郎左衛門として名を馳《は》せた家正を指すのか、はたまた、姉川合戦時に十郎左衛門を名乗った直隆を指すのかは不明である。しかし、「討ち捕る頸の注文」で「真柄備中守」と記されずに「真柄十郎左衛門」とのみ記されたことが後世の混乱を招く要因となったのではあるまいか。

すなわち、『信長公記』が流布した後世には、「真柄十郎左衛門」が家正・直隆のどちらを指すのかわからなくなり、結果的に、家正・直隆の二人の事績が一体化して真柄十郎左衛門という一人の人物として伝承されていったと考えられるのである。

加えて、これまで、真柄十郎左衛門を討ち取った人物として、徳川方の匂坂式部《さぎさかしきぶ》、もしくは、青木一重《あおきかずしげ》の二人が挙げられることがあったが、「覚書」によれば、家正を討ち取ったのが式部とされ、それは式部本人の証言によるものだという。とすれば、直隆を討ち取ったのが一重と整合的に理解できるようになる。

真柄氏の庶流と嫡流 「覚書」から得られる新知見は、これだけではない。家正・直隆という十郎左衛門を称した家系は実は庶流《しょりゅう》で、他に嫡流《ちゃくりゅう》が存在し、その事績が判明したことも重要である。

「覚書」によれば、家正の兄に左京亮家時《さきょうのすけいえとき》、その子に左馬助景忠《さまのすけかげただ》がいた。この系統が嫡流である。

景忠は、姉川合戦の際、当主として一族・郎等《ろうどう》五〇余人を率いて参陣し、朝倉軍の殿《しんがり》として奮戦した。しかし、自身の子である家重《いえしげ》をはじめ、家正や直隆など一族の多くが討死したという（文末系図1参照）。あるいは、こうした真柄一族の多くの死をもって、朝倉軍の退却を成功させた功績が、一族でもっとも有名な十郎左衛門の活躍として語り継がれていったのかもしれない。他方、景忠自身は姉川合戦を生き延び、同年の志賀《しが》の陣で功を立てたとある点も見逃せない。

そして、景忠の孫に当たる宮寿丸《みやじゅまる》が、当時医者として有名であった田代家の名跡《みょうせき》を相続し、田代養仙《ようせん》と称し、医者として福井藩に仕えたとされるのである。戦国時代に「武」で名を馳せた真柄一族が、「医」に転じて江戸時代を生き抜いていったのも大変興味深い。

なお、景忠をはじめ、「覚書」に登場する真柄一族のうち、一次史料でその実在を確認できる人物がいる点は押さえておく必要があろう(文末系図1参照)。

「真柄の大太刀」の謎　最後に、真柄十郎左衛門が使用したとされる、いわゆる「真柄の大太刀」の謎についても触れておこう。「真柄の大太刀」は、愛知県の熱田《あつた》神宮や石川県の白山比咩《しらやまひめ》神社をはじめとして、全国各地に伝来している。従来、ともすれば、どれが本物かという議論もあったようである。

しかしながら、「覚書」によれば、家正の父に当たる家宗が「先陣真柄、太刀振り真柄」と賞される活躍をみせ、大太刀の兵法《へいほう》を創始し、代々これを相伝したという。姉川合戦の際には、景忠が九尺九寸、家重が七尺五寸、家正が七尺五寸の大太刀を同時に振るったとも記されている。これらの点からすれば、真柄一族の多くが大太刀を使用しており、真柄の伝承を持つ大太刀が全国各地に伝来していることも不自然ではないと理解できるようになったのである。

覚書の重要性　このように、「覚書」の発見により、真柄十郎左衛門や「真柄の大太刀」の実像のみならず、真柄一族の全体像が明らかになってきたことが重要である。今後、「覚書」の更なる検討が期待される。

系図1　真柄系図（「真柄氏家記覚書」より）

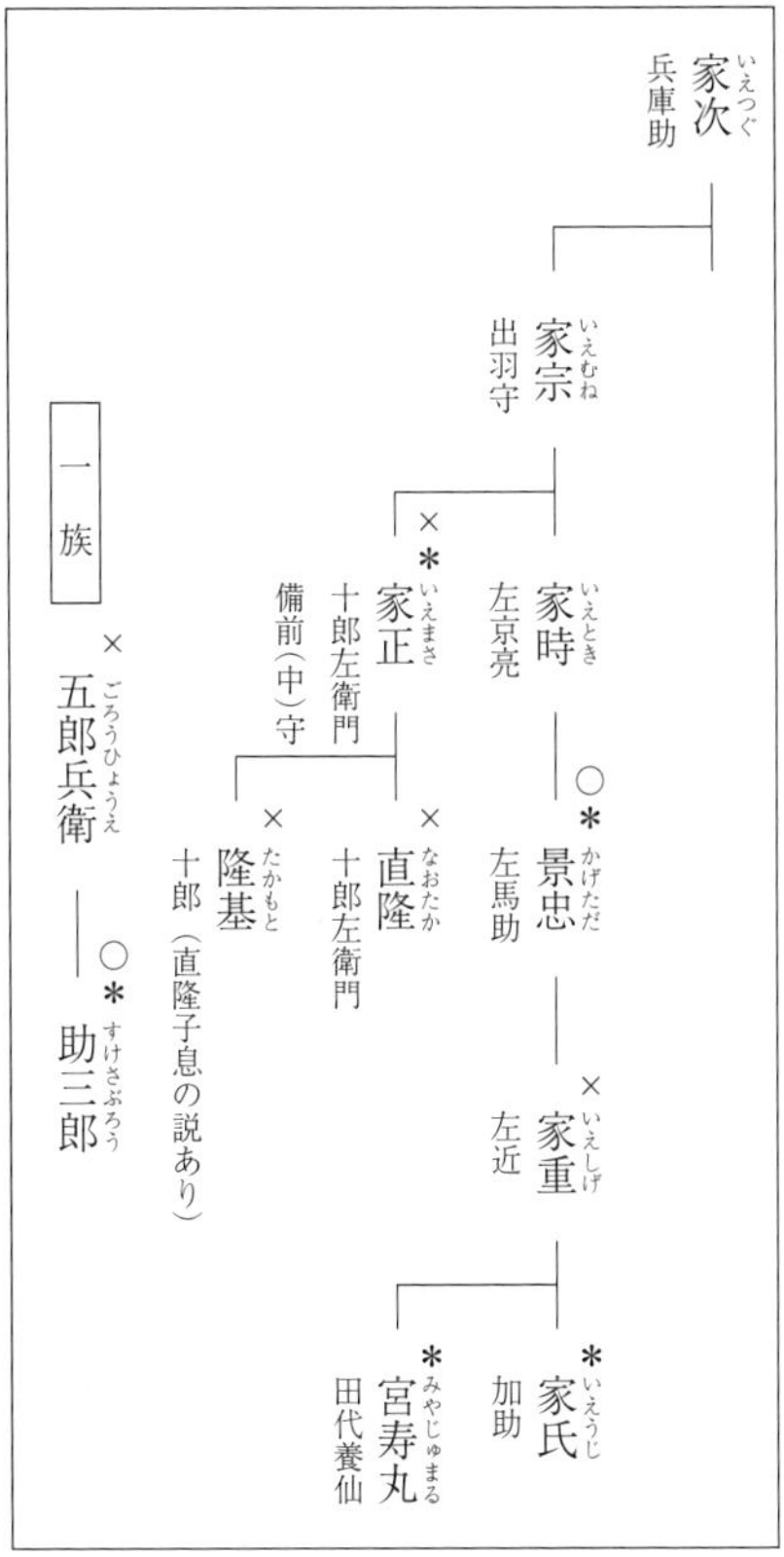

○は姉川合戦に参陣、×は討死
＊は一次史料で確認できる人物
（　）は筆者の補注

（大河内勇介）

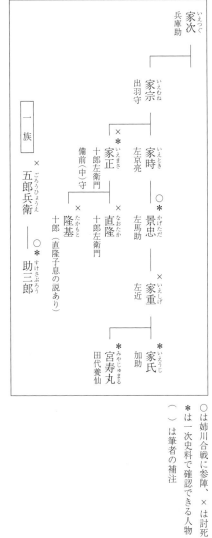

2　武田義統（一五三〇頃—一五六七）
—父子対立に費やした生涯—

笹木康平

家督相続の混乱　代替わりを円滑に行うことは権力の安定にとって重要であり、戦国期を通じ若狭《わかさ》国を支配してきた若狭武田《たけだ》氏（以下、武田氏）とて例外ではない。特に、織田信長《おだのぶなが》とほぼ同世代にあたる武田氏当主の義統《よしむね》（元栄《もとひで》→義《よし》

系図2　武田氏略系図（数字は当主就任の順番を示す）

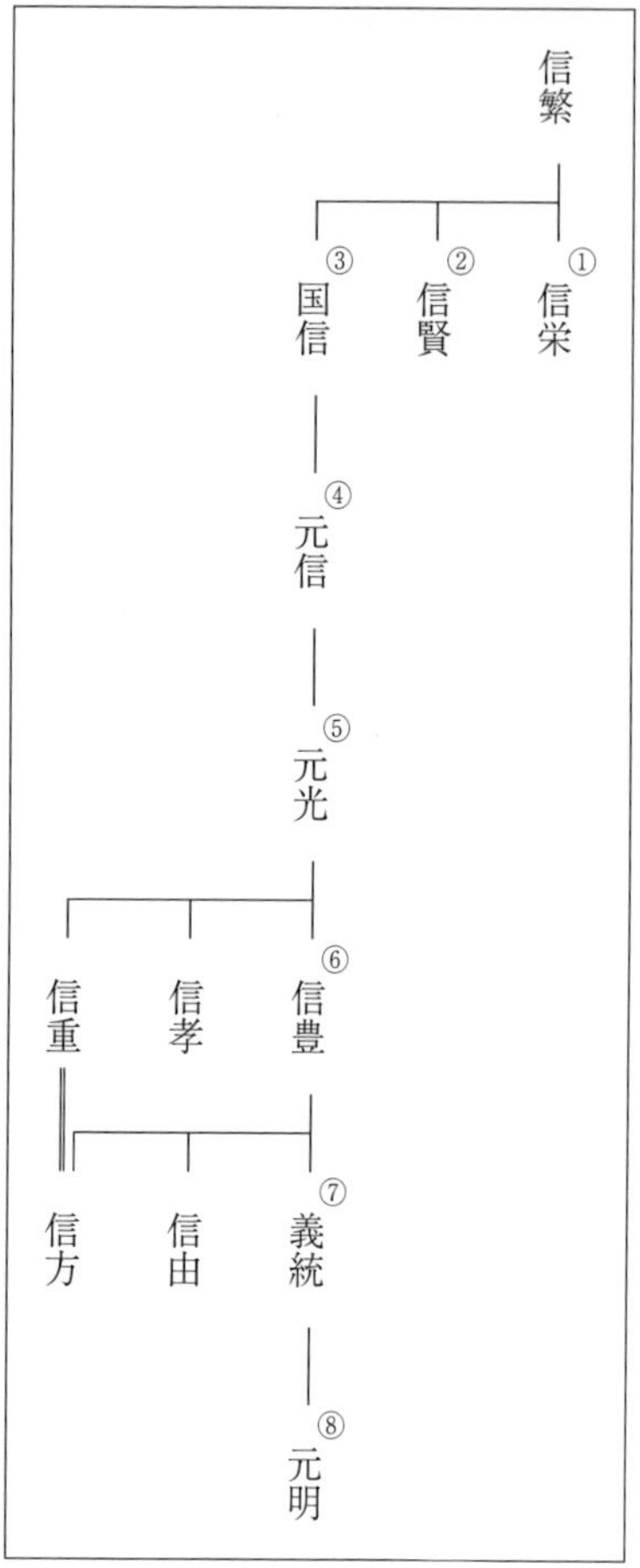

元《もと》→義統と改名するが、表記の混乱を避けるため義統に統一）は、父信豊《のぶとよ》からの家督《かとく》継承、そして子元明《もとあき》への家督譲渡ともに混乱を伴った。いわば父子対立に生涯を費やしたといっても過言ではない。父子対立に伴う混乱については、従来は衰退する武田氏内部の問題として捉えられてきたが、近年は畿内《きない》政治史の推移と密接に関わることが判明しつつある。こうした視点から、義統の生涯を追っていくこととしたい。

祖父元光と父信豊の時代

義統の祖父にあたる元光《もとみつ》は、将軍足利義晴《あしかがよしはる》・細川高国《ほそかわたかくに》に合力すべく上洛《じょうらく》し、大永七年（一五二七）に細川晴元《はるもと》方と戦った。この桂川《かつらがわ》合戦に敗れた後、武田氏が京で活動しなくなっていく。だが、畿内との政治的な関係が切れたわけではない。なぜなら、元光は敗戦を機に提携相手を細川高国から細川晴元に乗り換え、足利義晴周辺や、細川晴元・六角定頼《ろっかくさだより》と姻戚による関係構築を図っていくからである（笹木二〇一八ａ）。元光は天文七年（一五三八）七月に子の信豊に家督を譲り、武田信孝《のぶたか》（信豊の弟）を擁立した粟屋元隆《あわやもとたか》の反乱も同年中に鎮圧した。そして元光は自らが没するまで信豊を輔弼《ほひつ》し続けた（河村二〇二一ａ）。

このころの将軍義晴を支えたのが、高国を倒し細川京兆《けいちょう》家の家督としての立場を安定化させた晴元と、近江守護《おうみしゅご》である六角定頼であった。この義晴・晴元・定頼による政権運営の安定によって、若狭も比較的動揺が少なかった。しかし、晴元が被官《ひかん》の三好長慶《みよしながよし》に天文一八年の江口《えぐち》の合戦で敗れ、状況は大きく変わり出す。さらに、同一九年には義晴が没し、同二〇年には定頼がこの世を去る。新たに畿内において台頭したのは長慶であった。

武田氏でも元光が同年七月に亡くなり、残された信豊は自らの手で新たな関係構築を模索しなければならない状況となった。元光の死と関わってか、同年九月に浜《はま》左京進《さきょうのしん》なるものが隣国丹後加佐《たんごかさ》郡にて挙兵した（以下、『神宮寺日記抜書』『羽賀寺年中行事』）。これを鎮圧すべく信豊は弟信重《のぶしげ》を派遣したものの、苦戦が強いられたため、翌天文二一年春には信豊自らが馬を進めた。この留守を突くかたちで三月に粟屋右馬允《うまのじょう》ら牢人《ろうにん》衆が近江から若狭国大杉関《おおすぎせき》に侵入し放火した。信豊は急遽小浜《おばま》の館へ戻り、今度は信重の養子となっていた子信方《のぶかた》(義統の弟)に命じて粟屋を撃退させた。一方で、敗れた粟屋は越前《えちぜん》に亡命していた武田信孝に合流した。そして、彼らは敦賀《つるが》郡から若狭へ乱入する様子を見せたが、朝《あさ》倉教景《くらのりかげ》・景紀《かげのり》に止められて引き返した。元光からの独り立ちを図らねばならない信豊にとって前途多難であった。

義統の登場　義統が表舞台に登場するのは、弘治二年(一五五六)の父信豊との対立からである。これに伴う混乱については、武田氏に関する諸系図が同年に信豊が没したと誤記していることからも異変を読み取れる。折しも同年に信豊による故実書《こじつしょ》の写《うつし》が集中し、そのうち『弓馬聞書雑々《きゅうばききがきざつざつ》』が義統ではなく弟の信由《のぶよし》に伝授された。こうしたことから、信由を重んじる信豊と嫡子の義統とが対立し、家臣を巻き込んだ争いに発展したと理解されている(米原一九七六)。

国内の混乱とは裏腹に、周囲による武田氏への期待は高まっていた。これを示す事柄として特筆されるのが、義統が足利義晴の娘を娶《めと》ったことである。この婚姻は足利将軍家の子女が大名家に嫁ぐ初例となった。婚姻時期について明確に示す史料はないが、天文一八年六月(義晴・義輝《よしてる》父子の近江没落)から永禄元年(一五五八)一一月(義輝の入洛)の間と見られる(木下二〇一六)。離京《りきょう》を余儀なくされた将軍父子と晴元が近江へ退避したため、隣接する若狭を治める武田氏の存在感が高まったのである。

だが、信豊・義統父子の対立は永禄元年七月に深刻な事態に発展する。まず、義統が同二一日に山県《やまがた》(秀政《ひでまさ》か)・上《うえ》原《はら》らとともに軍勢を率いて西方(逸見《へんみ》氏のいる大飯《おおい》郡か)に向かった。これに対し、信豊は同二五日に側近の永元寺《えいげんじ》・慈済寺《じさいじ》・宇野《うの》・畑田《はただ》・笠間《かさま》らを引き連れ、義統とは反対方面である熊川《くまがわ》経由で隣国の近江高島《たかしま》郡に入り、現地の西《にし》佐々木七頭《ささきしちとう》と連携し若狭へ討ち入るとの風聞が立った。すぐさま、近江を治める六角義賢《よしかた》が調停に動き出し、信豊に亡き元光と同程度の隠居料を認めるよう仲裁案を示した(『羽賀寺年中行事』)。

先に小浜に戻ったのは義統であった。翌月晦日《みそか》のことである。対する信豊は、引き続き近江に逼塞《ひっそく》したままであった(永禄四年まで帰還が実現せず)。こうした状況を見た三方《みかた》郡の諸氏は、小浜の義統のもとへ出頭しなくなった(『羽賀寺年中行事』)。注意したいのが、一カ月ほどの間、武田氏当主が小浜を空けたという事実である。小浜は中世を代表する港湾都市として発展し、武田氏は在京から在国へ軸足を移す元信の時期に、小浜を拠点として整備してきた。武田氏の裁許《さいきょ》を得るために人々は「在浜」(小浜に滞在すること)していた。こうした地域社会からの要請に対応するため、武田氏は裁判や文書発給《はっきゅう》を掌《つかさど》る被官を小浜に集住させた(笹木二〇二二)。その小浜をこうした経緯で当主不在にしたことは、武田氏権力の求心力低下をもたらしたことは想像に難くない。先にふれた三方郡の諸氏が出頭しなくなったことは、その証左となろう。

三好長慶台頭の影響　これまでの武田氏は義晴・定頼・晴元の三者と強固な連携を結び、自らの安定を図っていた。しかし、三好長慶に江口合戦にて敗れた晴元は近江への退避を余儀なくされ、義晴・晴元は定頼とともに京都奪還を目論み続けたものの、義晴・定頼の死などで各々の足並みは揃わなかった。さらに、定頼の跡を継いだ義賢は、義晴が遺した義輝と長慶との和睦《わぼく》を斡旋《あっせん》し(馬部二〇二二)、武田氏が幕府とのパイプ役として頼っていた幕府政所頭人《まんどころとうにん》の伊勢《いせ》貞孝《さだたか》は天文二〇年段階で早々に晴元を見限っていた。しかも、将軍義輝も翌年に晴元から離れ三好方と和睦しており、この時点で晴元は将軍や六角氏との一体性を失っていた。

その細川晴元は同二一年に信豊を頼り若狭へ下向していた(『言継卿記』)。この晴元の行動は、先にふれた義輝と長慶との和睦が晴元を排除するものであることに起因する。晴元は同年三月に神宮寺《じんぐうじ》にて信豊と歌を贈答し合い、越前方面へ出向いた後、七月に再び神宮寺に逗留《とうりゅう》している(『羽賀寺年中行事』)。信豊には晴元の姉妹が嫁いでおり(『続群書類従』所収「細川系図」)、信豊が晴元を受け入れたことは従来からの提携関係に基づいていた。

晴元は越前にて、朝倉氏のほか越後《えちご》の長尾景虎《ながおかげとら》とも音信《いんしん》しており、若狭・越前下向《げこう》には諸大名に対し京奪還に向けた軍事支援を求める目的があった（馬部二〇二一a）。そして、先にふれた若狭への侵入を企図した武田信孝を朝倉氏が制止したのは同年八月、つまり晴元の若狭・越前滞在中というのは偶然ではあるまい。信豊は晴元と結びつくことで朝倉氏の協力を取り付け、危機を脱することができたと解すべきだろう。

晴元は自身の支持基盤が残る丹波《たんば》へ移り再起をうかがい、翌天文二二年七月には義輝を自陣に引き込むことに成功する。しかし、長慶との合戦に敗れてしまい、義輝は再び離京を余儀なくされた。義輝と長慶が和睦した後も、晴元は永禄四年に和睦するまで長慶の脅威であり続けた（馬部二〇二一b）。永禄元年七月から小浜を離れていた信豊は、この晴元と連携していたのである。一方、信豊と争う義統は、永禄三年五月から翌正月までの間に、晴元からの偏諱《へんき》を受けた元栄から義元に名を改めた（馬部二〇二一a）。「義」は将軍からの偏諱である。このとき将軍義輝は長慶とともに京にいるため、改名は義統が晴元と決別し長慶に接近したことを示す（河村二〇二一a）。なお、義統への改名は永禄四年のことである。

かくして、信豊・義統父子の対立は単なる隠居料の問題ではなく、元光以来の提携関係の転換という性格を帯びる。つまり、離京した晴元を単純に支持するか否かで武田家中が割れていた可能性が高く、父子の対立もこうした背景から理解される（河村二〇二一a）。これまで義晴・定頼・晴元の一体性のもと有効に機能していた武田氏の提携関係が、代替わりなどにより各々が離散したことで機能不全に陥ったことは容易に想像できよう。長慶台頭を受け、親晴元の信豊、親三好の義統という構図が形成されたのであった。

逸見昌経の反乱　元栄から義元への改名は、丹波・若狭国境にて展開する晴元・信豊の連合軍に対処していた時期と重なる。この戦闘の契機となったのは、永禄三年六月に若狭に潜伏していた丹波の牢人衆が若狭衆とともに丹波野々村《ののむら》に侵入したことであり（夜久文書）、長慶側は内藤宗勝《ないとうそうしょう》（松永久秀《まつながひさひで》の弟）が対応した。義統は宗勝と連携し、配下の逸見昌経《まさつね》(写真16)が宗勝勢と共同し晴元勢の殲滅にあたった(大成寺文書)。

このときの昌経の動向について、従来の理解としては、同年冬に粟屋某と内藤宗勝の協力を得て武田氏から離反し、義統と戦闘状態に入ったと考えられてきた。対する義統は、翌永禄四年四月に信豊との和解・帰国を実現して家中対立を収束させ、朝倉氏からの協力を取り付ける。そして、五月二八日に出発した朝倉景紀率いる軍勢が義統と合流し、逸見・宗勝連合軍に攻勢をかけ打ち破った。これだけの行動に出た昌経の帰参《きさん》を義統は許しており、帰参を認めざるを得なかった武田氏の弱体化が指摘されている(河村二〇二一aなど)。

しかし、文書の年次比定が改められ、右の通説は再考を迫られている(馬部二〇二一a)。すなわち、昌経の離脱が永禄三年ではなく同四年であることが明らかにされたことにより、昌経の離反よりも父子の和睦が先行することが判明した。このことは昌経離反の背景を考えるうえで重要である。なぜなら、義統方として晴元方の掃討《そうとう》に加わっていた昌経が、和睦により義統に見捨てられる格好となったため、やむを得ず武田氏と刃《やいば》を交えたという事情が想定できるからである。また、父子和睦こそが離反の要因とするならば、義統と対峙していた信豊の存在感が際立ってくる。信豊は若狭を離れた時点で劣勢に立たされたと思われがちだが、反三好として活動する晴元が存在する限り信豊は孤立していない。和睦に先立ち朝倉氏と交渉していたのは信豊とされ、義統にしてみれば、朝倉・長尾・尼子《あまご》氏といった晴元を支持する諸勢力からの孤立を恐れ歩み寄ったといえる。

写真16　木造 逸見昌経坐像

こうしてみると、義統は当初とっていた親三好路線からの転換を余儀なくされたことになる。では、義統の政治的敗北を意味するかというと、そうともいえないだろう。結果としてこの反乱後に当主としての地位を確立したのは、信豊・信由でも信孝でもなく、義統だからである。義統が和睦に応じるにあたり、当主としての地位は譲れない条件であったはずである。逆に、これが実現しそうな見通しが得られたからこそ、親三好路線を捨てることができたと評価すべきだろう。つまり、親三好路線は単に信豊との対抗上打ち出したもので、固執するものではなかった。

もっとも、逸見・宗勝連合軍への勝利の決定打として朝倉氏の援軍に頼ったことは、同氏からの影響が強まることを意味した。しかし、このとき朝倉氏が越前にいた信孝を家督に据えようとした形跡はない。おそらく、義統は朝倉氏が信孝を擁立しないという確約を得たうえでの信豊との和睦だったのであろう。なお、若狭への帰還を果たした信豊は、以後政治の表舞台から完全に姿を消し、信由は国外に逃れた(木下二〇一六)。残る信孝は朝倉氏のもとに身を寄せ続け、若狭への関与は見出せなくなる(河村二〇二一a)。

親三好路線から転換した義統のもとには、伊勢貞孝の孫である貞景《さだかげ》が身を寄せている。これは、貞孝の室が義統の祖父元光の娘であることに因むものだろう(水藤二〇〇六)。貞孝は永禄五年に六角氏に呼応し長慶に反旗を翻し討死にを遂げた存在であり、その貞孝の孫を受け入れることは、義統が率いる武田氏が三好方のままでは実現しなかったであろう。ただし、このとき晴元は活動を止めており、畿内情勢は新たな局面に移っていた。

片腕としての弟信方　そもそも義統が信豊の対抗軸として存立しえたのは、弟信方(写真17)が当初から味方していたことが大きい。信方は叔父信重の養子となり、宮川保《みやがわほ》の領有を引き継ぎ「宮川殿」と呼ばれた。天文二一年に粟屋右馬允ら牢人衆が蜂起《ほうき》した際に信方が大将として山県・宇野らを率い迎撃したことは既に述べた。信豊の代から当主を補佐する有力一族として活躍している。その信方は永禄元年一一月には小浜へ戻った義統から感状《かんじょう》(戦功を賞する文書)を得ている(尊経閣文庫所蔵文書)。

さらに、永禄九年閏八月には義統に対する蜂起に際しても、信方は鎮圧の中心的な役割を果たした（大成寺文書）。蜂起した勢力が幼少の義統嫡子《ちゃくし》である元明と結びつき、義統・元明父子対立と認識されていた。父との対立を解消して五年余りで今度は子との対立軸が生じたのである。ただし、幼少の元明に主体性があったわけではなく、単に義統に不満を持つ勢力が元明を擁したものと推測される。このとき、義統は家臣の白井《しらい》氏へ所領を宛てがう際に「国家」という文言を用いている（白井家文書）。これは勲功を賞しつつ自らを中心とする領国を客体として表現したものであり（笹木二〇一八b）、信方は義統の「国家」を支える重要な役割を果たしていた。

そして信方は、永禄九年から足利義昭《よしあき》と音信を重ね関係を深めていく（尊経閣文庫所蔵文書）。この前年に足利義輝が、三好義継《よしつぐ》らが起こした永禄の変で死去し、義輝弟の義昭は奈良興福寺《こうふくじ》一乗院《いちじょういん》から脱出し諸勢力に支援を求めていた。上洛を企図する義昭は、武田家中における信方の影響力に期待したのであろう。同年八月に近江矢島《やじま》にあった義昭は、六角義賢《よしかた》が三好三人衆に与同する動きを見せたため、ついに若狭へ身を移す（『多聞院日記』閏八月三日条）。

写真17　武田信方画像

しかし、先に言及したように反義統方の鎮圧の真っただ中にある状況を目の当たりにした義昭は、朝倉氏の支援を求めるため越前敦賀へ向かった。一方で、武田氏の側からすれば、義昭の動向こそが義統・元明父子対立の要因となった側面がある。つまり、義昭が若狭へ下るということは、受け入れをめぐり判断が迫られたことを意味する。これは、かつて晴元が若狭へ下向したときと同じく、家中の分裂が助長されたというのが実情ではなかろうか。

義統の早世と信方の孤立　義昭への対応が求められるなか、永禄一〇年に義統はこの世を去った。死没月には四月説と一一月説とがあるが、四月説の方が有力である(河村二〇二一a)。享年は三〇代後半と考えられ、幼少の元明を遺した早世といえるだろう。

さらに不幸なことに、同年七月に複数の重臣が武田信方と対立する出来事が起きた。信方は「国家」に対する「謂《い》わざる御覚悟」があったと糾弾されている(白井家文書)。最後にこの事件についてみていこう。

重臣のうち身元が判明するのは粟屋勝長《かつなが》と山県秀政である。まず、粟屋勝長は従来『国吉城籠城記《くによしじょうろうじょうき》』に登場する粟屋越中守勝久《かつひさ》として知られてきた人物である(松浦二〇二〇)。『籠城記』には、永禄六年から同一一年まで毎年秋に朝倉軍が攻め寄せてくるのに対し、三方郡内の土豪たちが国吉城に拠る粟屋勝久のもと結集し撃退したことが克明に記されている。ただし、同書は誇るべき地域の歴史を後世に伝えるものとして評価できる一方で、内容については多くの矛盾・誤謬を含み、その記述をもって朝倉軍侵攻年次を論じることには慎重になる必要がある(河村二〇二一b)。その勝長は永禄四年に三方郡内の土豪の所領を安堵していることが知られ(田辺半太夫家文書)、少なくとも三方郡に基盤を有していたといえそうである。

次に、山県秀政は、信豊のころから動向が確認される。天文七年に失脚した粟屋元隆《もとたか》の後任として小浜代官《だいかん》に抜擢された。永禄元年に信豊が国外退避した際には義統に従い、逸見昌経の反乱後には義統から勲功《くんこう》を賞されている(桑村文書)。さらに秀政は義統以前からの有力家臣であるほか、足利義輝からは毛氈鞍覆《もうせんくらおおい》が免許されており、将軍とも結びつく存在でもあった(笹木二〇一八b)。

重臣たちの「国家」と元明　こうした経歴の異なる重臣が信方排除で一致した。では、信方が「国家」に対し「謂わざる御覚悟」があったというのはどういうことだろうか。ここで注意されるのは、山県らが信方について「国家」に反すると非難する一方で、山県らに応じ信方家中から退いた白井氏に所領を知行するにあたり「御曹司様《おんぞうしさま》」(元明)の同意を得ていることである。つまり、山県らは元明を擁して信方に対抗したのである。「国家」とは山県らが自身の行動を正当化するために用いられたものであると同時に、この「国家」にはたとえ幼少であったとしても武田氏当主の存在が不可欠だったのである（笹木二〇一八ｂ）。

以上を踏まえると、信方が糾弾された理由については以下のように推測される（河村二〇二一ａ）。山県らは義統の死を受けて、重臣が連携して幼主元明を支えていくことを目指した。だが、信方としては義統を支えてきた実績から、当然に元明の後見として影響力を行使しようと考えていた。さらに踏み込めば、信方は義統の実弟であることから、自身が当主の座に就く資格が備わっているとまで考えたかもしれない。こうした信方に対して山県ら重臣が警戒していたところ、信方が何らかの行動を起こしたため重臣は反発したと想定される。

しかし、残された元明は永禄一一年に朝倉氏によって越前へ連れ去られた（朝倉家文書）。これにより、重臣は推戴《すいたい》する存在を失った。このころ朝倉氏は安田忠治《やすだただはる》という家臣を小浜に常駐させており（浄土寺文書、本郷文書）、若狭の情勢は安田を通じて朝倉氏の把握するところであった。朝倉氏からすれば、重臣が元明を戴いて結集し若狭全体が反朝倉になることを防ぐねらいがあったのだろう（河村二〇二一ａ）。一方で信方は朝倉氏との関係を維持し、政治的地位を保っていく。多くの武田旧臣が義昭と織田信長のもとに参じるなか、信方は親朝倉としての立場を貫いた。

元明は、織田信長が朝倉氏を滅ぼした後、若狭へ戻ることとなった。しかし、旧守護家として信長から一定の配慮を受けたとはいえ、粟屋・逸見らの家臣を編成する存在ではなかった（功刀二〇一一）。かくして国主として振る舞った最後の武田氏当主となった義統の生涯は、父信豊との対立に始まり子元明との対立に至るという、父子対立が多くの部分を占める。当主としての地位を勝ち取った義統は、自身の権力安定のため噴出する課題に向き合っていくが、道半ばで果ててしまったといえよう。

コラム❷ 国吉城主、粟屋の名は

難攻不落の国吉城 現在、三方《みかた》郡美浜《みはま》町では、中・近世の城館跡二六カ所が報告されている。そのなかでも、最も著名なのは佐柿《さがき》の通称城山《しろやま》(標高一九七・三m)に残る国吉城址《くによしじょうし》であろう。美浜町では平成一二年(二〇〇〇)度から毎年度、国吉城址の史跡調査を実施している。

従来、国吉城は、弘治二年(一五五六)、若狭《わかさ》武田《たけだ》氏の重臣である粟屋《あわや》越中守《えっちゅうのかみ》勝久《かつひさ》が若越国境の境目の城として、古城跡を改修して築いたと考えられてきた(『若狭国志』『三方郡誌』)。永禄六年(一五六三)から同一一年まで粟屋氏と越前《えちぜん》朝倉《あさくら》氏が展開した一連の籠城戦では、ほぼ毎年侵攻してくる朝倉軍を国吉城に立て籠る粟屋軍が撃退しつづけたことによって、一度も落城しなかった。その様子は、粟屋軍としてこの戦いに参戦した地侍《じざむらい》の田辺《たなべ》半太夫《はんだい》安次《やすつぐ》(宗徳《そうとく》入道《にゅうどう》)の手によって、江戸初期に軍記『国吉籠城記』(通称。書名は多種あるが、この表記を用いる。以下、『籠城記』と略記し、出典では正式名称を記す)としてまとめられ、小浜《おばま》藩主の所望により献上されたと伝えられている(『佐柿国吉城籠城記次第』文政本)。福井県内の旧若狭地域をはじめとして、各地に数多くの写本が残されている。

勝久ではなく勝長だった? 『籠城記』写本の多くが国吉城主である粟屋越中守の実名を「勝久」と記すが、戦国期の史料にその名を確認できない。しかし、粟屋越中守と名乗る人物の存在は当時の史料で確認できる。彼には粟屋長景《ながかげ》と同長吉《ながよし》という奉行人がいたが(白井家文書)、両人とも実名の最初の文字は「長」である。仮に両人が主人から受けた偏諱《へんき》が「長」の字であったなら、その主人の実名は「〇長」であると推測される(松浦二〇二〇)。

実は、『籠城記』の写本に栗屋氏の実名を「勝長」と記すものが存在するほか(『佐柿国吉籠城軍記 全』『耳村誌』)、苗字は不明であるが、同時代の三方郡に勝長と名乗る人物が存在したことが史料から裏付けられている。その勝長は永禄四年に山東郷《さんとうごう》の土豪に所領を安堵《あんど》しており(田辺半太夫家文書)、天正元年(一五七三)には竹波浦《たけなみ》(美浜町竹波)に立網《たてあみ》の権限を保証するなど(中村幸雄家文書)、郡内の政治的支配権を有しており、この人物が国吉城主であったと考えられている。こうしたことを踏まえて、戦国期に存在したとされる国吉城主栗屋越中守の実名は「勝長」であると提唱された。

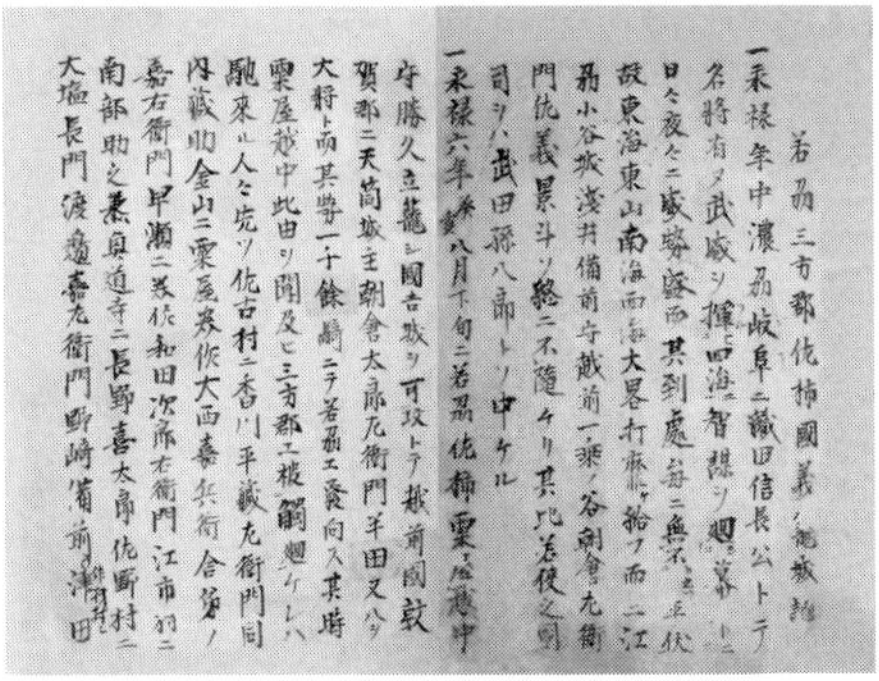
写真18 『若州三方郡国吉籠城記』(天明7年)

本当に勝長だったのか？ 右に述べた説は、あくまで国吉城主時代の栗屋越中守の実名が「勝長」だった可能性を示したに過ぎない。当時、政治情勢や勢力争いなどにより実名を改めた例や、先祖の武功にあやかって同じ諱を名乗る例はよく見られた。彼の孫で豊後《ぶんご》国臼杵《うすき》城主の稲葉《いなば》氏に仕えた五右衛門《ごえもん》勝長《かつなが》の系統には「勝久」や「勝長」と名乗った当主が存在し(『栗屋十郎左衛門先祖書』)、五右衛門勝長の祖父が「勝久」や「勝長」と名乗っていた可能性は十分にある。実際に『籠城記』写本の多くが彼の実名を「勝久」と記すが(『若州三方郡国義籠城記』『若州三方郡国吉籠城記 全』、写真18)、「久」と「長」の字形は異なり、筆写する過程で書き誤ったとは考えにくい。そもそも『籠城記』の筆者で、栗屋氏の配下であった田辺半太夫が自らの主人の名を書き誤るだろうか。

ましてや国主である小浜藩主に献上するものに誤りがあってはならず、献上を求められた半太夫が細心の注意を払って執筆したことは想像に難くない。では、国吉城主粟屋氏が「勝久」と名乗っていたという根拠を提示していく。

天正一一年の賤ヶ岳《しずがたけ》の戦いの後、粟屋氏に替わって羽柴秀吉《はしばひでよし》の家臣である木村常陸介定光《きむらひたちのすけさだみつ》が国吉城主となった。その後の動向は不明であるが、国吉城を去った後は秀吉に仕え、一説には天正一三年に没し、徳賞寺《とくしょうじ》（美浜町佐柿）に葬られたと伝えられている（『三方郡誌』『耳村誌』）。同寺に残る位牌には「勝久院殿俊翁現仲大居士《しょうきゅういんでんしゅんおうげんちゅうだいこじ》」の戒名《かいみょう》が刻まれており、これが『籠城記』に見える「粟屋勝久」の名の根拠の一つとなっている。

また、一説には天正一三年以降も生きており、その裏付けとして天正一六年九月に秀吉の御伽衆《おとぎしゅう》であった大村《おおむら》由己《ゆうこ》の邸宅で催された連歌会に「粟屋越中守入道勝久」という者が加わっていることが確認される（『言経卿記』）。若狭武田氏とその家臣は積極的に京都の文化や学問を受容したことが知られている。国吉城主粟屋氏もまた和歌の才があったといわれ、『籠城記』には彼が永禄三年に詠んだとされる歌や、その翌年に佐柿の屋形で催した連歌会で詠んだとされる歌を伝える写本があり（『籠城記』松金本）、永禄三年の歌に関しては、本人の自筆であるか定かではないが、これを記した短冊が現存している。

大村邸での連歌会《れんがえ》に出席していた「勝久」が国吉城主粟屋越中守と同一人物であるなら、彼は秀吉に仕えてから大坂で拠点を形成し、時期は定かでないが勝久と名乗っていたほか、仏道に入門していたと考えられる。ただし、これは傍証から推論したものであり、再考の余地は十分にあることを明記しておく。

（水野佑一）

コラム❸　若狭逸見氏の栄枯盛衰

逸見一族とは　逸見《へんみ》氏の発祥地は甲斐《かい》国逸見郷（山梨県北杜市）とされ、安芸《あき》国三入荘《みりのしょう》（広島市安佐北区）を経て、若狭《わかさ》国に移ったという。逸見氏の若狭入部は、武田信栄《たけだのぶひで》が一色義貫《いっしきよしつら》謀殺の功によって若狭国守護職《しゅごしき》を拝領《はいりょう》した永享一二年（一四四〇）頃と考えられる。

応仁の乱と逸見氏　逸見氏の具体的な動向が知れるのは、応仁・文明の乱の頃からである。逸見繁経《しげつね》は武田信《のぶ》賢《かた》に与《くみ》し、東軍として参陣した。一方、繁経の兄宗見《そうけん》は乱中、若狭に在国していた。

戦乱は文明二年（一四七〇）に西軍として大内政弘《おおうちまさひろ》が上洛し、形勢が逆転する。劣勢になった東軍方の繁経は戦死し（『醍醐寺新要録』文明二年七月二日条）、宗見も丹後《たんご》国において死去する（『実隆公記』文明六年九月一六日条）。宗見が丹後に侵攻していたのは、一色氏と武田氏との間の丹後守護職をめぐる争いが影響していたと思われる。この宗見による丹後侵攻以降、逸見氏は丹後への執着を深めてゆく。繁経・宗見の死後、逸見国清《くにきよ》らが明応の政変時に武田元信《もとのぶ》―足利義材《あしかがよしき》間を周旋《しゅうせん》した徴証がある（勧修寺文書）。

逸見昌経の登場と戦国若狭　永禄三年（一五六〇）になると、逸見昌経《まさつね》の丹波《たんば》侵攻が確認できる（『厳助往年記』永禄四年六月条）。この時の丹波侵攻には、松永久秀《まつながひさひで》の弟である内藤宗勝《ないとうそうしょう》と粟屋勝長《あわやかつなが》も関与していた。丹波の合戦で、昌経は武田義統《よしむね》（信豊《のぶとよ》の子）方として参戦し、畿内の一大勢力細川晴元《ほそかわはるもと》派であった武田信豊と争った（馬部二〇二二a）。昌経は若狭および丹波の晴元勢討伐に尽力し、高浜《たかはま》を拠点として活動した。

しかし、翌四年四月に義統と信豊との和睦《わぼく》が成立すると義統に従わず、反義統として丹波侵攻を継続したので

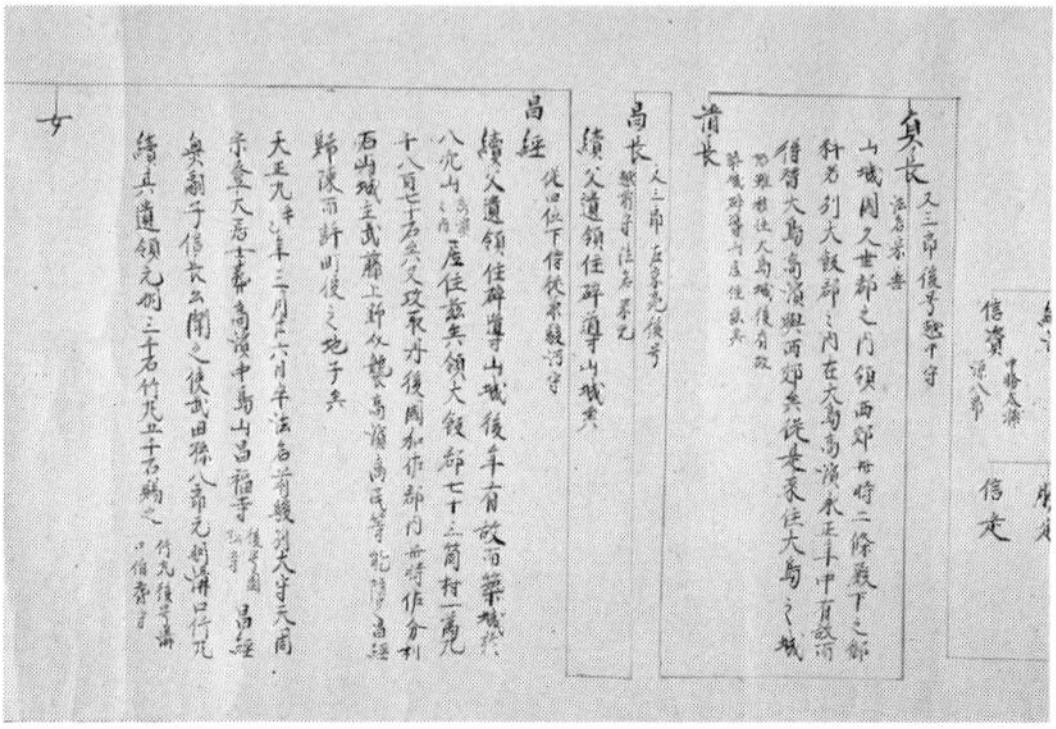

写真19　「逸見氏系図」（部分）

ある。

　和睦成立の前に昌経は、将軍足利義輝《よしてる》の側近であった大館晴光《おおだちはるみつ》に宛てて、内藤宗勝と協力し、晴元派の討伐を進めるという内容の書状を送っていた（狩野蒐集文書）。これは昌経が和睦に反対すれば、反幕府の立場になってしまうという危機感からの対応との見方もある（馬部二〇二二a）。しかし、実際は義統と信豊の和睦を受け入れず、宗勝との関係を優先し、反義統の立場を取った。昌経の行動は、共闘していた宗勝との関係を重視した結果といえよう。

　反義統となった昌経は、武田方の討伐対象になっており、永禄四年六月には昌経の居城であった砕導山《さいちやま》城が武田・朝倉《あさくら》連合軍によって攻められている（「当国御陣之次第」）。山城のみならず町も焼き払われた大規模な合戦であった。

再起をはかる昌経　永禄の合戦で敗れた昌経は、一時行方知れずとなるものの、永禄八年には再び歴史の表舞台に登場する。以前まで居城としていた砕導山城を捨て、海に面した土地に高浜城を築城し、新たな拠点とした（高浜記録）。その後しばらくは、昌経の義統派としての活動がみられる。しかし、永禄一一年に義統の子武田元明《もとあき》が越前《えちぜん》へ連れ去られると、事実上武田氏の若狭支配は終焉した。その後、昌経は織田信長に仕えている。そのことは、元亀元年（一五七〇）に若狭に入った信長を出迎えていること（『国吉籠城記』）や、天正三年（一五七五）に越前一向一揆攻めに参加していること（『信長公記』）からも明らかであろう。

天正九年には信長の「御馬揃《おうまぞろえ》」に「若狭衆」として参加しており（『信長公記』）、若狭における影響力を強めていたことがうかがえる。

語り継がれる逸見昌経　昌経は天正九年四月一六日に病死し、その遺領八〇〇〇石のうち溝口秀勝《みぞくちひでかつ》に五〇〇〇石、武田元明に三〇〇〇石が分配された（『信長公記』）。

昌経が支配した高浜には、昌経の死に関して、逸見氏を疎んじた丹羽長秀《にわながひで》の謀略説（『若狭国志』）、信長の命により武田元明討伐に向かった昌経を桑村謙庵《くわむらけんあん》が襲い、和田沖で溺死させた話（高浜町一九九二）など、多くの伝承が地元に残る。これらの伝承も若狭における昌経の影響力の大きさを物語る「歴史」なのかもしれない。

（倉田尚明）

3　明智光秀（?—一五八二）

—人生の岐路に越前・若狭—

石川　美咲

明智光秀は誰なのか　織田信長《おだのぶなが》に仕える以前の明智光秀《あけちみつひで》の基本情報は、ほぼわからない。わかっていることは「明智」という名字を名乗る武家の男性、といった程度である。生年月日不明、出生地不明、年齢不明、住所不明なのである。これほどまでに謎に包まれていながら、日本の歴史に大きな爪痕を残した人間もそういないだろう。そんな光秀は、史料に確認できる限り、五度越前《えちぜん》・若狭《わかさ》に滞在している。以下では、光秀の越前・若狭滞在歴をみてゆこう。

写真20　伝明智光秀画像（模写）

越前雌伏《しふく》の一〇年　『明智軍記』をはじめとする光秀の没後に成立した伝記類では、光秀は美濃《みの》の大名斎藤義龍《さいとうよしたつ》に同国を追われ、越前へと逃れ、朝倉義景《あさくらよしかげ》に仕官《しかん》したとするものが多い。しかし、これらのことを証明できる史料は残されていない。ただし、信長に仕える以前の光秀が越前にいたことは、『遊行三十一祖京畿御修行記《ゆぎょうさんじゅういちそけいきごしゅぎょうき》』（写真21）によって裏付けられる。同書は、遊行上人《しょうにん》（時宗《じしゅう》の総本山遊行寺の住職）の同念《どうねん》が、天正六年（一五七八）七月から翌々年三月までの間に東海・関西各地を遊行した時の状況を近侍者が記録したものである。写本が一冊伝来するのみで、原本は失われている（寛永七年〈一六三〇〉書写）。同書の天正八年正月二四日条によると、同日、同念上人が従僧《じゅうそう》の一人を光秀の居城である坂本城《さかもと》（滋賀県大津市）へ遣わしたという。その際、光秀は、かつて自身が「長崎称念寺門前《ながさきしょうねんじ》」に住んでいたこともあって、遊行上人方の訪問に懐かしさを覚え、その僧を坂本城に留め置いたという。称念寺（坂井市丸岡町長崎）は、越前を代表する時宗寺院である。同日条では、光秀の越前入国の経緯についても触れられている。光秀はもともと「濃州土岐《とき》一家牢（浪）人」であったが「朝倉義景」を頼り越前へやってきたのだという。

　ここからわかるのは、次の三点である。①光秀が土岐一族の出身の浪人《ろうにん》であったこと。②光秀が朝倉義景を頼って越前に入ったこと（ただし「仕えた」とは書かれていない）。③光秀が称念寺門前に一〇年住んでいたこと。ただ、一〇年とはいつからいつまでなのか、具体的な期間はわからない。また、当時の光秀の立場や具体的な動向についても、謎のままである。

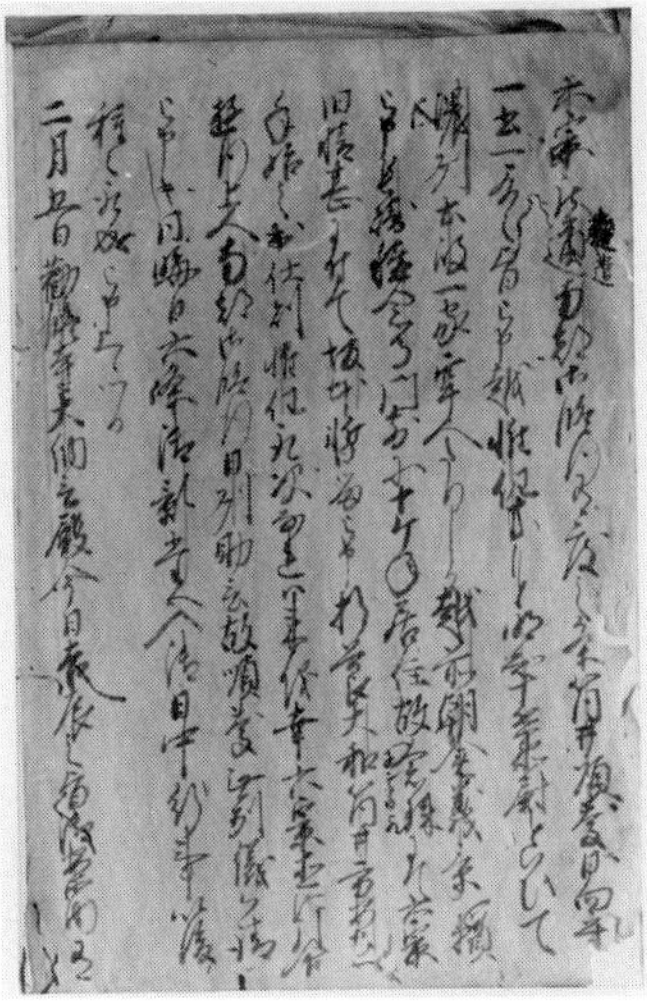

写真21　『遊行三十一祖京畿御修行記』

朝倉家の薬・生蘇散　近年熊本県で新たに発見された『針薬《しんやく》方《ほう》』（写真22）は、明智光秀の確かな史料上への初出として注目を集めた。本書は、足利義昭《あしかがよしあき》に仕えた米田貞能《こめださだよし》が、永禄九年（一五六六）に書写した医術書である。本書の奥書《おくがき》によれば、その元の本は、それ以前のある時期に近江《おうみ》田中《たなか》城（滋賀県高島市）に光秀が籠城《ろうじょう》した際に「口伝《くでん》」したものだという。

　本文中に「一同（疵）付薬　セヰ（イ）ソ散　越州朝倉家之薬也」とみえる。これにつづいて「セヰ（イ）ソ散」の成分、用法、容

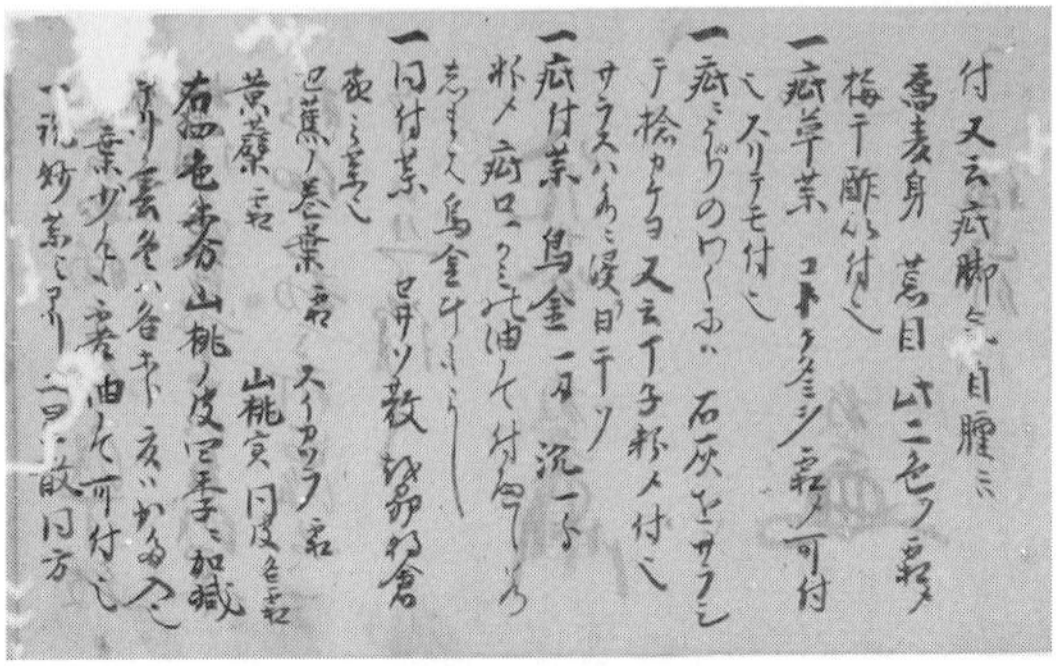

写真22　『針薬方』

量についても記述されている。それによると、①芭蕉《ばしょう》の巻葉《まきば》・②スイカズラ・③黄蘗《おうばく》（キハダ）・④山桃の実と皮を、それぞれ「霜《しも》」すなわち黒焼きにして粉砕する。この四つの材料を、油をつなぎとして、それぞれ同じ分量を調合すれば、完成。山桃の皮は季節ごとに加減し、春冬は等分でよいが、夏は多めに入れるのがコツだという。

　では、セイソ散はどんな時に使う薬なのか。戦国時代に確立した医療分野に、「金瘡《きんそう》」がある。戦傷その他の緊急医術である。金瘡は、乱世を反映して需要が増し、武家の間に広く浸透し、さまざまな流派が派生した。各流派が家伝的な金瘡薬を持ち合わせており、セイソ散もその一種と考えられる。『針薬方』において、セイソ散は、「手負《ておい》」（攻撃を受けて傷を負うこと）の部のなかの「疵付薬《きずつけぐすり》」の一つとして紹介されている。つまり、セイソ散は、朝倉家臣の常備薬であり、傷に付ける塗り薬であったのだ。戦国期の医学書『金瘡秘伝下』には、『針薬方』の「セイソ散」とほぼ同じ材料で作る「生蘇散」なる付薬が紹介されている。「セイソ」は「生蘇」と書くのだろう。同書では「深傷ニヨシ」と注記されている。

　『針薬方』の発見によって、光秀初期の活動の一端が解明されただけでなく、これまでの朝倉氏研究では知られていなかった「セイソ散」の存在が明らかになった。おそらく、光秀は越前で過ごした最初の一〇年のある時に、「朝倉家のセイソ散」を見聞きしたのだろう。

光秀の医術、朝倉家臣へ？

　『針薬方』や『金瘡秘伝下』と同時代に成立した『金瘡秘伝集』は、針井流《はりいりゅう》の金瘡医術書である。刊本では、元和八年(一六二二)の写本が『続群書類従《ぞくぐんしょるいじゅう》』に収録されている。本書は、以下の人々の手を経て伝えられたと考えられる。

①細川《ほそかわ》参河守《みかわのかみ》高在《たかあり》→②明地(智)十兵衛《じゅうべえ》(光秀)→③越前　桜井新左衛門尉《しんざえもんのじょう》→④同　円蔵坊→⑤越後《えちご》　成就坊→⑥同　蓮秀院《れんしゅういん》→⑦関上弥五右衛門《やごうえもん》→⑧善方半七《ぜんぽうはんしち》。

ただし、奥書にはこれらの人物名が列記されるのみで、伝授の方向が「→」の通りとは断定できない。

注目すべきは、②→③の伝授である。③の桜井新左衛門尉は、朝倉氏の重臣である。永禄一一年五月、足利義昭の朝倉義景邸御成《おなり》の際の記録『朝倉亭御成記』には、義景の「年寄衆《としよりしゅう》」の一人に「桜井」がみえる。この段階では、光秀は義昭の配下にあった(『光源院殿御代当参衆并足軽以下衆覚』)。したがって、光秀と桜井が出会うタイミングとして、最も自然なのは、足利義昭の一乗谷下向《いちじょうだにげこう》時(永禄一〇年一一月以降、翌年七月までの間)と考えられる。この想定が正しければ、光秀は朝倉氏の家臣に医学を伝授していたことになる。

以上により、光秀の二度目の越前滞在は、永禄一〇年から翌年にかけての義昭の一乗谷下向時の可能性がある。ただし、これを直接的に裏付ける史料はないので、あくまでも推測の域を出ないことを付言しておく。

光秀発給文書全二〇七点のうち、書状など光秀単独発給の文書は一四九点である(柴辻二〇一六a)。この一四九点のうち、「〇〇に着いた」、「〇〇にいる」といった文脈で越前・若狭の地名がみえ、光秀がその地にいたと確かめられるものは二点ある。その場所は、「熊川《くまがわ》」(若狭町熊川)と「豊原《とよはら》」(坂井市丸岡町豊原)の二カ所である。

熊川に至り着き仕り候　前者は、永禄一三年四月二〇日付(四月二三日に「元亀」に改元)の、足利義昭近臣の細川藤孝《ふじたか》・飯川信堅《いがわのぶかた》・曽我助乗《そがすけのり》の三人に宛てた光秀書状である(三宅家文書)。「熊川に至り着き仕《つかまつ》り候《そうろう》(熊川に到着しました)」とあり、若狭国衆《くにしゅう》(在地領主)の武藤《むとう》氏および越前朝倉氏攻めの織田信長軍本体に先んじて、光秀が先遣隊《せんけんたい》として熊川へとやってきたことがわかる。続けて「武田家老中《かろうちゅう》当地まで罷《まか》り出で候（武田家老中が当地まで出てきました）」とあり、若狭武田氏の旧臣たち（逸見《へんみ》・粟屋《あわや》・内藤《ないとう》・熊谷《くまがい》氏らが想定される）が熊川まで織田軍の出迎えに来ていると報告している。というわけで、光秀の若狭滞在初見の地は、熊川であった（写真23）。

光秀が熊川に入ったのには理由がある。この時、光秀は京都から坂本や堅田《かたた》など湖西《こせい》を北上し、いわゆる九里《くり》半街《はんかい》道《どう》経由で熊川から若狭へ入国したと考えられる。近江から若狭へ入る「玄関口」に位置するのが熊川である。この熊川を勢力基盤とする室町幕府奉公衆《ほうこうしゅう》の沼田《ぬまた》氏は、細川藤孝の妻室沼田麝香《じゃこう》（写真24）の生家である。ちなみに、藤孝と麝香の嫡子忠興《ただおき》と、光秀と妻木煕子《つまぎひろこ》夫婦の娘玉《たま》（後のガラシャ）は、天正六年に祝言《しゅうげん》を上げ、夫婦となったため、麝香

写真23　熊川宿空撮

写真24　細川藤孝室沼田氏画像（模写）

は玉の姑《しゅうとめ》にあたる。さらには、前述の『針薬方』の奥書によれば、本書自体は米田貞能が筆写したものであるが、光秀が口伝した内容を伝えたのは「沼田勘解由左衛門尉《かげゆさえもんのじょう》」だという。この沼田勘解由左衛門尉こそ、沼田光兼《みつかね》の子で麝香の兄にあたる清延《きよのぶ》である。すなわち、交通の要衝である熊川をおさえる沼田氏と光秀は人脈を通じていたのである。

　この時の光秀の若狭滞在はごく短期間だった。同年四月三〇日、湖北《こほく》の大名浅井長政《あざいながまさ》の裏切りを受けて、織田軍は京都へ退散したのであった（金ケ崎《かねがさき》の退《の》き口）。

朝倉氏滅亡に伴う戦後処理

　天正元年八月、織田信長による越前攻めの末、朝倉氏は滅亡した。これに従軍した光秀と滝川一益《たきがわかずます》・羽柴秀吉《はしばひでよし》の三人は同年九月下旬までの約一カ月間、北庄《きたのしょう》（福井市中心部）にて、劔神社《つるぎじんじゃ》（越前町織田）や宝慶寺《ほうきょうじ》（大野市寶慶寺）、瀧谷寺《たきだんじ》（坂井市三国町滝谷）といった越前国内の寺社や領主の旧領安堵《あんど》など戦後処理を担当した。この時発給された三人の連署状《れんしょじょう》は、六点確認される（写二点を含む）。

　一例として、天正元年九月五日付の橘屋三郎五郎《たちばなやさぶろうごろう》に宛てた光秀ら三人の連署状をみてみよう（橘家文書）。これは、「その方《ほう》身の上の儀、御朱印《ごしゅいん》の旨に任せ、諸役《しょやく》以下前々のごとくその覚悟すべく候（橘屋の身の上のことについては、御朱印の内容に従って、雑税などは以前と同様に免除します）」と橘屋の諸役を免除する内容である。北庄の橘屋（橘家）は朝倉氏の時代以来、製薬業を家業とした有力商人で、天正元年八月二五日付で信長から軽物座《かるものざ》（絹製品等を扱う座）の座長に、翌年には唐人座《とうじんざ》（輸入品を扱う座）の座長に任命され、北庄や三国湊《みくにみなと》など越前北部の座商人を統括する権限を与えられた（橘家文書）。右の光秀ら三人の連署状にみえる「御朱印」とは、この天正元年八月二五日付の信長朱印状をさす。

　この時の一益・秀吉・光秀三人の連署状六点は、いずれも秀吉の花押がない。その理由は、秀吉が信長に従って浅

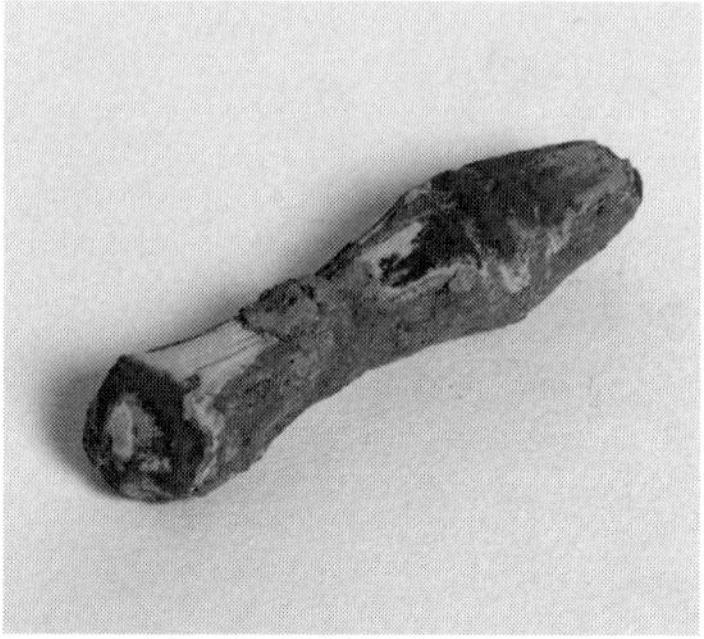

写真25　豊原寺跡出土独鈷杵

井氏攻略のため近江へ出陣しており、北庄にいない状況にあったがゆえと考えられる。現地にいなくとも、秀吉の北庄三人衆としての地位は確保されていたのである。

豊原の陣城から養生要請

さて、後者の文書にみえる「豊原」についてみてみよう。天正三年正月、信長は光秀に丹波《たんば》平定を命じた。同年六月には、光秀自身も丹波へ出陣した。そこで最初に光秀に従ったのが宍人《ししうど》城（京都府南丹市）に拠点を置く国衆の小畠永明《こばたけながあき》である。光秀も永明を厚く信頼し、永明に丹波国衆の統率を任せていた。同年八月、越前一向一揆《いっこういっき》が蜂起《ほうき》し、その平定のため信長が越前へ下向すると、光秀もこれに従い、丹波攻めの前線からは、いったん退いた。このような事情から、豊原に在陣する光秀が永明に丹波での戦いの進め方について、八月二一日付の書状で指示を出している（小畠文書）。

本状の書き出しは「疵《きず》いかが候や、御心もとなく候、（中略）能々養性（生）御油断あるべからず候（疵の具合はいかがでしょうか。ご不安に思ってはいませんか。（中略）よくよく養生し、ご油断は禁物です）」と、軍事の指示ではなく、永明が負った傷の心配から始まる。光秀がその時「豊原に在城」していた旨は、本文の文と文の間にまでびっしりと書かれた追書（追伸）に記されている。さらに、光秀は翌九月一六日付の永明宛書状でも、永明に対して養生するよう重ねて呼び掛けている（小畠文書）。

織田軍との死闘を繰り広げた豊原寺は、白山天台系《はくさんてんだいけい》の有力寺院であり、一向宗とは宗派を異にする。しかし、この時は越前一向一揆と行動をともにし、また、加賀《かが》との国境近くに所在したため、一揆方の本拠となった。ゆえに、豊原寺は信長軍から「一揆共に与《くみ》せし悪僧共（一揆どもに加わった悪僧ども）」とみなされ、焼き討ちに遭い、灰燼《かいじん》に帰した（『北陸七国志』）。これに参陣した光秀も一揆方の惨死を眼前にしたはずである。一方で、信頼を寄せる小畠永明の負傷を気遣い、生きながらえることを切に願っていた。こうした生死のコントラストの最中にあったのが、光秀の「豊原在城」であった。なお豊原寺跡からは、天台系の僧侶が使う独鈷杵《どっこしょ》が出土している（写真25）。

その後の光秀　光秀は天正三年九月には越前から帰陣し、丹波攻めを本格化させ、約四年を費やし丹波平定を成し遂げた。こうして、織田政権の「重鎮」へと登りつめたのであった。天正一〇年六月二日、丹波亀山城《かめやま》（京都府亀岡市）から引き返した光秀軍は、京都本能寺《ほんのうじ》（京都市中京区）を取り囲み、信長を自害に追い込んだ。同月一三日、山崎《やまざき》の戦いに破れた光秀は、京都郊外の山中でその生涯に幕を閉じた。

振り返ってみれば、光秀にとって越前・若狭は、その後の彼の運命を決定づけた「転機の地」といっても過言ではないだろう。越前・若狭なくして、明智光秀の人生は語れないのである。

コラム❹ 女房「衆」・つほね・女ども
―明智光秀妻熙子の呼び方―

光秀の糟糠《そうこう》の妻　「月さびよ　明智が妻の　咄《はなし》せむ」

これは、松尾芭蕉《まつおばしょう》が伊勢神宮参詣の折、知人の温かいもてなしを受けた際に、明智光秀《あけちみつひで》・妻木熙子《つまぎひろこ》夫婦の仲睦まじさを物語るエピソードを思い起こし、詠んだ句である(『俳諧勧進牒』)。そのエピソードは、光秀と熙子の新婚時代は貧しく、熙子は自慢の黒髪を売って光秀主催の酒宴の費用を工面し、夫を支えたというものである。芭蕉は『奥の細道』執筆の旅の途中、丸岡《まるおか》(坂井市)に立ち寄った際、称念寺《しょうねんじ》(坂井市丸岡町長崎)に伝わる逸話としてこの話を耳にしたのかもしれない。

光秀と同じ土岐一族　妻木熙子とは、どのような女性だったのだろうか。江戸中期に熊本藩細川《ほそかわ》家で編纂《へんさん》された歴史書『綿考輯録《めんこうしゅうろく》』には、明智玉《たま》(細川ガラシャ)の母は妻木勘解由左衛門範熙《かげゆざえもんのりひろ》の娘と記されている。ただし、実際に「熙子」の名を名乗っていたのかどうかは、当時の史料で確認できないため不明である(本稿では便宜上、「熙子」と呼ぶことにする)。とはいえ、名字から、美濃国土岐郡妻木《みののくにときぐんつまぎ》(岐阜県土岐市妻木町)を本拠とした武家領主の妻木氏(土岐氏の庶家)が彼女の生家とみてよいだろう。

熙子の生年や成婚時の年齢もわからない。ただ、永禄六年(一五六三)には玉が生まれたので、光秀との結婚はこれ以前ということになる。

病死した熙子　熙子は、病気になり、光秀よりも先に亡くなった。熙子が病に倒れた様子を、光秀と親交の深かった神道学者の吉田兼見《よしだかねみ》が自身の日記『兼見卿記《かねみきょうき》』に書き残している。同日記の天正四年（一五七六）一〇月一〇日条には、「惟日女房衆所労《しょろう》なり、祈念《きねん》の事（中略）見廻り了《おわん》ぬ」とある。「惟日《これひ》」は惟任日向守《これとうひゅうがのかみ》の略で、光秀のことである。光秀の「女房衆《にょうぼうしゅう》」である煕子が「所労」、すなわち病気になり、平癒《へいゆ》の祈禱《きとう》を依頼された兼見が夫婦のもとを見舞ったというわけだ。同月二四日条には「惟日女房衆所労験気《げんき》なり、先日祈念祝着《しゅうちゃく》の由、非《ひ》在軒《ざいけん》をもって折紙《おりがみ》・銀子《ぎんす》一枚到来」とある。煕子の病気は「験気」、つまり快復し、光秀は兼見の祈禱に感謝し、使僧を派遣して兼見にお礼の品を贈っている。

翌月二日条には、「惟日女房衆所労見廻り罷《まか》り向う、惟日面会」とあり、兼見が煕子の見舞いに坂本城《さかもと》（大津市）を訪れ、夫婦に面会したことがわかる。ところが、五日後の一一月七日、煕子は坂本城で静かに息を引き取った（『西教寺過去帳』）。その亡骸《なきがら》は西教寺《さいきょうじ》（大津市）の墓所に眠っている（写真26）。

写真26　妻木煕子の墓（西教寺）

妻は一人でも女房「衆」　ところで、なぜ兼見は煕子のことを、女房「衆」と呼んでいるのか。現代語では、通常、特定の妻一人を指す場合の呼称は「女房」であり、これに三人以上の称である「衆」が付くことには違和感がある。もちろん、右の『兼見卿記』のなかの「惟日女房衆」が煕子一人のことを指しているのは、文脈上明らかである。

この当時、武家領主の妻室《さいしつ》と、その侍女《じじょ》である女房衆とは、必ずしも常に明確に区別し呼称されていなかったのである。天下人豊臣秀吉《とよとみひでよし》も西国大名の毛利輝元《もうりてるもと》に宛てた書状のなかで、輝元の妻室のことを「其方《そのほう》女房衆」や「輝元女房衆」と称している(毛利家文書、吉川家文書)。つまり身内以外の他者は、武家領主の妻室を「夫の名前」+「女房衆」と呼称するのがこの時代の通例だったのである。

妻室と女房衆のどちらも意味する呼称は、他にも、「つほね」呼称がある。「おさき御つほね(尾崎《おざき》御局《おつぼね》・毛利隆元《たかもと》室)」のような「つほね」呼称は、戦国・織豊期の武家領主の妻室の署名や宛名に多用された。こうした「つほね」呼称や「女房衆」呼称では、なぜ妻室と女房衆の呼び分けがされないのだろうか。

西尾和美は、「家における妻室や女房たちの公的な役割を示す文書」上で、「つほね」呼称や「女房衆」呼称が用いられたことを指摘している(西尾二〇一九)。つまり、「女房衆」を称することで、妻室個人ではなく、「家」としての「公」を体現するねらいがあったのだろう。妻室個人の実名という看板よりも、「女房衆」の看板の方が、公的な秩序の中で通用しやすかったものと考えられる。また、妻室は、その家の女房衆を取り仕切り、その頂点に立つ存在である。いわば女房衆の「顔」である。ゆえに、内容上、妻室を示すことが自明であれば、女房衆の誰であるかまで書かなくても通用したというわけだ。

以上をふまえると、『兼見卿記』の「惟日女房衆」の記述から、吉田兼見が妻木熙子のことを、明智光秀家の女房衆を取り仕切り、その頂点に立つ存在と認識していたことがうかがい知れるのである。

光秀書状に「女ども」 奥さん・妻・嫁さん・家内・女房・カミさん・連れ…、「妻」の呼称は実に多種多様であり、「夫」のそれをはるかにしのいでいる。「妻」の呼称は、シチュエーションや条件によってさまざまである。妻本人に対しての呼称なのか、あるいは本人のいない場での呼称なのか、誰が呼ぶかによっても変わってくる。近年では、女性の配偶者を「嫁」と呼ぶことの是非が取りざたされている。妻の呼称を通してみえてくる、いろいろな「価値観」の間で、多くの現代人が右往左往しているのであろう。

それはさておき、明智光秀は妻である煕子のことをなんと呼んでいたのだろうか。史料の制約もあって、光秀が直接煕子を呼ぶ際の呼び名は不明である。しかし、光秀が第三者に対して煕子のことをいった際の呼称は史料に残っている。光秀の書状では、煕子のことは「女ども」と記されている（大和文華館所蔵 双柏文庫文書）。煕子の亡くなる一カ月ほど前、天正四年一〇月二五日付の丹波《たんば》国衆《くにしゅう》の小畠《こばた》永明《けながあき》に宛てた書状の中で光秀は、「女どもの煩《わずらい》の儀、別儀なく候間《そうろうあいだ》、御心易《おこころやす》かるべく候」と述べている。現代語訳すると「妻の病は問題ないので、ご安心ください」という意味である。小畠永明は、難航する丹波攻めのキーマンである。天正三年六月、織田信長が光秀に丹波攻略を命じた際、最初に光秀に従ったのが永明であった。以後、永明は光秀のもとで丹波国衆の取りまとめ役を担った。光秀にとって永明は、家族の病状といったプライベートの話もできる、気の置けない相手だったのであろう。

夫が妻を「女ども」と呼ぶのは、現代社会にはそぐわない。この時代の一人称の一つである「身ども」に代表されるように、「ども」は自称または自分の身内の者を表す名詞に付いて、単数・複数にかかわらず、謙遜した表現として用いられた。たとえば、現代語でも、謙遜の意味合いは形骸化《けいがいか》しているが、子どもの「ども」も同類である。子どもも、一人でも「子ども」という。また、夫が人前で妻を呼ぶ際に、へりくだった呼び方をする慣習は今も失われていない。筆者の周りでも、自分の妻のことを謙遜して「愚妻《ぐさい》」と呼ぶ人がたまにいる（そういう人に限って、愛妻家が多いのは気のせいだろうか）。

煕子の呼称を考察することで、明智光秀やその周辺の人々、ひいてはこの時代の日本人が抱いていた武家の妻室に対する認識が垣間見えてきた。妻の呼称は、時代によって変化する「価値観の指標」なのである。

（石川美咲）

4　柴田勝家（?―一五八三）
―武勇と統治に長けた忠義の臣―

大河内　勇　介

勇猛果敢な重臣

柴田勝家《しばたかついえ》は、天下統一を目指した織田信長《おだのぶなが》の重臣で、家中随一《かちゅうずいいち》の猛将として有名である。その猛将ぶりを示す逸話として広く流布しているのが、元亀元年（一五七〇）の近江《おうみ》長光寺《ちょうこうじ》城（滋賀県近江八幡市）での戦いであろう。城に籠《こも》った勝家は、敵勢に囲まれ、城内の水が不足するなか、あえて水瓶《みずがめ》を割って必死の覚悟で城外へ突撃し、勝利を得たため、「鬼柴田」「瓶割り柴田」と呼ばれたという（『武家事紀』）。ただ、この有名な逸話は後世に語られたものであるため、史実か否かはわからない。

写真27　柴田勝家画像

とはいえ、勝家が生涯にわたって数多くの合戦を経験したことは当時の史料でも確認できる。さらに、勝家と面会したこともあるポルトガル人宣教《せんきょう》師《し》ルイス・フロイスは、勝家を評して、「はなはだ勇猛な武将であり、また一生を軍事に費やした人」「信長の時代の日本でもっとも勇猛な武将であり果敢な人」と述べ（『十六・七世紀イエズス会日本報告集』、以下『イエズス会報告』）、「信長の政庁のもっとも重立った武将の一人」とも記している

（『完訳フロイス日本史』）。これらの点から、勝家が幾度もの合戦で勇猛果敢な活躍をみせたことで、織田政権における重臣の地位にまで上り詰めることができたと考えられるだろう。

こうした勝家の武勇を象徴するものとして、彼の画像も広く知られている。写真27は、勝家の子孫に伝わり、家伝によれば、勝家が北庄《きたのしょう》城で最期を迎える直前に描かせたとされる（足立一九九五）。髪は乱れ、眼光鋭く、髭を生やし、腕は力強く、裸足で座り、全身に返り血を浴びたような表現で描かれた姿からは、勇猛果敢に戦った勝家の迫力が伝わってくる。この他、江戸時代以降の軍記《ぐんき》物語や浮世絵《うきよえ》などでも、勝家の猛々しい姿が描かれており、猛将勝家のイメージが次第に普及していったのであろう。現代のテレビやゲームなどでも、武勇に秀でた勝家が登場し、ともすれば、武勇一辺倒の人物として描かれることも多いようである。

猛将勝家像を見直す　しかしながら、武勇一辺倒の人物で、戦国時代の日本の大部分を支配した政権の幹部が務まるのかという素朴な疑問もわく。むろん、戦国時代には武勇が重視されたのであろう。だが、その他にも、どのように領地を統治したのかという政治面での能力も重要であったはずである。以上の観点に立ってみると、勝家の政治的手腕、とりわけそれが顕著となる勝家の越前《えちぜん》支配に触れた研究が豊富に蓄積されていることに気づく。こうした先行研究の成果を紹介したいというのが、本稿の目的の一つである。

本稿の狙いはもう一つある。勝家が武勇だけでなく統治にも長けていたならば、なぜ、信長亡きあとに天下人になれなかったのか。この点について、近年飛躍的に進展している信長死後の勝家に関する研究を踏まえて検討し、最新の勝家像を提示したいと思う。

越前入部への道　まず、勝家が越前に入部するまでの動向を、基本文献を参照しつつ（谷口二〇一〇、柴辻二〇一六b）、簡単にまとめておこう。

勝家の生年については、諸説があり、確定しがたい。ただ、最も多くの史料で確認できるのが、大永二年（一五二二）である。だとすれば、勝家が天正一一年（一五八三）に死去した際は、六二歳となる。また、先述したフロイスが勝家死亡時に「彼はすでに六十歳になる」と述べている点から逆算すると（『イエズス会報告』）、勝家の生年は大永四年の可能性も高い。よって、ひとまず、勝家は信長より一〇歳以上年長であったと考えておく。

勝家の出身地についても、諸説があるが、尾張《おわり》の上社《かみやしろ》村もしくは下社《しもやしろ》村（いずれも愛知県名古屋市）の周辺である可能性が高い。ゆえに、勝家は尾張の有力領主である織田信秀《のぶひで》に仕えたとみられる。その後、信秀の子で信長の弟に当たる信勝《のぶかつ》の家老《かろう》とされ、幾度の合戦で活躍した。弘治二年（一五五六）、信勝の当主擁立を画策し、信長と対戦したが敗れ、降参して赦《ゆる》された。以後、信長に仕えて忠義を尽くしつづけたが、その背景には一度叛《そむ》いたという負い目があったのかもしれない。

永禄一一年（一五六八）になると、信長の上洛に従軍し、行政文書の発給《はっきゅう》や公家への饗応《きょうおう》など、京畿《けいき》の政務に携わった。この時すでに、家中で高い地位にあり、政治的手腕を発揮していた点が注目される。その後、伊勢《いせ》や越前に転戦したのち、近江の長光寺城主となり、所領の安堵《あんど》や相論《そうろん》の裁許《さいきょ》など領域の支配を進めた。それと並行しながら、姉川《あねがわ》の合戦をはじめ、近江・伊勢・京畿に転戦し、天正元年には、信長に従い入京し、洛外《らくがい》を放火した。その際、放火を免れた下京《しもぎょう》の町衆《まちしゅう》が届けた礼銭《れいせん》のリストである「下京中出入《でいり》の帳」（早稲田大学図書館蔵）によれば、勝家に対する礼銭は他の信長家臣に比べて圧倒的に高額であり、勝家が政権の中枢に位置していたことがうかがえる。

同年、信長に従軍し、越前の朝倉《あさくら》氏を攻め滅ぼし、すぐさま近江へ転じて浅井《あざい》氏も攻め滅ぼしたのち、一息つく間もなく、近江・伊勢などに転戦した。翌年、大和《やまと》の多聞山《たもんやま》城（奈良市）の城番《じょうばん》を務め、大和・河内《かわち》方面の攻略を担当した。さらに翌年の八月、信長に従い、一向一揆《いっこういっき》の支配する越前へ出兵し、越前を再制圧した。その直後、越前の支配を任されることとなったのである。

こうしてみると、勝家は信長の指示に従い、京畿やその周辺へ転戦に転戦を重ね、数多の合戦をこなしつつ、京都での政務や長光寺城主としての領域支配などにも携わったことがわかる。まさに軍事と政事にわたる八面六臂《はちめんろっぴ》の活躍によって、織田政権の急速な拡大を推進し、その過程で政権幹部まで上り詰めたといえよう。

越前支配の性格　天正三年九月、信長は大国の越前を家臣に預け、勝家が越前の大部分を占める八郡、勝家の目付《めつけ》として前田利家《まえだとしいえ》・佐々成政《さっさなりまさ》・不破光治《ふわみつはる》が府中《ふちゅう》辺の二郡、金森長近《かなもりながちか》が大野《おおの》郡の三分の二、原政茂《はらまさしげ》が大野郡の三分の一、武藤舜秀《むとうきよひで》が敦賀《つるが》郡を支配することとなった。同時に信長は「掟条々《おきてじょうじょう》　越前国」という訓令を右の諸将へ発し（『信長公記』）、自身の指示に逆らわぬよう、油断なく越前支配を進めよと説いた。信長が越前に直臣《じきしん》を入部させ、彼らに訓示したのも、これ以前、朝倉氏旧臣に越前支配を委ねた結果、一向一揆が蜂起《ほうき》して越前を奪われ、その奪還にあたって熾烈《しれつ》な戦いを経験したからであろう。信長はその苦い経験を踏まえ、信頼できる重臣の勝家を越前支配の中心人物として選任したのである。

この新体制の最も重要な任務は、勝家自身が「北国表《ほっこくおもて》」の「警固《けいご》」と述べたように（建勲神社文書）、いまだ燻《くすぶ》っていた越前の一向一揆や、隣国の加賀《かが》の一向一揆、その先に位置する越後《えちご》の上杉謙信《うえすぎけんしん》などへの軍事的対応であった。勝家はその指揮官として越前の諸将を統率し、北陸方面の攻略に当たったのである。

また、勝家は自身の管轄する領域の支配も進めた。これに関しては、織田政権の直臣による領域支配の好例として研究の蓄積がある。かつては信長の命令の優位性を強調する傾向が強かったが、近年では勝家の支配の自律性を重視する傾向にある（柴辻二〇一六b）。いずれにしても、それらの研究を踏まえて、その実態をみてゆこう。

勝家の領域支配の特徴は、天正四年三月に勝家が領内の村々に提示した掟書《おきてがき》（写真28）、「国中へ申し出す条々」な

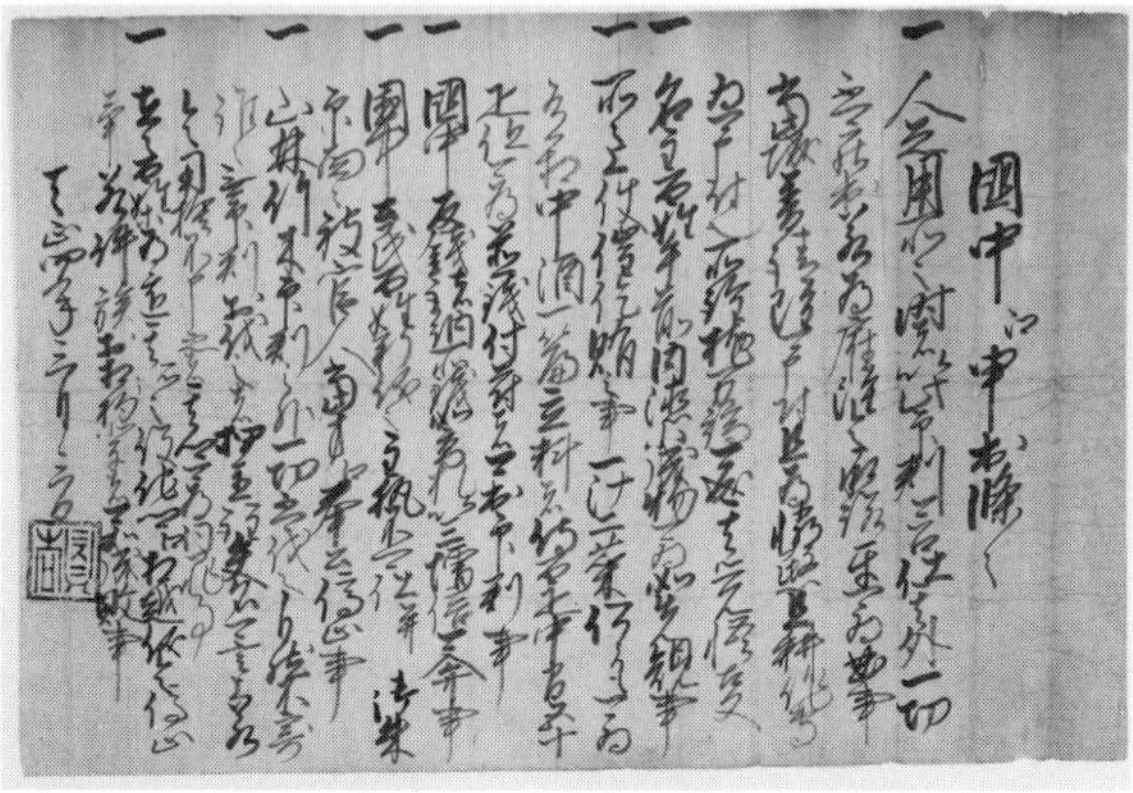

写真28　柴田勝家掟書

どに明瞭に示されている（大連三郎左衛門家文書など）。それらによれば、勝家は、自身の居城となる北庄城の普請《ふしん》をはじめ、北陸方面を攻略するための軍事的な人足や資材の徴発《ちょうはつ》を行う必要があった。しかし一方で、差し当たって、一向一揆から逃れた百姓に還住《げんじゅう》と耕作を促すなど、一向一揆により荒廃した村々の復興をも課題としていたため、過度な徴発は抑制しなければならなかった。すなわち、軍事と政事のバランスを見極めつつ、政策を実行しなければならないという、難しい舵取りを迫られていたのである。

北庄城と城下町の建設　そうした状況下で進められたのが、北庄城と城下町の建設であった。すでに天正三年九月には、信長自らが北庄に赴き、城に適した場所を選定し、城の基本的な設計を勝家に指示していた。北庄の地は足羽《あすわ》川と北陸道《ほくりくどう》の交わる交通の要衝《ようしょう》であり、これ以前から町《まち》場《ば》が形成されていた。信長が越前支配の新拠点として北庄を選んだのは、かつて越前を治めていた朝倉氏の拠点である一乗谷《いちじょうだに》と比べて、交通面や経済面をより重視した結果であろう。

それから六年後の天正九年、北庄を訪れたフロイスが「この城は大変立派なもので大工事が行われている」と述べたことから（『イエズス会報告』）、この段階でも城の工事が行われていたと判明する。これは、先述したように、村々から過度な徴発ができなかったためであろう。しかし一方で、勝家は多大な時間を費やしてでも壮大な城を建設していたともいえる。実際、「城並びに他の多数の家々の瓦《かわら》（中略）はことごとく立派な石で作られ、その色により城にいっそうの輝きを添えている」とあり（前掲史料）、越前の名産である笏谷石《しゃくだにいし》を屋根瓦に使用し、「天主《てんしゅ》を九重に」とあるように（毛利家文書）、九重の天守《てんしゅ》を持った、美しくかつ壮大な城を建設していたのである。北庄城の天守の具体的な構造は不明としかいいようがないが、信長の居城である近江安土《あづち》城（滋賀県近江八幡市）の五層七階の天守と比べても遜色ない出来映えであったと想像されよう。

他方、城下町はどのようなものであったか。勝家は天守の北側に武家地《ぶけち》を割り当て、西側の北陸道沿いに町場を配置して国内外の商人・職人の移住を促した。一乗谷から移住させた職人が住む一乗町《いちじょうまち》は有名である。その他、寺社も領内各所から移築させた。町場の入り口に架かる半石半木《はんせきはんぼく》の九十九橋《つくもばし》を改修したことも知られている。こうして、フロイスが「安土のおよそ二倍の大きさ」と述べたように（『イエズス会報告』）、安土の約二倍も大きい、広大な城下町が出現したのである。なお、従来、城下町全体が堀と土居《どい》の惣構《そうがまえ》で囲まれていたと理解されてきた。しかし、近年、惣構で囲まれていたのは城と武家地のみで、それは安土と共通する構造であったとの指摘もなされている（登谷二〇一七）。

さらに、勝家は城下町に「町奉行《まちぶぎょう》」を設置し（橋栄一郎家文書）、「北庄法度《はっと》」なる法令を定め（森田正治家文書）、城下町の統治も進めていた。商売に関して、一部の有力商人の特権を認めつつも、「楽座《らくざ》」令を出し（橋栄一郎家文書）、商人を統制したことは有名であろう。近年、この「楽座」は、通説にいう、有力商人の組合たる座の解体を意味せず、勝家の賦課《ふか》する座役銭《ざやくせん》なる税金の免除を意味し、商人の負担を軽減するものであったとの指摘もある（長澤二〇一七）。

以上のように、勝家は、信長の安土城やその城下町に匹敵する、あるいは、それを凌ぐ、壮大な北庄城と広大な城下町を建設し、その統治を進めていたのである。

検地の実施と家臣団の編成　天正四年一一月、ついに越後の上杉謙信が能登《のと》に進出し、軍事的緊張が高まった。それを受けた勝家は、翌年早々、村々の復興に留意しつつも、検地《けんち》を実施して軍事動員の体制を整えていった。

勝家の越前での検地は一国規模の惣国《そうこく》検地で（大野郡と敦賀郡での具体的状況は不明）、織田政権における最初の惣国検地と位置づけられ、織豊政権《しょくほうせいけん》の検地や軍制を考えるうえで重要と評価されており、その具体的方法や特徴も総括されている（木越二〇〇〇）。そうした諸研究を参照しつつ、検地の内容をまとめてみよう。

勝家はこれより以前、百姓が他所へ移動することや武士になることを禁止し、百姓の居住地や身分の固定化を図っていた。そのうえで今回の検地では、百姓の住む村の境を決める村切《むらぎり》を行った。そして、この村を単位として、村と検地奉行が共同に作業し、田・畑・屋敷などの面積を把握した。加えて、三六〇歩《ぶ》を一反《たん》とし、田・屋敷の斗代《とだい》（一反あたりの年貢額）を一律に一石《こく》五斗《と》と規定するなど、統一の基準を設定して村の石高《こくだか》を算出し、その情報を記した検地打渡状《うちわたしじょう》を村に交付し、年貢の収納を村に請け負わせたのである。中世の徴税単位であった荘《しょう》や名《みょう》を廃止し、近世に続く村を徴税単位とする点で、朝倉氏時代の越前にはない新しい政策を進めたといえよう。こうした政策がスムーズに実行された要因として、地域の実力者であった朝倉氏旧臣の多くが一向一揆によって没落していたことが考えられる。

右の検地方法は、その後の越前・加賀・能登・越中《えっちゅう》での大規模検地にも継承され、豊臣《とよとみ》政権時代、天正一一年に勝家に代わって越前に入った丹羽長秀《にわながひで》がその翌年に行った領内検地にも継承された。天正八年の羽柴秀吉《はしばひでよし》による播磨《はりま》・但馬《たじま》の惣国検地など、信長の家臣の検地に影響を与えたという指摘もある（中野二〇一九）。勝家の越前検地は、織田政権における家臣による惣国検地として先駆的なもので、後の検地にも影響を与えたと考えられるのである。

さらに、勝家は、この検地によって確定した村の石高を踏まえ、村から収納される年貢を知行《ちぎょう》として自身の家臣へ給付した。そして、この知行の額に応じた数の戦闘員・武器などの供出と軍事の遂行、つまり軍役《ぐんやく》を定めたのである。換言すれば、統一した基準で一斉に検地を実施し、村と家臣の関係を一律に把握し、機械的かつ効率的な軍事動員を可能とする体制を構築したわけであり、この体制でもって謙信との対峙《たいじ》を企図したのであろう。

勝家の統治力　こうしてみると、勝家は北陸方面の攻略を最重要課題としつつ、一向一揆によって荒廃した村々の復興に留意しながら、北庄城と城下町の建設、検地や家臣団編成など、越前支配を着実に進めていた。むろん、どこまでが信長の発想・指示によるもので、どこからが勝家自身の発想・意思によるものなのか、正確に区別して論じることは不可能といわざるをえない。むしろ重要なのは、勝家が実際に軍事と政事のバランスをとりながら政策を遂行しえた点であろう。信長が勝家に期待したのも、そうした武勇だけでなく統治にも長けた能力であったのではないか。

また、勝家の検地に関する研究を踏まえると、織田家の重臣であった勝家の越前支配は、織田家中における国支配のモデルの一つ、最先端の事例となっていた可能性も指摘できよう。ただし、たとえば、勝家が行った「刀さらえ」は、あくまでも知行高に応じて武器を供出させるもので（劔神社文書）、一向一揆への対抗措置として武装を奨励する政策の一種とも考えられ、のちに秀吉が行った、百姓の武装を放棄させる、いわゆる「刀狩《かたなが》り」の前身とは単純に捉えがたい事例もあるので、その点は注意を要する。

本能寺の変直後の動向　勝家は、天正五年に加賀に進撃してきた上杉謙信に攻められ、手取川《てどりがわ》の戦いで敗北したものの、謙信の死後、巻き返しを図り、加賀を平定し、能登・越中に進出するなど、北陸方面を順調に攻略していた。その最中の天正一〇年六月二日、本能寺《ほんのうじ》の変が起きた。信長が明智光秀《あけちみつひで》の謀叛《むほん》により横死《おうし》したのである。

ここからは、本稿の冒頭で述べたように、近年の研究を踏まえて、なぜ、武勇と統治に優れた重臣の勝家が信長に

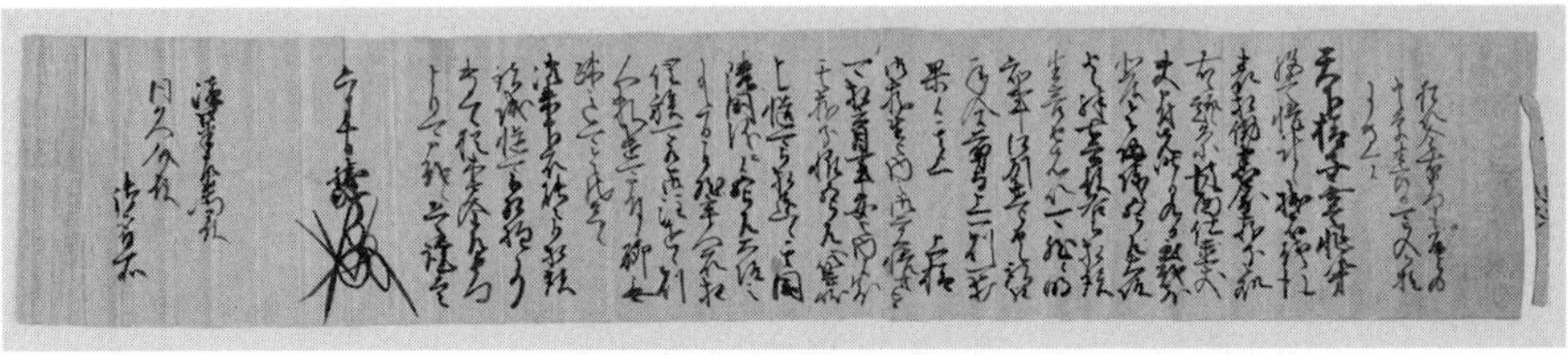

写真29　柴田勝家書状

代わって天下人《てんかびと》になれなかったのか、そして、なぜ、秀吉が天下人となりえたのかを検討してみたい。

近年、本能寺の変直後における勝家の動向や心情を記した書状が発見され（写真29、溝口半左衛門家文書）、勝家が信長の弔《とむら》い合戦である山崎の戦いに間に合わず、秀吉に先を越されて光秀を討ち取られてしまった理由が総括されている（大河内二〇二一）。それによれば、勝家は変当時、上杉方の越中魚津《うおづ》城（富山県魚津市）を攻めており、三日には城を攻略していた。六日になって変が起きたことを耳にし、すぐさま撤退を始め、九日に北庄城に帰還した。この撤退の速度は、秀吉のいわゆる「中国大返《おおがえ》し」（秀吉が備中高松《びっちゅうたかまつ》城（岡山市）から山城《やましろ》・河内の境にある山崎《やまざき》（京都府乙訓《おとくに》郡大山崎町）まで尋常ではない速さで行軍したこと）より速いものであった。しかし、勝家は北庄城からしばらく動かなかった。

その理由としては以下の四点が想定される。①秀吉と比べて山崎までの行軍距離が長く、休息をとる必要があった。②上杉勢の反転攻勢によって迂闊《うかつ》に動けなかった。③光秀勢に近江路を押さえられ、情報伝達・収集に手間取り、行軍も慎重になった。④若狭《わかさ》での牢人衆《ろうにんしゅう》の蜂起にも対応する必要があった。以上からすれば、勝家が秀吉に遅れをとったのは、単純に能力の問題というよりも、秀吉と比べて地理的に不利な位置におり、北陸・近江・若狭など勝家を取り巻く情勢が悪く、それらに慎重に対応せざるをえなかったためだと考えられる。とはいえ、山崎の戦いにおいて、勝家に功績がなく、秀吉に最大の功績があった点は、のちに両者の運命を分けることになる。

また、先述の勝家書状で注目されるのは、勝家の政権構想も示されている点である。それは、信長在世時の考えや政策を「相育《あいはぐく》む」、すなわち、継承して発展させるというものであった。また、別の勝家書状には、「各《おのおの》相談の上を以《もっ》て、四海御静謐《しかいごせいひつ》の儀必定《ひつじょう》たるべく候」とあり、家臣が相談して事を進めれば必ず天下平定が叶うとも記されている(泰巖歴史美術館所蔵文書)。信長かつ織田家に忠実で、家臣の連携を重視した勝家の考え方は明瞭であろう。そして、次に述べるように、勝家は信長の死後、この考えを一貫して保持した。この点も、のちに天下人となる野心を抱いた秀吉との違いとなる。

清須会議後の動向　山崎の戦い後、六月二七日、尾張の清須《きよす》(愛知県清須市)にて、織田家の主だった一族と重臣による会議が行われた。清須会議である。これ以降の勝家の動向についても、近年の研究を参照して(角二〇二一)、探ってゆこう。

清須会議では、信長とともに横死した嫡男信忠《ちゃくなんのぶただ》の子である三法師《さんぼうし》が家督を継承するのは当然とし、三歳の三法師が成人するまでの名代《みょうだい》を誰にするかが専らの議題であった。ただ、名代をめぐって信長次男の信雄《のぶかつ》と三男の信孝《のぶたか》が争ったため、名代を設置せず、勝家・秀吉ら四人の重臣の合議で政務を執ることとなった。これについては、先述した勝家の構想が反映されたようにもみえる。

また、所領の再配分も行われ、勝家は近江長浜《ながはま》の加増を受けた一方、秀吉は播磨《はりま》に加えて山城・丹波《たんば》・河内東部など最大規模の所領を得て、京都の統治にも関わるようになり、勢力を伸長させた。これは、秀吉が光秀討伐で最大の功績を挙げ、発言力を有していたためであろう。「羽柴が儘《まま》の様也」と記されるように(『多聞院日記』)、この会議は秀吉の考え通りに進んだようである。ともあれ、ここで注意すべきは、六月下旬の清須会議では、後世の軍記物語などで描かれる、勝家と秀吉の対立は、いまだ明確でなかった点である。

ところが、この直後、早くも問題が生じていた。秀吉が京都を支配すると決まったにもかかわらず、美濃岐阜城《みのぎふ》(岐阜市)主となっていた信孝が、京都の公家《くげ》や寺社に対して所領を安堵するなど、「織田家の家督を継承した」といわんばかりの行為を働いたのである。秀吉はそうした信孝に不信感を抱いていたのであろう。信孝のもとに一時的に預けられていた三法師を、少しでも早く本来の居所である安土城へ移すよう主張し、政治工作を進めていた。その際、見返りとして、信雄と信孝の国境争いでは、信孝の意に沿う姿勢もみせていたのである。

一方、勝家の意向は、近年発見された同年九月三日付の書状に明瞭に記されている(徳川記念財団所蔵文書)。それによれば、幼少の三法師を安土城へ移すのは、畿内周辺が平穏になった時、かつ、光秀勢によって焼失した安土城の修造が完成し、天下人を示す披露式に恥じないものとなった時にすべきであり、そもそも清須会議で決めたように、「各一同《いちどう》の儀を以て」、すなわち、勝家・秀吉ら四人の重臣全員が納得してからがよいというのである。この点からは、やはり、織田家に忠実で、家臣の合議を重視する勝家の考え方がうかがえる。とはいえ、こうした考え方は、勝家が意図したか否かは不明であるが、秀吉からみれば、自身の主張に反対し、信孝を支持するものにも映ったのであろう。この九月上旬の段階では、秀吉と信孝の間に対立の兆《きざ》しが生じており、三法師の居所をめぐって秀吉と勝家の間にも意見の食い違いがあったのである。

その後、秀吉は織田家の家臣たちと会談を重ね、派閥を形成しつつ、信長葬儀の準備を独自に進めていた。勝家は、こうした秀吉の独走を察知したのであろう。ついに、同年一〇月六日付の書状で秀吉を厳しく批判した(『南行雑録』)。内輪での争いをやめ、四方の敵に向かうべきところ、所領内に勝手に新しい城を構え、身勝手な考えをして、一体、誰を敵とみなしているのか、清須会議でこのような決め事はなかったはずだと糾弾した。さらに、信長様が苦労して治めた国を守るべきところ、挙句の果てには「友喰《ともぐい》」をして国を奪われてしまう、これは本意ではなく、天道《てんどう》にも背くもので、無念至極《しごく》だと嘆いたのである。この書状からも、勝家が野心を持たず、同僚を友のように思い、その結束を大事にしていたことが読み取れよう。

しかし、秀吉は勝家と和解することなく、一〇月一五日に信長の葬式を挙行したのち、信孝が三法師の安土入城を妨害するという謀叛《むほん》を企てたのは勝家のせいだと非難し、政権からの信孝・勝家の排除と、信雄の名代擁立を決めたのである。この秀吉による清須会議体制の変更により、信孝・勝家陣営と、信雄・秀吉陣営の対立が決定的となった。

秀吉はすぐさま挙兵し、長浜城の柴田勝豊《かつとよ》(勝家の甥)を降し、岐阜城の信孝を降服させた。

年が明けた天正一一年三月、ついに勝家は近江北部へ出陣し、秀吉陣営の軍勢と対峙した。賤ケ岳《しずがたけ》の合戦である。

写真30　『絵本豊臣勲功記』(北庄城で自害する直前、お市の方と辞世の句を詠む勝家)

一カ月半にわたり小規模な戦いが続き、四月二〇日に勝家軍が猛攻をみせたが、二一日には美濃の大垣《おおがき》から馳せ戻った秀吉が勝家本陣《ほんじん》への突撃を指揮し、勝家軍は総崩れとなり、越前へ撤退した。

秀吉は逃げる勝家を追い、二三日に北庄城を取り囲んで惣構を破り、二四日には勝家の籠《こも》る本城に一気に攻めかかった。同年五月一五日付の秀吉書状には、勝家の最期の様子が次のように記されている(毛利家文書)。勝家は天守の九重目に登り、周りの軍勢に言葉を発し、自らの切腹《せっぷく》の様子をみて後学《こうがく》にせよと述べ、ひっそりと静まり返るなか、妻子や一族を刺し殺して自害《じがい》したという。いかにも武勇に秀でた勝家らしい壮絶な最期である(写真30)。加えて、秀吉は右の手紙で以下のように述べている。北庄城に籠った勝家をこのままにしておくと、かえって手間がかかるので、「日本の治《おさまり》」(天下の趨勢《すうせい》を決する)はまさにこの時と思い切って城を攻めたとし、北国・東国に次いで中国の毛利氏が自分に従えば源《みなもとの》頼朝《よりとも》以来の「日本の治」となると述べ、自身を鎌倉幕府創始者の頼朝になぞらえている。

ここからは、秀吉が勝家を攻め滅ぼす際、もっと遡れば、勝家との対決を決めた瞬間から、天下を意識し、天下人となる歩みを始めたと考えられよう。秀吉にとって勝家とは、そうした野望を自覚化させるほどの大きな相手であったといえよう。

勝家の忠義と秀吉の野望　最後に、これまでの検討を踏まえて、なぜ、勝家が天下人になれず、秀吉が天下人になりえたのかをまとめておく。信長に忠実で、武勇と統治に秀でた勝家は、信長の死後も一貫して、野心を持たず、家臣の合議による政治を求めた。そもそも、野望を持たなかったのである。他方、秀吉は山崎の戦いで最大の功績を挙げ、京都を含めた所領を増やし、与党を形成し、勢力を伸長させていった。そして、信孝との対立もあり、信孝・勝家との決戦に踏み切り、少なくともその頃には、天下を意識し、自身が天下人となる歩みを始めた。

秀吉が天下人になりえたのは、勝家と対比すれば、山崎の戦いでの功績、その後の巧みな立ち回りによる勢力の伸長、そして、その過程で芽生えてきた野望が大きな要因であろう。忠義を貫いた勝家と、野望を自覚した秀吉。二人は決して交わることのない運命にあったのである。

5 府中三人衆　不破光治(?—一五八〇)・佐々成政(?—一五八八)・前田利家(一五三七—一五九九)

—織田政権北陸進攻への布石—

佐藤　圭

府中三人衆とは　南北に連なる武生盆地《たけふぼんち》と福井平野は越前《えちぜん》国の中央部に位置し、いずれも政治・経済・文化の要地だった。武生盆地には古代の国府《こくふ》が置かれ、その後、中世後期に守護所《しゅごしょ》が置かれて守護支配の中心となる。一方、朝《あさ》倉《くら》氏は福井平野の東南部に位置する一乗谷《いちじょうだに》に根拠地をすえ、戦国大名として成長した。織田《おだ》政権は朝倉氏と本願《ほんがん》寺《じ》・一向一揆《いっこういっき》を二度にわたって武力で制圧し、朝倉時代の各拠点に大名を配置し、越前国を北陸進攻の基地とした。

朝倉氏は室町時代の守護制度下の府中《ふちゅう》両人《りょうにん》を継承し、二人の奉行に府中近辺武生盆地一帯の支配や一国の段銭《たんせん》・棟別銭《むねべつせん》の賦課などを担当させ、青木《あおき》・印牧《かねまき》両氏が代々これを務めた。朝倉氏滅亡後、再度越前の本願寺・一向一揆勢力を制圧した織田信長は、天正三年(一五七五)九月、府中に三人の部将を置き、この地を治めさせるとともに北庄《きたのしょう》城主柴田勝家《しばたかついえ》に対する目付《めつけ》(監視役)とした。不破光治《ふわみつはる》・佐々成政《さっさなりまさ》・前田利家《まえだとしいえ》の三人である。不破は西濃《せいのう》(岐阜県西部)の有力武士で、斎藤氏の臣から信長に仕えた。河内守《かわちのかみ》という比較的高い官職で呼ばれた。佐々と前田は尾張《おわり》国の生《は》え抜《ぬ》きの侍《さむらい》で信長の近臣として頭角をあらわす。

「府中三人衆」という呼称は、当時越前で実際に使われた。天正四年正月一八日織田《おた》寺社代恵伝《けいでん》が年頭祈禱《きとう》の巻《かん》数《ず》・牛王《ごおう》・礼銭《れいせん》などを進上する相手方を「府中三人衆」と呼んでいる(山内秋郎家文書)。この三人衆の序列は、文書

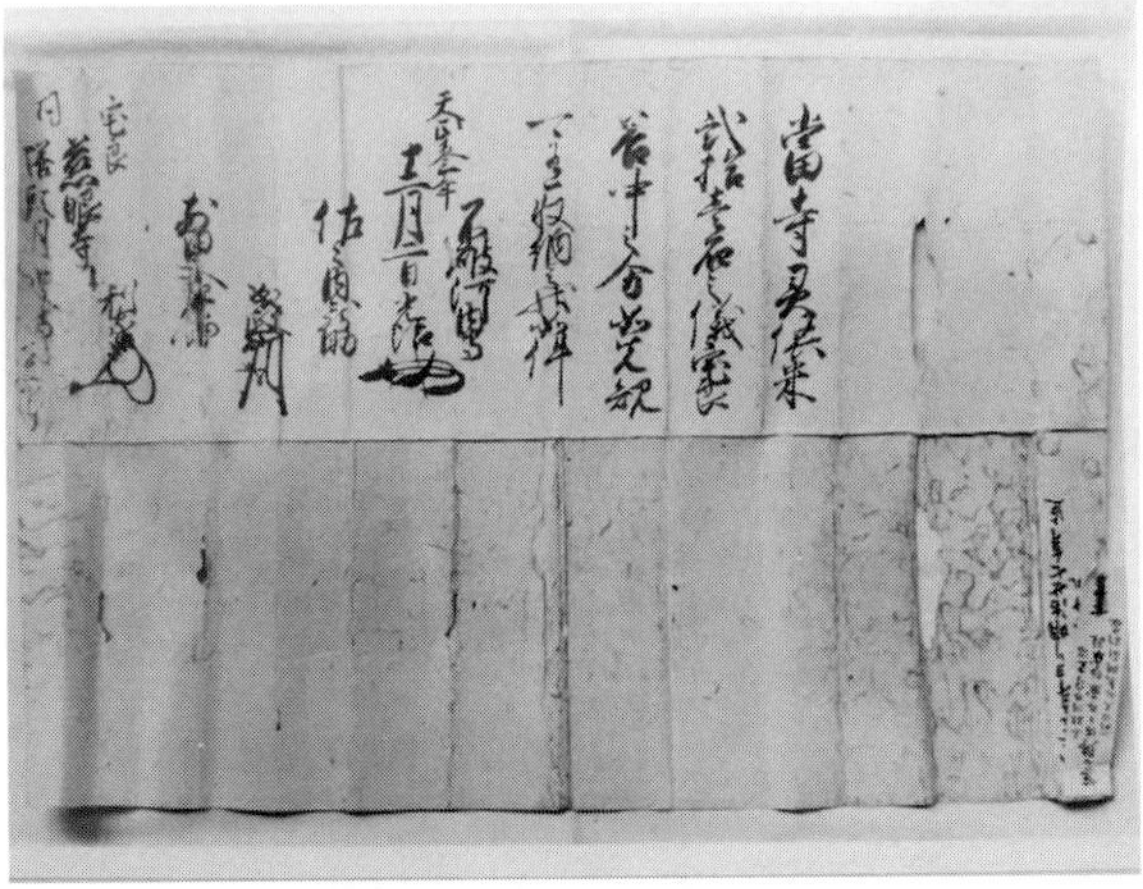

写真31　府中両人連署状

の宛所《あてどころ》(宛名)がすべて不破↓佐々↓前田の順序になっていることから、不破の格式が高かったことがわかる。その他、当時の史料に「府中三人かた」「府中三人者共」「府中の御三人」などと記され、彼らが越前府中に在勤していたことがわかる。

府中三人衆の連署状　府中三人衆が発給《はっきゅう》した連署状《れんしょじょう》は今のところ天正三年一〇月から翌天正四年五月まで六通ほど知られる。武生盆地やその周辺に所在する大寺社や国人《こくじん》、職人などに宛てて出されており、府中を中心とする管轄領域をうかがうことができる。

初見は府中に隣接する南仲条《みなみなかじょう》郡高瀬村宝円寺《ほうえんじ》(越前市高瀬)に対して出されたもので、所領や檀徒《だんと》のない古寺なので、応急の手段として仮住まいの家を建てさせるとともに、もし理由のない不当行為や寺地の竹木《ちくぼく》伐り取りなどがあった場合はその氏名を報告すれば対処する、としている(宝円寺文書)。

次に武生盆地の東南部に位置する今南東《こんなんとう》郡の大滝神郷《おおたきしんごう》(越前市大滝町)紙座《かみざ》に対して、その商圏を「上《かみ》は木目《きのめ》を境《さか》い、下《しも》は浅水《あそうず》の橋を境い、東は境目、西は海端を境い」と規定して、諸役免除《しょやくめんじょ》の特権を与え、地下夫役《じげぶやく》の免除、山林切り取り停止などを命じている(大滝神社文書)。この浅水橋(福井市浅水町)は、鞍谷川《くらたにがわ》の末流に架かる橋で北陸道《ほくろくどう》が通り、武生盆地と福井平野を画する要地であった。木目峠(南越前町板取《いたどり》・敦賀《つるが》市新保《しんぼ》)も府中の所在する南仲条郡と敦賀郡《つるがぐん》の境界で北陸道が通る。

また南仲条郡の曹洞宗《そうとうしゅう》の名刹《めいさつ》慈眼寺《じげんじ》（南越前町小倉谷《おぐらたに》）に宅良《たくら》谷中の霊供米《りょうぐまい》（死者に供える食物）二一石を安堵《あんど》（保証）している（写真31、慈眼寺文書）。そして丹生北《にうきた》郡の中心部に所在する織田寺社（越前町織田）の所領を織田信長の朱印《しゅいん》状《じょう》によって安堵し（『福井県丹生郡誌』『越藩拾遺録』）、最後は南仲条郡今庄《いまじょう》（南越前町今庄）の住人赤座小法師《あかざこぼうし》（吉家《よしいえ》）に信長朱印状により知行《ちぎょう》を安堵している（『北国鎮定書札類』）。

連署状とは、種々の政策を担当して実施した奉行《ぶぎょう》たちが連名で出した文書である。武家文書として重要だった。府中三人衆連署状は、信長朱印状を施行したものもあるが、直接上意を奉じて出されたものはなく、彼らの合議によって作成された。信長が越前から岐阜に帰陣した後に出され、残存例では発給期間はわずか八カ月にすぎない。

一揆蜂起と府中三人衆　本願寺・一向一揆が支配した越前の嶺北《れいほく》地方を再度制圧した織田政権に対する抵抗は、その後も続いた。ただ、一揆側の史料はほとんど残っておらず、織田政権の文書も無年号で史料的に活用されていない。それは正月一六日付の三通の織田信長朱印状である。内容は以下のようである。まず、近江《おうみ》長浜城主となった羽柴秀吉《はしばひでよし》に対する信長の指令がある（『加能古文書』）。加賀《かが》・越前両国一揆蜂起《ほうき》の情報がある。不確かかもしれないが、軍勢を出す準備をして、越前敦賀城主武藤舜秀《むとうきよひで》と「府中三人かた」からの報告があり次第出動せよ。近江佐和山《さわやま》城主の丹羽長秀《にわながひで》（当時惟住《これずみ》姓だが、以下丹羽に統一）にも、すでにこの旨を伝えてある。このような文意である。

次に、千福式部大輔《せんぷくしきぶのたゆう》と又三郎《またさぶろう》父子にそれぞれ宛てられた信長朱印状がある（千福文書、『後撰芸葉』）。千福氏は府中西南に隣接する南仲条郡千福（越前市千福町）の地に居を構えた越前斯波《しば》氏一族の名族で、信長直臣となる。

まず、千福又三郎の報告に対する信長の返信には、「その国西方《にしかた》一揆坊主統領《とうりょう》ども内々相催《あいもよお》す処、府中三人者共と相談し、十五左衛門《じゅうごさえもん》、栗間与九郎《くりまよくろう》以下五人搦《から》め取るの由ちかごろ神妙《しんみょう》に候《そろ》（西方に一揆の坊主統領たちが内々に集会し、蜂起を企てようとしていたところ、府中三人衆と作戦を相談し、十五左衛門や栗間与九郎以下五人を捕縛したとの由、非常に神妙なことだ）」と記されている。そして信長は又三郎の功をたたえ、かつ大野口・北袋辺《きたぶくろ》（勝山盆地《かつやま》のこと）の一揆の情報を報告せよ、くれぐれも油断があってはならない、と諭している。

千福式部大輔に宛てた信長朱印状には、「府中近辺一揆坊主等内々相催す処、息又三郎調儀《ちょうぎ》せしめ、悪逆の族《あくぎゃくのやから》搦め取る由（府中近辺の一揆の坊主などが内々に集会し、蜂起を企てようとしていたところ、息子の又三郎と攻撃し、悪逆の族を捕縛したとの由）」と記されている。

「西方」とは府中西方の丹生北郡の俗称である。千福父子は西方・府中近辺の一揆蜂起を未然に察知し、策略により その首謀者五人を府中三人衆と協力して逮捕し、一揆を鎮圧した。この一揆の性格は「一揆坊主」と呼ばれていることから、一向一揆と思われる。用心深い信長は千福父子の報告に危機感を強め、若狭《わかさ》や近江の部将に援軍の準備を命じた（当時丹羽長秀は若狭も支配している）。府中三人衆のことが記されるこれら三通の文書の年代は、天正四年以降に限定される。

さて、大野郡の折立《おりたて》称名寺《しょうみょうじ》（福井市折立町）に、柴田勝家の奉行を務めた柴田一族とみられる柴田勝定《かつさだ》の五月一二日付書状が残っている。称名寺は真宗高田派の寺院で本願寺・一向一揆に対抗する立場で織田政権に協力した。この書状の内容は、称名寺近辺、すなわち大野郡方面の一揆の情報を報告せよ、それにより軍勢を派遣して成敗《せいばい》するというものである。この指令内容は前述の朱印状と符合する。最近、この柴田勝定書状を天正四年とする有力な考証結果が発表された（河村二〇一九）。

小丸城跡出土の文字瓦　小丸城跡《こまるじょうあと》は越前市五分市町《ごぶいちちょう》に所在する遺跡で、福井県指定史跡となっている。昭和七年（一九三二）土木工事に伴い乾櫓《いぬいやぐら》跡付近から種々の瓦が見つかり、二点の丸瓦に文字記載があった。文字は瓦の焼成前に線刻《せんこく》（陰刻《いんこく》）されたものである。

うち一点はほぼ完形に近い丸瓦（写真32）で大部分の文字が残っており、他の一点は丸瓦の一部分の残片である。前者には漢字仮名まじりの文章が記され、後者には「メ」「かわら」「此ふん人夫《にんぷ》」「ひろせ」「池上」などの文字がある。これらの資料は伝世品や表面採集ではなく、土木工事に伴う不意出土資料である。瓦の制作方法の痕跡などから、小丸城跡出土考古資料として当時の良好な資料と認定された（久保一九八九）。

前者の文意を解釈すると以下のようになる。この書付を後世ご覧になって、事の次第や結末についてあれこれ話をなさるがよい。五月二四日、一揆が起こり、いきなり前田又左衛門尉《またざえもんのじょう》殿（利家）が一揆千人ほどを生け捕りなされた。その処罰は張付け、釜煎《かまい》り、火あぶりだろうか。このように後のために一筆書き残す。

写真32　小丸城跡出土文字瓦（拓本）

大体このような意味のことが記されている。字配りは適正で、筆致はよどみなく、一分の隙もない。丸瓦の表面全体にわたってこれだけの文字を大書した筆者の力量は、この種の文字をよく書きなれた右筆など、習熟した書き手によるものであることをうかがわせる。

一方、後者の文字瓦はやや事務的な感じがする。広瀬《ひろせ》（越前市広瀬町）・池上《いけのかみ》（越前市池ノ上町）は府中の西南四キロメートルほどに位置する南仲条郡の地名で、おそらく瓦の製作や輸送にあたる人夫役の徴発に関わる記載であろう。

これらの瓦は、通常、城郭の櫓や塀などの施設の屋根に葺かれるものである。したがって、これらの文字瓦は、小丸城の築城ならびに上葺の年代を示す貴重な資料といえる。

信長朱印状と文字瓦の年代　これまで五月二四日の一揆を記した小丸城跡出土文字瓦の年代について、その傍証となる古文書は知られていなかった。この文字瓦の内容や性格について所感を表明した文章は多いが、その年代についての考証は、河村昭一氏の考証が最新かつ穏当なものである（河村二〇一九）。それに付け加える意味で、本稿で内容を逐一紹介した三通の信長朱印状と柴田勝定書状は、文字瓦に記された五月二四日の一揆の背景を示す有力な傍証となるのではなかろうか。前者の信長の朱印状は西方・府中近辺の一揆蜂起の前兆を示し、後者の勝定書状は大野城と府中のちょうど真ん中に位置する折立付近の一揆の危険性を伝えている。このような織田政権によって把握された一揆の動向に関連付けて、文字瓦の一揆と三通の朱印状の年代は、天正四年と理解される。

この天正四年という年代は、小丸城が築城された時期としてふさわしい。本願寺・一向一揆をはじめとする反信長勢力への対処は、織田政権にとって喫緊《きっきん》の課題であり、その攻撃を防ぐための城郭の建設は急がれたはずである。天正四年七月、佐々成政は越前の国人諏訪三郎《すわさぶろう》に抽尾《ゆのお》（南越前町湯尾）内一五〇石を与えている。この知行宛行《あてがい》は、府中三人衆の知行地と与力《よりき》（付属の侍）の割り替えの結果とみられている。五月二四日の一揆鎮圧の結果、それが行われ、また三人衆の居城についてもそのころ最終的に決まったのであろう。

府中三人衆の連署状は天正四年五月二日を最終所見とするが、府中三人衆のことは、その後天正五年九月にも文書にみえる。すなわち、同年九月八日付で劔神社《つるぎじんじゃ》（越前町織田）の神領平等《たいら》村（越前町平等）住人等が提出した指出《さしだし》には「右御神領分、府中の御三人より御上使衆《ごじょうししゅう》の縄打《なわうち》の上をもって御指出仕《つかまつ》り候」と記されており、府中三人衆から上使衆が派遣されて縄打を実施したとされる（劔神社文書）。縄打も同年であろうから「府中の御三人」すなわち府中三人衆は、天正五年九月ころまで意味を持っていたと考えられる。従来天正四年五月ころまでの暫定的な処置とみられていた府中三人衆は、その翌年までは存続したといえる。

府中三人衆の居城　府中三人衆は天正五年九月ころまでは府中に居した。同年閏《うるう》七月、織田信長は、越中《えっちゅう》から能《の》登《と》へと手を拡げた越後《えちご》の上杉謙信《うえすぎけんしん》に対抗して、自ら加賀へ出馬せんとし、越前府中の前田利家に黒印状《こくいんじょう》を出して、八月八日安土を出発し、その後利家の「私宅《したく》へ越すべく候間、その意をなすべく候（利家の私宅へ行くつもりなので、了解して準備しておくように）」と利家に書き送っている（酒井義章氏所蔵文書）。ここで信長は前田利家の居所について「私宅」という表現を用いている。このとき、結局、信長の出馬は中止となり、柴田勝家が大将となって出陣した。

その後、天正九年一〇月、織田信長が前田利家に能登一国の知行を与え、引越しを命じた朱印状の端書《はしがき》には、「府中そなた要害《ようがい》ならびに下々私宅ども異儀なく念を入れ候《そろ》て相渡すべき事」と跡地を菅屋長頼《すがやながより》に引き渡すことが命じられている（尊経閣文庫所蔵文書）。ここでは利家が府中に「要害」、すなわち城郭を構えており、これに家臣団の私宅が付随していたことがわかる。

そうしてみると、前田利家は天正五年閏七月から天正九年一〇月までの間に府中に城郭を構えたことがわかる。これが後の府中城に連なるものであろう。

不破光治については、前田利家のように良質の史料は残っていないが、府中龍門寺《りゅうもんじ》城に居したと伝わる。龍門寺は、織田信長が天正元年と同三年の二度の越前進攻の際に本陣を構えたところである。その間、本願寺・一向一揆支配下三宅権丞《みやけごんのじょう》が城主だったとされ、城郭整備が進んだ。不破光治は天正八年一二月一四日に越前で没したとされ、嫡子直光《なおみつ》が継いだ（『不破家譜』）。なお府中三人衆連署状の中にも直光の通称が連署にみえるものが一点あり、直光は父の代理を務めたこともあったらしい。

佐々成政は小丸城に居し、五分一《ごぶいち》（越前市五分市町）やその近隣の粟田部《あわたべ》（越前市粟田部町）・大滝などを支配した。この武生盆地東南の地は、もと越前斯波氏の一族の鞍谷《くらたに》氏がいたところで、佐々はその地盤を引き継ぎ、かつ鞍谷氏との良好な関係も維持した。小丸城に直接関係する同時代史料は乏しいが、天正一一年七月付の丹羽長秀知行宛行状に、旧領主のことを記して「五分一分」と記されるので、佐々成政の居所・城郭名は五分一であったとみられる。

その後の三人衆　その後、不破・佐々・前田の三人はどうなったのであろうか。彼ら三人衆はいずれも越前勢の有力武将として柴田勝家に属し、織田政権の北陸進攻に従事する。ただ柴田勝家の加賀進攻はなかなか進まず、天正五年九月の手取川《てどりがわ》の戦いの大敗後は、天正八年の本願寺・織田政権の講和を待たねばならなかった。同年九月佐々成政は織田信長から越中の守護代《しゅごだい》家の神保長住《じんぼうながずみ》の助勢を命じられ、ついで柴田勝家も加賀を調略して制圧した。天正九年、成政は越前と越中、安土を往復し、その後は専ら越中に在陣して戦闘と在地支配に当たった。

前田利家はその後、越前の府中支配を進めた。天正五年四月一日、前田利家は府中の町人大文字屋《だいもんじや》に判物《はんもつ》を与えて家・屋敷を免除し、扶持米《ふちまい》を与え、交代本陣《こうたいほんじん》の役目を命じた。また天正七年二月一五日付で町中屋並《ちょうちゅうやなみ》の「かきつり役銀」の徴集を永代《えいたい》大文字屋に命じている（『沢存』）。この「かきつり役」は詳《つまび》らかでないが、季節からみて、雪で傷んだ垣などを繕《つくろ》う費用を府中の家ごとに課したのであろうか。大文字屋は現在の越前市天王町《てんのうちょう》にあった商家で、利家府中入城の際に立ち寄ったという由緒を伝える旧家でもある。利家が大文字屋などの有力商人を通じて府中の町を支配した様子が想像される。

前田利家は、天正九年から能登支配に専念する。しかし、越前府中にも留主居《るすい》を置いて年貢米の催促などにあたらせた（木村孫右衛門家文書）。そして天正一〇年三月南仲条郡船寄山《ふなよせやま》（南越前町赤萩）の山林利用に関して塚原《つかばら》（越前市塚原町）の百姓に裁許《さいきょ》しているから、なおも府中近辺の民政に関与し続けた（中村三之丞家文書）。佐々成政も天正九年越中攻略に当たったが、おそらく越前にも留守居などを置いて両方を支配したのであろう。

最後に、不破光治・直光父子については、越前での発給文書や関係文書が残っておらず、詳細は不明である。ただ、天正九年三月二八日付の丹羽長秀重臣連署状によれば、不破直光は近江国愛知郡《えちぐん》中野郷（滋賀県東近江市中野町）も知行しており、当時「北国出陣《ほっこくしゅつじん》」とみえるから、柴田勝家に随って加賀方面に出陣していたことがわかる（今堀日吉神社文書）。

以上のように三人衆は、その後も織田政権の部将として北陸進攻に従事した。天正一〇年三月、甲斐武田《かいたけだ》氏を討滅した織田信長は、その戦果を越中に在陣する越前勢に書き送っているが、その宛所は「柴田修理亮《しゅりのすけ》・佐々内蔵介《くらのすけ》・前田又左衛門《またざえもん》・不破彦三《ひこそ》」の四人であった（『信長公記』）。最後の彦三は不破直光の通称で、三人衆の序列が入れ替わっているが、こうした構成は、まさに天正三年九月の府中三人衆の体制を継承するものである。彼らが越中に在陣して、上杉方の魚津《うおづ》城を落とした直後、信長討死の飛報《ひほう》に接するのは同年六月六日のことであった。

6　金森長近（一五二四―一六〇八）

―街道を生かしたまちづくり―

田中　孝志

生い立ち　大野《おおの》市街地の基礎を整備した金森長近《かなもりながちか》について、きわめて限られた史料からではあるが紹介を試みたい。長近は大永四年（一五二四）、美濃《みの》国土岐《とき》郡大畑《おおはた》（岐阜県多治見市）に生まれた。初名を大畑可近《おおはたありちか》という。金森氏を称するのは、一族で近江《おうみ》国野洲《やす》郡金森《かねがもり》（滋賀県守山市金森町）に移住したことによる（『寛政重修諸家譜』）。移住の理由は、土岐《とき》氏の後継者争いに巻き込まれたためとされるが、定かではない。このとおりだとすれば、長近は享禄三年（一五三〇）、七歳のころから、天文一〇年（一五四一）、一八歳で織田信長《おだのぶなが》に仕えるまで近江金森で過ごしたことになる。

信長配下として軍功を認められたことから馬廻衆《うままわりしゅう》として赤母衣衆《あかほろしゅう》に加わり、また、信長から一字を賜り、名を「長近」と改めたという（同前）。その時期については、『金森先祖書《かなもりせんぞがき》』が弘治元年（一五五五）の今川義元《いまがわよしもと》との戦とするほか、永禄三年（一五六〇）の桶狭間《おけはざま》の戦いや、天正三年（一五七五）の長篠《ながしの》の合戦など、諸説が定まらない。しかしながら、天正三年の大野郡への侵攻に際して浄土真宗高田派《たかだは》寺院などに発出した書状では「長近」の名を使用していることから

写真33　金森長近画像

（専福寺文書など）、長近の名は信長の認めるものであったことがわかる。

大野郡への侵攻　長近の領地は、天文一八年に信長が美濃南部を平定した際に給されたままで、「騎兵三人、士五拾人、士卒総テ百拾五人扶持《ぶち》」のみであったようである（『金森先祖書』）。大野郡侵攻の様子を記した『金森長近公大野思召立見聞書付写《かなもりながちかこうおおのおぼしめしたちけんぶんかきつけうつし》』（天明六年〈一七八六〉の写し。以下、『見聞書付』）によれば、天正三年七月以前、越前《えちぜん》攻めの計画を聞いた長近は、「大野郡五千貫」を手に入れたいと願い出て、信長から一軍を預けられている。長近軍は雑兵《ぞうひょう》も入れて六八〇人ほどを五つの部隊に編成し、八月一日、美濃から大野郡に侵攻した。『信長公記《しんちょうこうき》』や『見聞書付』に記載される地名には不明な個所が多くあるが、原政茂《はらまさしげ》は美濃郡上《ぐじょう》郡から穴馬谷《あなまだに》を西進し、長近は温見峠《ぬくみとうげ》から北上したと推測される（河村二〇一九）。

一揆《いっき》に加わった郷民らは親も子も見捨て、我先にと逃げ隠れたが、長近軍は手当たり次第に山林を探し尋ね、男女の区別なく次々と絡めとり殺していったとされる（『信長公記』『織田軍記』）。これらは軍記物として脚色はあろうが、天正三年八月二二日付で本願寺顕如《ほんがんじけんにょ》が北袋《きたぶくろ》五三ヶ村の門徒に対して、越前国の仏法が破滅に瀕していることは歎かわしいことだ（西念寺文書）と檄文《げきぶん》を飛ばしていることからも、五〇歳を過ぎて領地を求める長近の侵攻が苛烈を極めたことは想像に難くない。

九月三日、信長による論功行賞《ろんこうこうしょう》により、長近は大野郡の三分の二、政茂は大野郡の三分の一が分与された（『信長公記』）。大野郡全体の石高《こくだか》（貫高《かんだか》）が未定な時期であり、この分割は管轄地の目安とみるべきである。現存する長近・政茂の発給《はっきゅう》文書により、長近は大野町《おおのまち》・友兼《ともかね》村・石徹白《いとしろ》・折立郷《おりたてごう》などを含む広範囲、政茂は鍬懸《くわかけ》を含む大野盆地の南西部を管轄したと推定されている（河村二〇一九）。

信長にとっての大野郡　長近が大野郡支配を割り当てられた理由とは何か。大野郡は信長にとって重要な地であった。

元亀元年(一五七〇)以降繰り広げられた、信長包囲網と通称される反織田信長連合との戦いによって打撃を受けた信長は、自身が拠点のひとつとした美濃国と越前国をつなぐルートを掌握し、東西勢力の分断を図ったと思われる。そこで注目したいのが八幡《はちまん》城(美濃郡上郡)の存在である。八幡城主の遠藤慶隆《えんどうよしたか》は永禄一〇年に信長に降り、越前侵攻に際しては長近に属している。その後、大野町の鍛冶衆《かじしゅう》に対して他所への移住を禁じるとする長近の命令を伝えており、大野城下町の整備に長近家臣として関わっている(尾崎家文書)。

こうしたことから、信長は、岐阜城と柴田勝家《しばたかついえ》らが治める越前のどちらか一方が火急に際した時に、中間に位置する郡上城にもう一方への伝令役を期待したのではないかと推定できる。慶隆と甲斐武田《かいたけだ》氏との関係から疑義は残るが、もしそう考えられるのであれば、郡上城がもたらす岐阜の異変を北庄《きたのしょう》に伝達するのは大野郡であり、大野郡の心変わりはすなわち信長の危機を招くものとなった。信長にとって、東海北陸方面を押さえるうえで大野郡に配置する部将には注意を要したことであろう。

長近の領国支配と本願寺　長近の入部後も大野郡内の政情は安定しておらず(横山山城守家士武功書)、また、一向一揆や本願寺派門徒《もんと》との争いは続いていた。

天正三年一一月二五日、長近の配下である遠藤惣兵衛《えんどうそうべえ》は本願寺門徒に向けて、高田派の専福寺《せんぷくじ》や称名寺《しょうみょうじ》・法光寺《ほうこうじ》の門徒となるよう命じている。これを受けたものか、一二月一日、芦見谷《あしみだに》七ヶ村の各惣代は長近にあてて、本願寺門徒として成敗を受けるべきところを高田派の門徒に仰せ付けられたことへの謝意を伝えるとともに、「寺役」を務めあげることを誓っている(称名寺文書)。ここで長近、ひいては信長に誓う「寺役」とは何か。

勝家の配下である柴田勝定《かつさだ》は称名寺に対し、付近で一揆の兆候があれば連絡をするように命じており、称名寺でもこれに応え、長近に対して本願寺派門徒の女性を捕えたことを報告している（同前）。また、同じ時期に遠藤惣兵衛が称名寺に対し、配下の者たちに購入してでも刀を差させることを求めており（同前）、こうした高田派寺院に武装を求める動きは、柴田勝家やその重臣の佐久間盛政《さくまもりまさ》によって黒目《くろめ》称名寺や専修寺《せんしゅうじ》に対しても行われている。これらは、越前国内における信長軍団が一向一揆弾圧に高田派寺院を利用していたことを示しており、芦見谷《あしみだに》七ヶ村の各惣代が自身らの助命と換えて長近に誓約した「寺役」とは、高田派門徒として、かつての同行衆《どうぎょうしゅう》弾圧への協力であったことがわかる。

両者の間には実際に武力衝突が起きており、大野と郡上をつなぐ上大納《かみおおのう》を山中《やまなか》五ヶ村の一揆勢が攻めている（小嶋家文書）。この時期は正月七日と記すのみで年は不詳だが、天正四年と思われる五月二八日付消息で、顕如が信長軍と対峙し続ける北袋野津又《のつまた》在城衆中を賞讃していることや（長勝寺文書）、翌五年の七山家《ななやまが》一揆によって柴田義宣《よしのぶ》が討たれていることから、この頃と時を近くしているものと思われる。

このように、長近は一向一揆や本願寺派門徒に対して高田派を利用した弾圧や武力衝突を行ってはいるものの、光明寺《こうみょうじ》三世の空歓《くうかん》とその妻が天正六年に顕如から法名を授けられているように（光明寺文書）、大野郡内には本願寺との強いつながりが依然として残されており、長近も一掃を目指したものではなかったことがうかがい知れる。長近のこうした態度は飛騨高山《ひだたかやま》でもみることができ、天正一六年に飛騨国白川郷中野《しらかわごうなかの》の照蓮寺《しょうれんじ》を高山城下に移し、自分の不在時に高山藩政を委ねていたとする（『飛州志』）。

大野城築城　長近は当初、大野盆地西部の戌山《いぬやま》城を居城としたが、のちに亀山《かめやま》に大野城を築いたとする。同時代の史料が残されておらず大野城築城の経緯には不明な点が多く、その年も『金森家譜《かふ》』では天正四年とし、『大野寺社《おおのじしゃ》縁起《えんぎ》』では天正三年とする。

写真34　大野城石垣并長屋門破損之覚図（部分）

現在の越前大野城は昭和四三年（一九六八）に再建されたもので、往時の姿とは異なる。大野城を描いた絵図の中で年代のわかる最も古いものは、東京大学総合図書館が所蔵する越前大野城図《えちぜんおおのじょうず》（寛永一二年〈一六三五〉～同二一年成立）で、次いで名古屋市蓬左文庫が所蔵する大野城石垣并長屋門破損之《おおのじょういしがきならびにながやもんはそんの》覚図《おぼえず》（写真34、延宝七年〈一六七九〉）であるが、いずれも本丸部分には非戦闘的な御殿《ごてん》風の建物が描かれている。

両者で近似することからアイコンとしての象徴的な描写とは考えにくく、こうした建物が長近時代のものと姿を同じくするとの確証は得ないが、幕府は武家諸法度《ぶけしょはっと》（元和令）によって「新儀の構営《こうえい》」を禁じていることから、絵図に描かれる天守は長近時代とほぼ変わっていないと考えたい。なお、類似した姿は飛騨高山城でも認められることから、安土《あづち》城（滋賀県近江八幡市）の影響を受けたものか、長近はこうした望楼《ぼうろう》型・御殿風を好んだようである。

城下町建設と市

戦国大名らが覇権を争うにあたり、領民の居住する農村を束ね、地方間の結接点としての機能を持つ「地方都市」が求められるようになった。自然発生的に成立していた農村に対し、地方都市は領主が定める「都市法」に則り計画的につくられる必要があり、生産者あるいは兵力として領民の集住を促進させるための手段が「市《いち》」であった。

たとえば信長にあっては、美濃楽市場宛制札《みのらくいちばあてせいさつ》（永禄一〇年）が市場を取り締まる「市場法」だったのに対し、安土山《あづちさん》下町中掟書《げちょうちゅうおきてがき》（天正五年）では「他国并《ならび》に他所の族当所（安土町）に罷越《まかりこ》し、有付の者、先々より居住の者同前、誰々家来たりと雖《いえど》も異儀有るべからず。若しくは給人《きゅうにん》と号し、臨時課役停止の事」（第九条）とあるとおり、市出店者に対する優遇を以て都市への居住を促す「都市法」に変化しており、いわゆる「楽市令」に求められる役割が変化していることがわかる。こうした楽市令は、北庄に対しても信長や柴田勝家が発していることから（橘家文書）、越前支配にも活用されたことがわかるが、では、大野城下の場合はどうだったのか。

天正三年、大野郡に入部した長近は、同年一二月、政茂と共に鎌・鍬《くわ》・釘の行商を禁止し（尾崎家文書）、また、遠藤盛枝《もりえだ》が長近の意向として「当町（大野）鍛冶衆」の他所への移動を禁じていることから（同前）、当時すでに大野町において鍛冶職人町が存在し、鍛冶座の特権が保護されていたことがわかる。

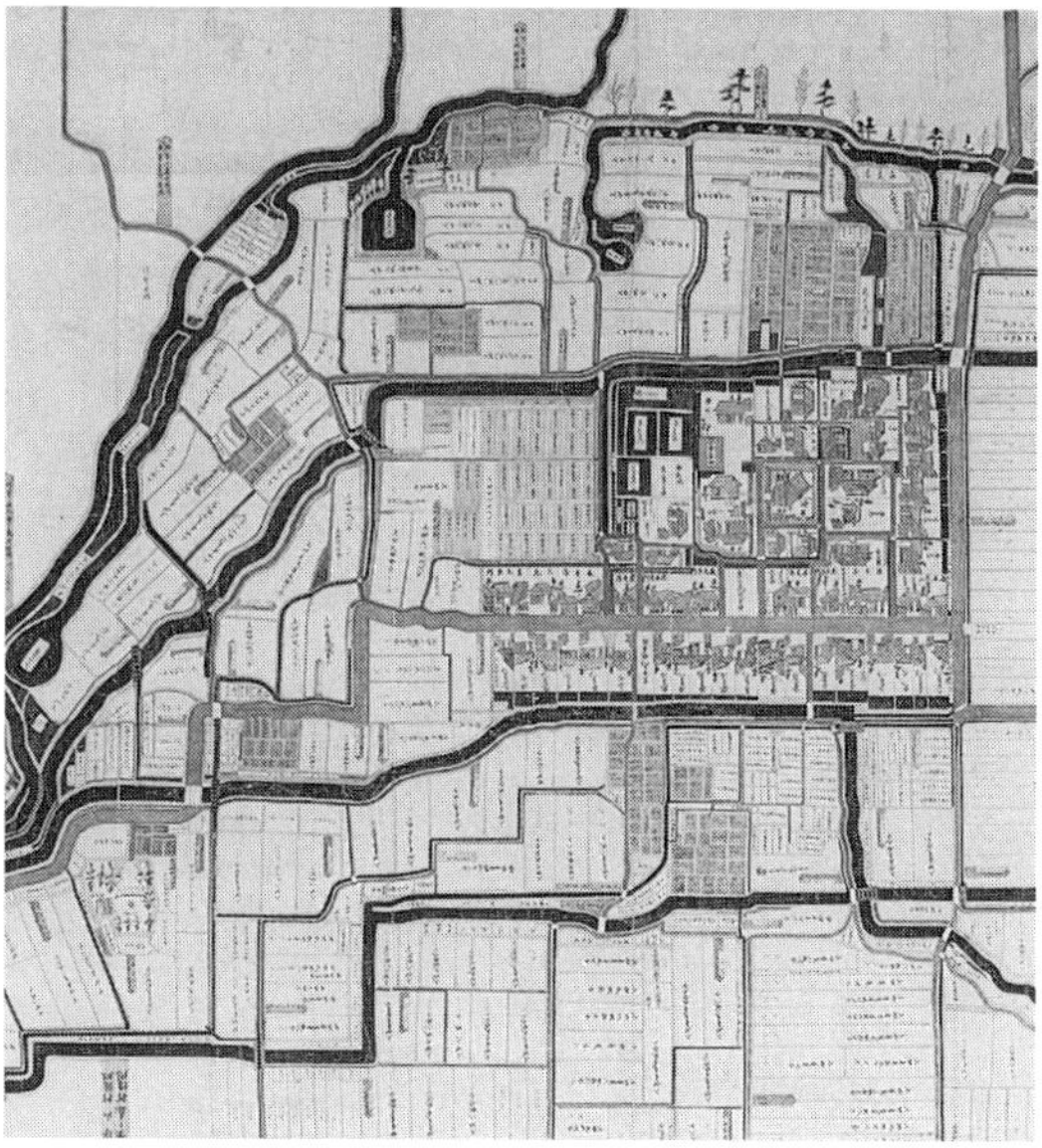

写真35　寺内町金森

　長近の入部以前、春日神社の北一帯を中核とする、のちに「古町《ふるまち》」と称する町が形成されており、美濃街《みのかい》道《どう》（穴馬道《あなまみち》）に沿って都市的発展をみせていた。寺町《てらまち》が他の南北路と傾きを異にするのは古町の道筋を引き継いでいるためであり、西に広がる大野城下町は古町を拡張させていることがわかる。つまり、長近は「楽市」による外部からの集住を必要とせず、既存の町を拡張させ、既住の領民を移住させることで城下町の整備とし、さらに座の特権を認めて商工業を継続・発展

写真36　越前大野城から眺めた大野市街地

させたのである。

大野城下町は、当初からヨコ町型（各街区の区割り、主要街道、職人町といった町通りが、城郭に対して横向きに当たる南北方向に整備されている城下町プラン）として整備されていた。これは経済の発展を促すものであり、天正期にあってはかなり先進的といえる。飛騨高山はタテ町型（主に領主の威光を示すために、町通りを城郭に対して縦向きに整備する）であり、必ずしも長近がヨコ町型を好んだわけではないが、大野城下での整備指向は、古町を発端としてすでに商業型都市の基盤が出来上がっていたことと、青年期を過ごした近江金森が志那《しな》街道を貫通させる寺内町《じないちょう》（写真35）として発展していたことも影響していたのではないか。

その後の長近　天正四年ごろから着工した大野城は、天正八年ごろに竣工しているようである。この間も信長の北国攻め（天正五年）や荒木《あらき》攻め（天正六年）に従軍し（『信長公記』）、天正一〇年の甲州征伐では軍功《ぐんこう》により従四位下《じゅしいげ》兵部大輔《ひょうぶだゆう》に叙《じょ》されている（金森靫負由緒書）。また、賤ヶ岳《しずがたけ》の合戦で羽柴秀吉《はしばひでよし》に降った長近は、飛騨を攻め一国を領するなどの武功を示した。特に朝鮮出兵の際には御伽衆《おとぎしゅう》の中でも特に御前備《ごぜんそなえ》として八〇〇人を率いて従軍しており（『天正記』）、秀吉の信任の厚さを物語る。こうした秀吉との関係は文化面にも表れている。賤ヶ岳の合戦直後の天正一一年六月、長近は秀吉の茶頭《さどう》であった津田宗及《つだそうぎゅう》に一人で相伴《しょうばん》している。また、翌年三月には秀吉や蜂屋頼隆《はちやよりたか》とともに宗及の茶会に臨んでいる（『宗及自会記』）。この頃は北陸制圧や大坂城築城など、秀吉にとって天下を固める大切な時期であり、茶会という一種の政治サロンの場において、長近が心を許されていた様子がうかがえる。金森家と茶のつながりはその後も引き継がれており、子の可重《ありしげ》は「尤も目利の巧者《こうしゃ》たり（碗や茶入といった茶の湯で使う道具の真贋《しんがん》や良否を見分けることに最も巧みな人物である）」（『長闇堂記』）と賞され、大名物「雲《うん》山肩衝《ざんかたつき》」を所有したことで有名である。孫の宗和《そうわ》の茶は優美を特徴とし、後水尾《ごみずのお》天皇の文化サロンに受け入れられ、特に後西《ごさい》天皇や近衛家熙《このえいえひろ》からは千利休《せんのりきゅう》を凌ぐ評価を受けた（『槐記』など）。

今に残る長近　長近が整備した城下町は近世以降も経済発展が継続され、主に美濃街道に沿って大店《おおだな》を構えた御用商人は大野藩の財政を支えた。特に七間町《しちけんまち》は大野郡の経済の中心地として栄え、同所の「市」は規模を順次拡張していった。また、近代以降、かつての大野城縄張り内には郡役所や旧制中学校など公立機関が集中し、大野市街地（写真36）は奥越《おくえつ》の行財政の中心地として位置付けられた。

大野時代の長近の行動を示す史料は、寺院に対する制札《せいさつ》や安堵状《あんどじょう》などごく限られたもので、大野郡の統治の実態については杳《よう》として把握できていないが、長近が願った住民の安寧な生活が、今の大野市に息づいているのである。

7 丹羽長秀(一五三五―一五八五)

―信長の寵臣から秀吉傘下の大名へ―

功刀俊宏

丹羽長秀の足跡

丹羽長秀《にわながひで》は、天正年間に若狭《わかさ》・越前《えちぜん》両国を支配したが、両国には縁もゆかりもなく、自身が総大将として兵を率い、攻め取ったわけではない。まずは丹羽長秀が若狭を与えられるまでの足跡、織田信長《おだのぶなが》(織田家)との関係について確認しておこう。

写真37 丹羽長秀画像(模写)

丹羽長秀は、天文四年(一五三五)九月に尾張《おわり》国児玉《こだま》村(名古屋市西区)で誕生した。父長政は尾張守護《しゅご》家斯波《しば》氏家臣と伝わる(『丹羽家譜』)。織田信長に出仕したのは、天文一八年とされる(『丹羽家譜』)。以来、信長の家臣としては、尾張一国時代から仕え、織田家中において軍事・政務の両面で功績を挙げた。これらの功績が認められ、元亀二年(一五七一)二月に佐和山《さわやま》城(近江《おうみ》国坂田《さかた》郡・現滋賀県彦根市)の城代《じょうだい》となった(『信長公記』)。さらに朝倉《あさくら》・浅井《あざい》氏などとの元亀《げんき》の争乱でも功績をあげ、天正元年(一五七三)には、若狭の支配を任されるに至った。

しかし軍事面では、羽柴秀吉《はしばひでよし》や柴田勝家《しばたかついえ》のように単独で最前線を任されたわけではなく、遊撃軍の軍団長を担ったという評価がある(谷口二〇〇五、二〇一〇)。

その一方で政務での代表的な功績の一つに挙げられるのは、天正四年に安土《あづち》城普請の総奉行《そうぶぎょう》を務めたことであろう（『信長公記』）。

信長との関係　もう一方で注目すべきは、信長との関係である。長秀が信長の寵臣《ちょうしん》の一人であったことは、イエズス会の宣教師ルイス・フロイスが、一五八四年一月二〇日付の書簡で「いとも裕福で信長がもっとも寵愛した家臣の一人」（『一六・七世紀イエズス会日本報告集』）などと記載したことから知られる。さらに長秀自身は信長の庶兄信広《のぶひろ》の娘を妻とし、息子長重《ながしげ》は信長の娘を妻とした。つまり織田家とは二代にわたり縁戚関係を築いていた（『丹羽家譜』）。

また先述したように若狭・越前両国は、配下の軍勢をもって征服したものではない。信長・秀吉といった政権の主催者から与えられたものである。このことから前線にあって支配領域を拡大した柴田勝家や羽柴秀吉との違いが見出せる。以下、丹羽長秀の両国支配をみていこう。

長秀の若狭支配の特徴　長秀が若狭支配を委ねられたのは、天正元年である。なおこの年の八月に朝倉氏が滅亡している。つまり、若狭は織田権力にとって敵対勢力との最前線ではなくなった。この年は、長秀自身は安土城普請の総奉行を務めており、信長の側近として政務・軍事に従事し、若狭に在国して支配を進めることは難しい状況だった。

長秀は天正元年九月に、遠敷《おにゅう》郡の長源寺《ちょうげんじ》（小浜市小浜酒井）、遠敷滝村《おにゅうたきむら》の若狭彦神社《わかさひこじんじゃ》（小浜市遠敷）へ禁制《きんぜい》を出している。この事例から、長秀自身が若狭へ入国したのは、天正元年八月と翌年の一二月の二回が可能性として指摘されている（尾下二〇一六）。入国の可能性が二回という指摘があるように、基本的には長秀自身が在国するのではなく、佐和山など国外から指示する形で進めたと考えられる。一見すると条件が厳しいようにみえるが、若狭は他国と比較して、織田権力が国内へ浸透するには、次節に述べるように有利な条件が揃っていたとみられる。

織田権力を受け入れる土壌　戦国期の若狭は、守護武田《たけだ》氏と家臣・国衆《くにしゅう》が対立関係にあり、隣国越前から朝倉氏の侵攻を受けていた。永禄一一年(一五六八)八月には、武田孫八郎《まごはちろう》(元明《もとあき》)が朝倉義景《よしかげ》により越前へ連行される事件が発生している。一方で同年九月には、織田信長が足利義昭《あしかがよしあき》を奉じて上洛《じょうらく》し、義昭が将軍に就くと若狭国内の衆の多くは、信長・義昭との関係構築に努めた(河村二〇二一a)。若狭の国衆・寺社は、武田時代の権益を保障してくれるのは幕府・信長と認識しており、元亀元年の武藤友益《むとうともます》征伐に際しては、先遣隊として出された明智光秀《あけちみつひで》が熊川《くまがわ》(若狭町熊川)へ入ると、「武田家中」が迎えたという(三宅家文書、『信長公記』『国吉籠城記』)。このように若狭には、武田家中の崩壊、朝倉氏介入への反感という織田権力を受け入れる素地があったといえる。

若狭における長秀の権限　前項でみたように織田権力が受け入れられる条件はあったが、若狭は信長から与えられた領地であり、支配を進めるには、統治の権限、政策の主導性、主君である長秀と織田信長との関係が問題となろう。

そこでいくつかの事例をみていくと、信長の命を受ける形としては、謀反人《むほんにん》の追捕《ついぶ》、敵地への米の移送阻止といった事例が確認される(溝口文書)。これらの事例は、長秀には若狭において治安の確保、流通を統制するという権限があったとことを示す。さらに軍事行動には、国衆を動員した。これも若狭一国に関わる権限といえる。この場合、長秀は国衆を指示・動員する立場にあり、後北条《ごほうじょう》氏などの事例からいえば(黒田一九九七)、指南に近いと考えられる。

ここまで記したように長秀は、通常小浜《おばま》に滞在せず、佐和山などから若狭国内へ指示を出したものとみられる。そうした状況下で出された裁定には、入国に伴う、寺社領の安堵《あんど》(長源寺文書ほか)、国衆の諸職《しょしき》の安堵(白井文書)などがあり、その他、天正一〇年以前には、若狭国内の鋳物師《いもじ》たちへ特権を安堵した事例が確認される(真継文書)。

このように統治のための裁定は確認できるが、これらは長秀の独自の判断なのかを考慮する必要がある。天正七年四月には、丹生浦《にうら》(美浜町丹生)と竹波《たけなみ》(美浜町竹波)の網場をめぐる争いについて、長秀が室町幕府以来の裁定の効力を認めた裁定を出している(功刀二〇一一)。この裁定について、信長の決裁をうけたもので(奥野一九八八)、臨時的な権限に過ぎない（藤井一九九四）といった評価があるが、境界などの地域間、国衆間など当事者同士では解決できない問題については、守護（武田氏）と同様に若狭の支配者として長秀が裁定したと考えられる。

寺社領への対応　さて長秀の若狭支配において見逃せない事例としては、寺社領への安堵が挙げられる。特に天正六年の遠敷郡羽賀《はが》寺《じ》の事例は、長秀の若狭支配だけではなく、織田権力と朝廷の関係を考えるうえでも重要な事例である。青蓮院《しょうれんいん》末寺である羽賀寺は、勅願所《ちょくがんじょ》であるのと同時に若狭武田氏の祈願所《きがんじょ》となっていた。だが、天正六年に羽賀寺領は信長により収公《しゅうこう》が命じられた（羽賀寺文書）。信長が羽賀寺領を収公しようとした理由は不明だが、羽賀寺と織田権力とは一時敵対関係にあったと考えられる（朴二〇〇〇）。寺領収公によって羽賀寺が危機に陥ったことは確かである。この事態に対し、羽賀寺は、本寺である青蓮院を通じ、朝廷を動かそうとしたとみられる（羽賀寺文書）。羽賀寺からの要請で朝廷に働きかけた結果、朝廷側は、摂津《せっつ》有岡《ありおか》（兵庫県伊丹市）に出陣中の丹羽長秀に勅使《ちょくし》を派遣し、収公を防ごうとした（羽賀寺文書）。そもそも朝廷が寺領収公を防ごうとしたのは、羽賀寺が勅願所であるためとされる（松浦一九九四）。

この羽賀寺領の問題は、寺領没収を図る信長と阻止したい朝廷が衝突し、両者の関係が悪化しかねない状況になった。そうした状況下で長秀は信長の意向によらず、朝廷の意向を受けて羽賀寺領を安堵した（羽賀寺文書）。この問題は、信長と朝廷をめぐる問題、もしくは信長と地方寺院の観点から取り上げられることが少ない。これは一寺領の問題だが、信長と朝廷の関係を考えるうえで注目すべき問題であり、若狭国内では長秀の判断が信長の意向を超えたことに注目すべきである（功刀二〇一二）。

若狭支配を支えた国衆の存在　先に述べたように織田権力に友好的な国衆の存在は、若狭支配を進めていくうえで寄与するところが大きかったと考えられる。他国への出兵では、「若狭よりハ孫犬（武田元明）・内藤・熊谷《くまがい》・粟屋《あわや》（勝《かつ》久《ひさ》もしくは勝長《かつなが》)・逸見《へんみ》(昌経《まさつね》)・山県下野《やまがたしもつけ》(秀政《ひでまさ》)出づべく候、是ハ五郎左衛門尉申し遣すべく(若狭からは武田元明・内藤・粟屋・逸見・山県が出兵する。この出兵は丹羽長秀を通じて命じられた)」(『立入左京亮入道隆佐記』)とあるように、国衆(武田旧臣)たちは長秀の与力《よりき》とされた(ただし家臣とは位置づけられない)。これらの国衆は、「若狭衆」「若州衆」と一括して呼称される。

粟屋勝久は、長秀の若狭支配を支えた代表的な国衆といえよう。勝久の所領支配の事例としては、天正七年頃に発生した用水紛争では粟屋勝久と熊谷伝左衛門《でんざえもん》の家臣が「奉行人《ぶぎょうにん》」として裁許《さいきょ》したことが挙げられる。この裁定は寛永八年(一六三一)には、小浜藩が裁定した南前川村《みなみまえかわ》(若狭町南前川)と藤井《ふじい》村(若狭町藤井)の用水相論で前例として伝えられるなど、後世の先例となるような所領支配を行っている。なお、近世に二本松《にほんまつ》藩が編纂した家譜類において勝久は、長秀の婿とされ、家臣扱いされている(『丹羽歴代年譜附録家臣伝』)。また粟屋勝久については、本書コラム❷で取り上げられているので、以下、本稿では長秀支配下の若狭・越前支配時の状況を中心にみていこう。

若狭支配を支えた長秀家臣　続いて長秀家臣の活動に注目してみよう。関連史料は少ないが、発給《はっきゅう》した文書及び宛《あて》所《どころ》となっている文書は散見される。それらの史料から主要な家臣とみなされるのは、溝口秀勝《みぞくちひでかつ》・長束正家《なつかまさいえ》である。彼らは、所領・諸職の安堵に関わった他、丹羽長秀への取次役など、丹羽の若狭支配を支えたとみられる。特に注目すべきは、溝口秀勝である。

溝口秀勝は天正九年に高浜《たかはま》の国衆逸見昌経没後に信長から高浜を直接与えられた。この時、秀勝は、不測の事態があった際には、信長から言上《ごんじょう》を命じられている。これは『信長公記』でみられる秀勝が高浜領を与えられた際に、国の目付《めつけ》として、若州への在国を命じられたという記述を補うものである。これらの史料により秀勝は、織田権力が若狭を支配するうえで大きな役割を担ったといえよう。これは信長の直臣になったことを示し、いわば越前の府中《ふちゅう》三人衆(不破光治《ふわみつはる》・佐々成政《さっさなりまさ》・前田利家《まえだとしいえ》)のように信長から直接知行を与えられ、郡規模を支配する与力となったといえる。

このように溝口秀勝をはじめとする長秀家臣たちに求められた役割は大きく、在国した時期が短い丹羽長秀への支えとなることが期待されているといえよう。

本能寺の変における長秀と若狭国内の動向　さて、天正一〇年六月二日の本能寺《ほんのうじ》の変の発生時には、長秀は四国遠征に赴く織田信孝《のぶたか》に従軍する予定であり、堺《さかい》にいたとされる(『惟任退治記』)。だが、大坂城にいた可能性も指摘されている(尾下二〇一六)。その後六月五日に長秀は、信孝・蜂屋頼隆《はちやよりたか》と共に明智光秀の娘婿津田信澄《つだのぶずみ》を襲撃して討ち取り(『多聞院日記』同日条)、長秀たちは、東上した羽柴秀吉と連携した。次いで六月一三日の山崎《やまざき》の合戦で光秀の軍勢を破った(名張藤堂家文書、『兼見卿記』『惟任退治記』)。

この本能寺の変は、若狭国内にも大きな影響を与えた。まず元若狭守護武田家の武田元明と一部の国衆が明智方につき、没落したことである(『丹羽歴代年譜』『若狭観跡録』)。この時、長秀や秀勝、さらに粟屋勝久は、前述のように織田信孝の四国遠征に従軍するため、上方にいたため若狭には不在であった。そのため越前の柴田勝家との連絡・連携は、留守居として高浜に在城していた秀勝の一族(勝吉《かつよし》・秀友《ひでとも》)、粟屋勝久の子息(家勝《いえかつ》)が担っている(溝口半左衛門家文書)。

清洲会議後の動向と賤ヶ岳の合戦　本能寺の変・山崎の合戦から間もない天正一〇年六月二七日に所謂「清洲会議《きよすかいぎ》」が開かれ、長秀も参加した(小西康夫氏所蔵文書)。長秀は佐和山城を堀秀政《ほりひでまさ》へ譲る一方で(『多聞院日記』同年六月二七日条)、近江高島《たかしま》・志賀《しが》の二郡を得た(浅野家文書)。以後「織田体制」では、織田家の当主三法師《さんぼうし》(後の秀信《ひでのぶ》)を支える宿老《しゅくろう》の一人となった。しかし、秀吉と信孝・勝家が対立し、長秀は秀吉との連携を深めていく。この間に長秀の本拠は佐和山城から坂本城《さかもと》（志賀郡）へ移り、吉田兼見《よしだかねみ》とは坂本城で接見した（『兼見卿記』天正一〇七月一四日条）。
さらに同年一〇月には、近江国高島郡海津城《かいづ》（滋賀県高島市）へ若狭の国衆を配置した（山庄家文書）。このように織田体制内では秀吉方として行動していく。翌年には、若狭方面から勝家の押さえを務め（『多聞院日記』天正一一年閏一月二七日条、上野五左衛門氏所蔵文書）、四月には若狭から越前敦賀《つるが》へ侵攻し、四月二一日には賤ヶ岳《しずがだけ》の合戦に参戦したという（『太閤記』）。

長秀の越前への移封と越前支配　賤ヶ岳の合戦で勝家を破った秀吉は、四月下旬までに北国を平定した。北国平定に伴い長秀は、越前（大野《おおの》郡の一部、敦賀郡を除く）・加賀二郡（能美《のみ》・江沼《えぬま》）へ移封《いほう》・加増され（『柴田退治記』）、越前では北庄《きたのしょう》城を本拠とした（『丹羽家譜』）。このうち、加賀二郡については、溝口秀勝・村上頼勝《むらかみよりかつ》にそれぞれ与え、秀勝は、秀吉から江沼郡の支配について直接指示を受けていること（溝口文書）から、長秀の与力というべき立場であったと考えられる。これは高浜在城時と同様の立場であったといえる。村上頼勝については、関連史料がないものの、秀勝と同じように与力の立場にあったと推定される。また、大野郡勝山《かつやま》には、信長直臣から長秀家臣へ転じたとみられる成田重政《なりたしげまさ》が入っている（久保文書）。

長秀が越前へ移封されたのは、翌天正一一年四月、長秀の死去は天正一三年四月なので、越前を支配したのは、二年間に過ぎない。だが、その支配には注目すべき点もあり、取り上げたい。

まず商人への保護政策の継続が挙げられる。朝倉氏以来の有力商人橘《たちばな》家は、同年の一一月に地子銭《じしせん》など課役《かやく》が免じられている（写真38、橘家文書）。

次いで注目すべきは、河川・山・海・浦の直轄地化である。これは、天正一一年五月に家臣へ知行《ちぎょう》が与えられた時の知行宛行状《あてがいじょう》に「用木ならびに海・川、これを相除き、用木無き之山、領主として申し付けるべきもの也（木材・

海・川は知行から除く、しかし、材木が伐採できない山については知行を認める）」（『丹羽家譜伝』）とあり、知行地から海・川、さらに木の伐採が可能な山は除外するというものである。こうした文言は、越前入国以前の天正一〇年に長秀が発給した知行宛行状にはみられない（石崎文書）。こうした政策は、越前へ入国した天正一一年五月以降、同一二年八月までに発給された知行宛行状にみられる（例外は溝口秀勝領にみられる）。加えて村落の一部を分散して与える形態も確認できる（『土佐国蠹簡集残編』）。こうした知行の給付は、丹羽の家臣が、知行地に在村して支配することを想定しておらず、北庄城下に集住することを想定したものと考えられる。

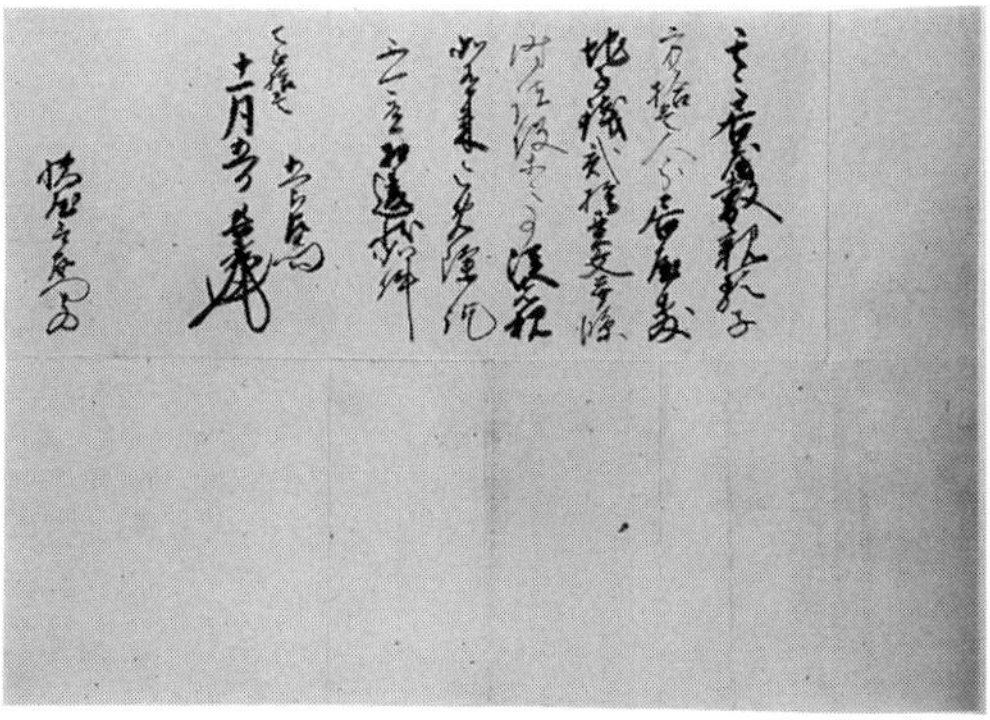

写真38　丹羽長秀諸役免許状

この他、長秀は天正一二年に検地《けんち》を実施しており、実施後には改めて家臣に知行を給付している（『土佐国蠹簡集残編』）。この時の検地奉行には、朝倉氏家臣杉若《すぎわか》氏の一族と考えられる者がおり（青木与右衛門家文書）、朝倉氏家臣の一族が越前支配にあたり、登用されたことが確認される。同種の事例は、朝倉氏家臣の一族の堤《つつみ》氏とみられる者へ知行が与えられたことからも確認される。これらのように越前支配に朝倉氏旧臣、もしくはその一族とみられる者が登用されたことは注目に値しよう（『壁蔵遺珠』）。この検地により設定されたものとしては、その他に蔵入地《くらいりち》がある。これは家臣に知行を給付する際に「余分」となる一部を長秀の蔵入地とするものである。

以上、丹羽長秀による越前支配の様相を述べたが、これまでの研究でも、河川・山・浦の直轄地化、検地などは指摘されている（松浦一九九七）。支配期間が短いとはいえ、長秀の越前支配には注目すべきところがある。

長秀の死　賤ヶ岳の合戦後も秀吉との連携は続き、天正一二年三月の秀吉と織田信雄《のぶかつ》・徳川家康が衝突した小牧《こまき》・長久手《ながくて》の合戦では、八月に尾張へ向かって出陣したが(『多聞院日記』同月二八日条)、一カ月ほどで越前へ帰国し、佐々成政の攻撃に備えている(前田家所蔵文書)。しかし、翌一三年四月には、病に倒れ、死去した。死に際し、自決したと伝えられている(『多聞院日記』同月二五日条)。

長秀の足跡を追っていくと、本能寺の変までは、信長の近臣として忠実に政務・軍事に従事する姿がうかがえる。しかし、信長没後、清洲会議開催時点では、織田家宿老というべき立場にあった長秀だが、秀吉と連携し、柴田勝家・織田信雄などとの織田家中内での抗争を通じ、次第にその勢力下に取り込まれたといえよう。

長秀の若狭・越前支配　以上、丹羽長秀の足跡を追いつつ、若狭・越前支配について述べた。若狭支配については、若狭国内における本人の不在が多く、家臣・国衆に支えられたところが大きい(功刀二〇一一)。この点については、同時期の前線に配置された織田家の武将とは性格が異なる(功刀二〇一一)。次に越前支配では、河川・山・浦などの直轄地化、検地を通じての蔵入地の設定など、注目すべき政策が確認できる。その他には若狭・越前両国ともに旧勢力(武田氏・朝倉氏)の家臣、もしくは国衆の登用も確認される。

冒頭でも述べたように、若狭・越前両国は、長秀にとって縁もゆかりもない地であった。そうした悪条件にかかわらず、支配を可能としたのは、国衆や家臣をまとめ上げた長秀の器量にあったともいえよう。しかし、天正一三年の長秀死後、跡を継いだ長重《ながしげ》(相続時数え年で一五歳)は、家臣の統制に苦慮し、同年の八月に行われた秀吉の佐々成政討伐後、秀吉への謀反を理由として若狭へ移封となった(『丹羽家記』『丹羽歴代年譜』)。寄り合い所帯ともいえる丹羽家臣団を率いての両国の支配は、長秀あってこそ成立したものだといえる。

8　堀秀政（一五五三―一五九〇）・秀治（一五七六―一六〇六）

―信長・秀吉から信頼された名将―

角　明浩

北国の要となる大名

越前《えちぜん》国の北庄《きたのしょう》城主といえば、織田信長《おだのぶなが》の重臣で北陸方面軍の軍団長的存在であった柴田勝家《しばたかついえ》、また福井藩の祖である結城秀康《ゆうきひでやす》が思いあたるであろう。しかし福井藩成立前の豊臣《とよとみ》期において、勝家より長きにわたり北庄城主であった親子がいる。それが「豊臣政権にとって北国支配の要となる大名」（『国史大辞典』）と評されている堀秀政《ほりひでまさ》、そしてその子の秀治《ひではる》である。この二人を、北庄城主時代を中心にみてみたい。

写真39　堀秀政画像

信長の側近として

堀秀政は、天文二二年（一五五三）に美濃《みの》国茜部《あかなべ》（岐阜市西荘）に、堀秀重《ひでしげ》の子として生まれた（『寛政重修諸家譜』など）。織田信長とは一九歳差、豊臣秀吉《ひでよし》とは一六歳差、徳川家康《とくがわいえやす》とは一一歳差である。通称「久太郎《きゅうたろう》」といい、秀政も秀治もその生涯において、しばしば「久太郎」の名で呼ばれた。

秀政は永禄八年（一五六五）より織田信長に仕えたという。同一一年、信長が足利義昭《あしかがよしあき》を奉じて上洛した後、若年ながら、義昭の仮御所となる本圀寺《ほんこくじ》の普請《ふしん》を信長から命じられている（本圀寺文書）。また越前の朝倉義景《あさくらよしかげ》や近江《おうみ》国の浅井長政《あざいながまさ》、畿内の三好《みよし》氏や本願寺《ほんがんじ》など反信長陣営と信長による戦い（いわゆる元亀争乱《げんきそうらん》）の最中、元亀三年（一五七二）八月、義景が近江に出陣し信長と対峙した志賀《しが》の陣において、日時を決めて決戦をしようという信長の申し入れを義景に伝える使者をつとめた（『信長公記』巻五）。

その後、秀政は信長のもとで各種奉行《ぶぎょう》の職を担う。その主な例を挙げると、天正七年（一五七九）五月に安土《あづち》で行われた法華《ほっけ》宗徒と浄土宗徒による宗論《しゅうろん》（安土《あづち》宗論）において、菅屋長頼《すがやながより》・矢部家定《やべいえさだ》・長谷川秀一《はせがわひでかず》など他の信長側近と奉行をつとめ（『信長公記』巻一二）、また同八年閏《うるう》三月に、「伴天連《ばてれん》」（キリスト教宣教師か）に屋敷を与えるため、長頼や秀一とともに、安土城の南で江を掘って田を埋めている（同巻一三）。同一〇年一月に安土城の馬場で催された「爆竹」（左義長《さぎちょう》）では、長頼・家定・秀一らとともに、信長の小姓《こしょう》や馬廻《うままわり》を率い参加している（同巻一五）。

なお秀政は、紀伊《きい》国雑賀《さいが》攻めをはじめ戦陣にも赴いて一軍を率い、さらに、柴田勝家や羽柴《はしば》秀吉ら各方面で戦う織田家の武将たちと信長をつなぐ使者もつとめた。天正六年頃から信長が発給《はっきゅう》した文書の中によく「堀久太郎申すべく候也」（詳しいことは堀秀政が申し伝える）という文言がみられ、秀政は信長の家臣や従属した現地勢力・商人などへの使者をつとめ、信長からの口上を申し述べる取次《とりつぎ》役としてたびたび登場している。また能登《のと》畠山《はたけやま》旧臣の長《ちょう》氏との取次を担うなど、菅屋長頼とともに信長の北陸支配にも関わりをみせている。ただし確認できる限りでは、信長から他大名への外交文書には名前はみられず、信長の側近として、信長と家臣や現地をつなぐ役割を担ったと思われる。

このように織田権力の後半期において秀政は、菅屋長頼・矢部家定・長谷川秀一らとともに奉行や検使《けんし》などをつとめる信長側近の一角であった。

秀政の気遣い　側近といっても、たとえば信長の威を笠に着た高慢な人間のような印象は、秀政からは感じない。秀政の文書を見ると、たとえば天正五年二月二三日、雑賀攻めに従軍している長岡藤孝《ながおかふじたか》の戦功を賞した信長黒印状《こくいんじょう》に付けた副状《そえじょう》において、藤孝を賞するとともに、野外での戦陣で降雨の苦労を慮《おもんぱか》る文言を添え（細川家文書）、また天正六年三月二二日に播磨《はりま》国の小寺《こでら》（黒田《くろだ》）孝高《よしたか》に対しては、秀吉に疎略《そりゃく》なきことを信長に申し上げて朱印状《しゅいんじょう》が発せられたことへの祝意《しゅくい》を述べている（黒田家文書）。さらに天正一〇年に那波直治《なわなおはる》が稲葉良通《いなばよしみち》のもとを去り明智光秀《あけちみつひで》に仕えようとして、良通の信長への訴えで直治が稲葉家に帰参することになった際には、直治への五月二七日書状で、身上について安心するように伝える（『稲葉家譜』）などしている。

これらはいわゆる人間関係上の慣習的・修辞《しゅうじ》的な社交辞令かもしれないが、少なくとも信長の意を機械的に伝えるのではなく、相手への気遣いや、信長にうまく取り次いだりする様子が、秀政の文書の多くからうかがえるのである。『藩翰譜《はんかんふ》』『常山紀談《じょうざんきだん》』『備前老人物語《びぜんろうじんものがたり》』『名将言行録《めいしょうげんこうろく》』など江戸時代に書かれた編纂物では、北庄城主時代のものを含め、将や国主として秀政の器量を賞賛する逸話を載せるとともに、秀政を「傑出の人」「名人」などと評している。もちろんこれらの内容全てを鵜呑みにはできないにしても、その気遣いや上下諸将からの信頼・敬慕を得た秀政の人となりが、しのばれよう。

秀吉への協力　明智光秀の謀叛で信長が自害した本能寺《ほんのうじ》の変では、菅屋長頼ら多くの側近が信長・信忠《のぶただ》父子に殉じて討死したが、秀政はちょうど、備中《びっちゅう》国高松《たかまつ》城を包囲している羽柴秀吉の陣中への使者をつとめており、変事を免れた。その後、中国から引き返す秀吉の軍にそのまま加わり、山崎《やまざき》の合戦では、羽柴軍の先手である高山右近《たかやまうこん》、中川《なかがわ》清秀《きよひで》らとともに、明智軍と戦った（浅野家文書、金井文書）。

信長死後の体制について、織田家重臣の柴田勝家・丹羽長秀《にわながひで》・羽柴秀吉・池田恒興《いけだつねおき》らが協議した清須会議《きよすかいぎ》の後、秀政は、近江坂田《さかた》郡のうち二万五〇〇〇石について、織田家の直轄領として管理することを先の四人から命じられ（大阪城天守閣所蔵　延岡堀文書）、また織田家の後継者となった三法師《さんぼうし》（信忠の子、後の織田秀信《ひでのぶ》）の傅役《もりやく》（世話係・教育係）になったという（『多聞院日記』）。

会議後、秀吉と勝家との対立が次第に明らかになるなか、天正一〇年九月一八日に秀吉は、京都で秀政および丹羽長秀・長谷川秀一と会談しており（『兼見卿記』同日条）、一方で勝家は同年一〇月六日付で秀政に書状を送り、秀吉の行動に対して苦情を述べるとともに、織田領国の将来への憂いを伝えている（『南行雑録』）。

なお豊臣政権は、一門以外の武将にも「羽柴」名字や「豊臣」姓を与え、擬制《ぎせい》的な血縁制度で諸大名を統制したことが知られるが、秀政は天正一〇年一〇月二〇日の文書に「羽柴久太郎秀政」と署名しており（神照寺文書）、これは秀吉一門以外の武将が「羽柴」名字を称する初例とされる（村川一九九六、黒田二〇一七a）。勝家と対峙するなかで秀吉が、いち早く秀政を自らの陣営に取り込んでおり（堀越二〇〇五）、秀政も織田家旧臣のなかでも早くから秀吉に与《くみ》することを明らかにしている。清須会議後の政局をめぐり、秀政はキーマンの一人であったといえよう。

秀吉と勝家の対立の末、天正一一年四月に賤ケ岳《しずがたけ》の合戦が起こるが、秀政は終始秀吉に味方している。本能寺の変後において秀政は、いち早く秀吉に接近しこれを助けて、その覇業確立のために大きく貢献しており、秀政がいたからこそ秀吉の天下が比較的スムーズに実現したといわれる（谷口一九九八）。なお後に秀吉が関白《かんぱく》になると、秀政は従《じゅ》四位下《しいのげ》・侍従《じじゅう》兼左衛門督《さえもんのかみ》に叙任《じょにん》され、天正一四年には、東郷《とうごう》城主の長谷川秀一とともに昇殿《しょうでん》を許されており、比較的早い時期に、豊臣政権の官位編成のなかに位置づけられていることがわかる。

天正一一年八月には、秀政は近江の佐和山《さわやま》城を与えられ、また同一二年の小牧《こまき》・長久手《ながくて》の戦いでも羽柴方として出陣。徳川家康の本拠を衝く羽柴方の別動隊として三好（羽柴）秀次《ひでつぐ》・池田恒興・森長可《もりながよし》らの陣に加わり、背後をつかれた別動隊が敗走するなかで、ひとり冷静に対処し徳川軍を撃退している（『柏崎物語』『長久手戦記』など）。

越前北庄城主に　ところで勝家亡き後の越前北庄には、清須会議後の政局で秀吉に味方した丹羽長秀が入部し、越前（大野郡の一部と敦賀郡をのぞく）および加賀《かが》国の二郡を領有していた。天正一三年四月に長秀が没すると、その子の長重《ながしげ》が遺領を受け継ぐが、閏八月には家中不和などにより越前と加賀二郡を没収され、後に若狭《わかさ》国も召し上げられ、加賀松任《まっとう》に転封《てんぽう》となる。長重に代わり北庄に入ったのが秀政である。ほかにも丹羽家の転封を機に、丹羽家の家臣であった青山伊賀守《あおやまいがのかみ》が秀吉直臣として丸岡《まるおか》城（福井県坂井市）を与えられた他、東郷《とうごう》城には長谷川秀一が、府中《ふちゅう》城（福井県越前市）には木村重茲《きむらしげこれ》が入るなど、越前には地域を区切って複数の大名領が設定されることになる。

北庄城に入った秀政の支配領域だが、秀政に宛てた羽柴秀吉知行宛行状《ちぎょうあてがいじょう》（金沢市立図書館所蔵文書）による内訳をみると、「越前川北村」「城之橋東」「舟橋分・城之端間」「西方内」「加州江沼《えぬま》郡之内・能見郡之内」と、あわせて一八万八五〇〇石が秀政本知行であった。また加賀江沼郡の四万四〇〇〇石が丹羽家の旧臣であった溝口秀勝《みぞぐちひでかつ》に、加賀能《の》美《み》郡六万六〇〇〇石が同じく村上義明《むらかみよしあき》に与えられ、それぞれ秀政の与力《よりき》とされた。

ただ秀政の支配村名まで明記した知行目録などは現存しておらず、その全容や具体的な範囲は不明な部分が多い。文書発給先の地域分布をみても、坂井《さかい》郡（当時は坂北《さかきた》郡・坂南《さかみなみ》郡。なお、丸岡城主の青山領をのぞく）、および北庄周辺を含めた足羽《あすわ》郡（当時は足羽北郡・足羽南郡。なお、東郷城主の長谷川領と一部錯綜）・吉田郡の大部分が堀家の支配領域であったことがうかがえる（角二〇一五）。

秀政の北庄城主時代の発給文書は、三〇点余りが確認できる。その内容は諸方への知行宛行や諸役免許《しょやくめんきょ》、寺院への寄進《きしん》や禁制《きんぜい》など多岐にわたっている（角二〇一五）。秀政が越前に入って間もない天正一三年閏八月二五日、秀政は多《た》賀源介《がげんすけ》（秀政の弟・秀種《ひでたね》）・古田五郎兵衛《ふるたごろべえ》に「当城天守の用」として金津《かなづ》周辺で縄三〇束の徴収を申し付け、高一〇〇石につき一束という賦課基準も伝えている（多賀家文書）。年不詳だが、北潟《きたがた》の明王院《みょうおういん》に宛てた堀家臣の河瀬貞綱《かわせさだつな》・堀家次連署状案《いえつぐれんしょじょう》には「今度北庄惣構《そうがまえ》・堀普請の儀申し付くべき候へ共（今回、北庄の総構えと堀の工事を申し付ける

写真40　北岸から見た九頭竜川(現在の福井市稲多元町から対岸の舟橋をのぞむ)

が)」(京都大学所蔵「寸金雑録」)とあるので、堀家の時代に北庄城の普請が行われたと考えられる。

上洛する景勝への供応　天正一四年、越後国《えちご》の上杉景勝《うえすぎかげかつ》が秀吉に謁見するために上洛。秀政も、前田《まえだ》家はじめ景勝の上洛途上にある他の大名とともに、その供応《きょうおう》・案内をつとめた。五月二七日から六月一日まで連日、秀政は弟の源介《げんすけ》に、供応についてたびたび指示を下している(多賀家文書)。前田利家《としいえ》や石田《いしだ》三成《みつなり》とも連絡・相談し、「彼方はちとおもくち(重口)なる由、石治(石田三成)御物語り候条、此方よりいかにもかる〳〵(軽々)と仕かけ馳走候へく候(景勝は口が重いと石田三成が言っているので、こちらからいかにも軽々という雰囲気で馳走するよう)」と源介に伝えるとともに、さらに加賀の大聖寺《だいしょうじ》と越前の金津の間まで迎えに出て堀直政《なおまさ》(秀政の従兄弟)らも同道するよう、細かく指示している(同前)。

なおこの景勝の上洛について、上杉家側の日記(上杉家文書「天正十四年上洛日帳」)によると、景勝一行は六月二日に越前に入った後「金津に於いて、堀源介御昼通の御振舞、金津川(竹田川)・くつれ(九頭竜川)の両渡り、何も舟はし(橋)かけられ候事、くつれの渡の端に茶屋を構え、山海の珎菓用意相構え候」とある。金津で昼食がもてなされ、竹田《たけだ》川や九頭竜《くずりゅう》川(写真40)には通行のため舟を連ねた橋が、また九頭竜川の端に茶屋が設けられ、いろいろな珍しい菓子や果物が用意されたようだ。九頭竜川に架橋された舟橋は、現在の福井市舟橋《ふなばし》に、柴田勝家の時代やそれ以前からも存在していたとされ、景勝の上洛以前からすでにあったと考えられるが、竹田川にも舟橋が架けられていたとすると、この時に秀政が用意したのかもしれない。

しかし、上洛を急ぐ景勝は、茶屋に立ち寄らずそのまま北庄に入った。日記によると「座敷その外、御振舞美物《おふるまいびぶつ》筆に識《しる》し能《あた》わず候、御拍子《ひょうし》あり、羽柴左衛門督息（堀親良）七歳に罷り成られ候、太鼓二番うたれ候」とあり、北庄城でも日記に書ききれないほどの盛大な馳走を受け、「御拍子」が催されて、七歳になる秀政の息子（次男の親良《ちかよし》か）が太鼓を演奏したという。

秀吉に謁見した景勝が越後へ帰る際にも、秀政は供応を考えていたのか、帰国した景勝に対し「早々御下国《げこく》、御満足察せしめ候、御帰路の節、御立ち寄り有るべきと存じ、内々相待ち申し候処、直に御通りの段、残り多く存じ候（早々の御帰国、御満足のこととお察しします。お帰りの際にお立ち寄りされるかと思い、秘かに待っていましたが、直接のお帰りで残念です）」と書状で伝えている（上杉家文書）。秀政の気遣いぶりがうかがえる。

秀政から秀治へ　秀政はその後、豊臣政権下の大名として、天正一五年の九州攻めに参陣、また同一六年に秀吉の招請で行われた聚楽第《じゅらくだい》への後陽成《ごようぜい》天皇の行幸《ぎょうこう》に供奉《ぐぶ》している。同一八年に北条《ほうじょう》氏攻めに従軍したが、小田原《おだわら》の陣中で病没した。三八歳であった。なお奥州《おうしゅう》を平定した後にその押さえとして秀政に統治させようと考えていた秀吉は、秀政の急死を聞いて、惜しみ嘆いたという（『三河後風土記』）。秀政の遺骸は海蔵寺《かいぞうじ》（神奈川県小田原市）に葬られ、現在も墓が残っている。

その後の堀家は、秀政の長男である秀治が継ぎ、そのまま北庄城とその周辺を治めた。秀治期には二〇点余りの発給文書が確認できるが、「中野《なかの》門徒」（浄土真宗三門徒《さんもんと》派）への安堵《あんど》・諸役免除、橘屋《たちばな》への地子銭《じしせん》・諸役免除をはじめ、同じく寺社への寄進や禁制、諸役免除の他、用水普請に関する指示などがみられる（角二〇一五）。また文禄二年（一五九三）九月一日には、宿場《しゅくば》に馬を常備し荷物など運送する伝馬《てんま》制度に関して、金津―長崎《ながさき》―舟橋―北庄で荷物を届

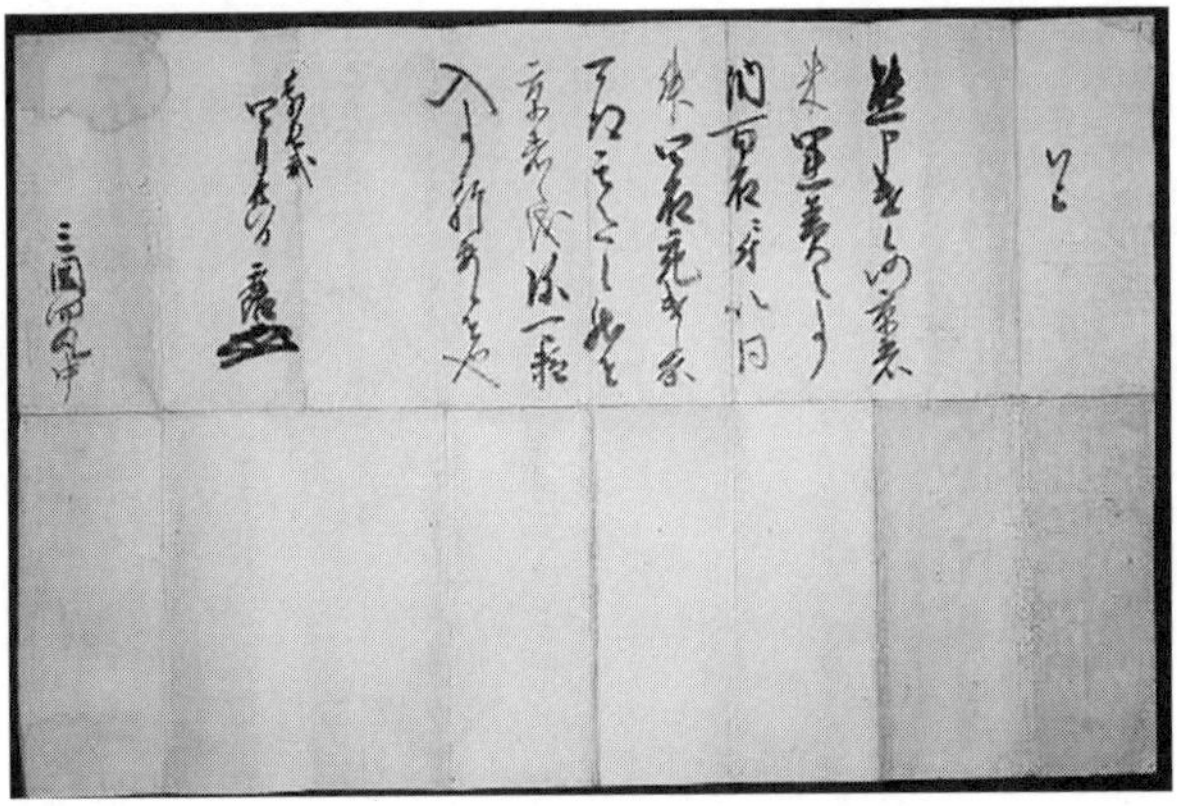

写真41　三国問丸中宛 堀秀治判物

けることなどを指示している（龍田文書）。

さらに、永平寺《えいへいじ》門前百姓らに奉行の書付以外による炭焼きや寺の山木盗伐を禁止した定書《さだめがき》、永平寺からの使僧を通じた音信《いんしん》と、新たに入山した住持《じゅうじ》の支持を伝える書状など、永平寺に関するものもみられる（永平寺文書）。なお鎮徳寺《ちんとくじ》（福井市、曹洞宗）は、越前一向一揆の際に焼亡した永平寺の一九世祚玖《そきゅう》が北庄に逃れて、新永平寺と号して後に北庄城の鬼門《きもん》鎮護として改称した寺院だが、江戸時代の地誌『越藩拾遺録《えつぱんしゅういろく》』には「堀秀政の時は菩提所也」と秀政との関係を示唆《しさ》しており興味深い。

秀治発給文書として他に、慶長二年（一五九七）四月二八日に三国湊《みくにみなと》の問丸《といまる》中に、京都への米の運送について指示したものがある（森田正治家文書）。文書には「納百石に付き同じ升をもって四石ずつ遣わし」とあり、運送米一〇〇石につき四石が問丸中の取り分として、つまり四％が輸送運賃として支払われていたことがわかる（写真41）。当時、越前の三国や敦賀《つるが》、若狭の小浜《おばま》は、畿内《きない》と北国を結ぶ流通の結節点だったこともあり、湊の商人たちが統一政権や北国大名の輸送・廻米《かいまい》などに協力し、代わりに諸役の免除などを受けていたが、堀家も領国から京都への米の輸送に、三国湊の問丸たちの海運力をもってしていたことがわかる。この判物《はんもつ》はまさに、京都や大坂が政治・経済の中心であった豊臣期における北庄城主にふさわしい文書といえる。

本願寺との関わり　北庄城主時代の秀政・秀治において、本願寺との関係についてふれておきたい。近世以降の越前における浄土真宗本願寺派の拠点のひとつ、福井城下の福井別院《ふくいべついん》の由来を記した『福井別院記』には、秀政が浄土真宗に帰依して、長慶寺《ちょうけいじ》（福井市、浄土真宗本願寺派）の「檀越《だんおつ》」（檀家）となり、柳町において「寺地方百間」を寄進し、子の秀治が「殿宇《でんう》」を造営したという記述がある（『大谷本願寺通紀』）。これが現在の本願寺福井別院（西《にし》別院、福井市）だが、同資料によると、別院には秀政の画像があるとされ、実際に福井別院には秀政の肖像画が現存する（写真39）。秀政が「檀越」となった長慶寺は、『越藩拾遺録』によると、秀政が寺地を寄付してその位牌もあるという。なお寺には、秀政が小田原に出陣する前に自ら描いたとされる肖像画が現存する（写真42）。

写真42　堀秀政画像

また秀治期に、秀政の従兄弟である直政から本願寺坊官《ぼうかん》の「下間少将法印《しもつましょうしょうほういん》」に宛てた書状によると、門主の准如《じゅんにょ》から秀治と直政に音信の進物《しんもつ》が贈られており（本願寺文書）、同じく准如宛ての秀治書状には、准如からの音信を謝すとともに、「北庄道場の儀、聊《いささ》か疎略《そりゃく》有るべからざる候、御心安《おこころやす》かるべく候（北庄道場のことについては少しもおろそかなことがないようにするので、安心してほしい）」と伝えている（同前）。この「北庄道場」が、秀政が寺地を寄進し秀治が殿宇を建てた福井別院か、他を指すかは不明である。ただ北庄での本願寺の教線《きょうせん》拠点について、秀治が公認・援助の意思を伝え、准如とも親しい関係にあることがうかがえる（角二〇一五）。

朝倉氏との戦いや、信長による一揆衆《いっきしゅう》の徹底的な虐殺と弾圧にかかわらず、近世に越前が「真宗王国」としてその信仰的素地が連綿と受け継がれ、今に至っている。とりわけ東西両派教線の隆盛《りゅうせい》は、戦国期から江戸期の越前においてめまぐるしく交代した領主のなかで、公然と西別院や北庄道場の存立を助けた秀政・秀治の寛容な姿勢と保護が、少なからず影響を与えていると考

写真43　堀秀政墓（長慶寺）

えられる。二人は本願寺教団にとって、特筆すべき存在だったのではないだろうか。

越後への転封とその後　慶長三年正月、上杉景勝が秀吉から、陸奥《むつ》国の会《あい》津《づ》への国替えを命じられたのにともない、秀治は上杉家旧領である越後の春《かす》日山《がやま》城（新潟県上越市）三〇万石への加増転封を命じられた。こうして二代にわたり北庄城主だった堀家は、越前を去ることとなった。

越後に移った秀治は、越後国内で検地を行い、また慶長五年の関ヶ原《せきがはら》合戦においては家康に味方し、上杉家の策動で越後国内に起こった一揆を鎮圧したが、同一一年に三一歳の若さで病没した。なお林泉寺《りんせんじ》（上越市、曹洞宗）には、笏谷石《しゃくだにいし》製の秀政、秀治それぞれの墓がある。

秀治の後は、息子の忠俊《ただとし》が継いだが、慶長一五年、家老間の対立による御家騒動から、家中不統制を理由に堀家は幕府に改易《かいえき》を命じられる。しかし秀治の弟の親良《ちかよし》をはじめ、一族が大名として分家し、それぞれ信濃《しなの》国の飯田《いいだ》藩・須坂《すさか》藩、越後の村松《むらまつ》藩・椎谷《しいや》藩などの藩祖となった。

秀政・秀治ともに、越前から離れた場所にあってその最期を迎えたが、両者あわせると天正一三年から慶長三年まで一三年にわたって、家としては豊臣期のなかでも最も長く北庄城主をつとめた。両者の発給文書も比較的多く現存しており、秀政が帰依してその墓もある長慶寺（写真43）では、現在でも毎年五月二七日に秀政の法要が執り行われている。信長や秀吉に信頼された秀政と、その後を継いだ秀治の足跡は、確かにこの越前に残っているのである。

9　大谷吉継（一五六五—一六〇〇）
—敦賀に「近世」を運んだ智将—

外岡　慎一郎

大谷吉継の敦賀入部

大谷吉継《おおたによしつぐ》が敦賀《つるが》に領知《りょうち》を得たのは天正一七年（一五八九）のことである。前任の蜂屋頼隆《はちやよりたか》は、織田信長《おだのぶなが》・豊臣秀吉《とよとみひでよし》に仕えた武人であり、また連歌《れんが》や茶に深く通じた文化人でもあった。しかし、継嗣《けいし》のないまま同年九月に死去し、家名《かめい》断絶となった。吉継はその後任である。頼隆の後任には当初「羽柴小吉《はしばこきち》」（秀勝《ひでかつ》。秀吉の甥）が勘当《かんどう》の身を解かれて充てられるという情報もあったようであるが（『多聞院日記』同年一〇月八日条）、実際に後任となったのは吉継であった。西福寺《さいふくじ》（敦賀市原）に同年一二月日付の大谷吉継禁制《きんぜい》が残る（写真44、西福寺文書）。吉継の敦賀入りを待って西福寺が申し請けたと推定されるから、吉継の敦賀初入りは一二月のことであったと考えてよい。

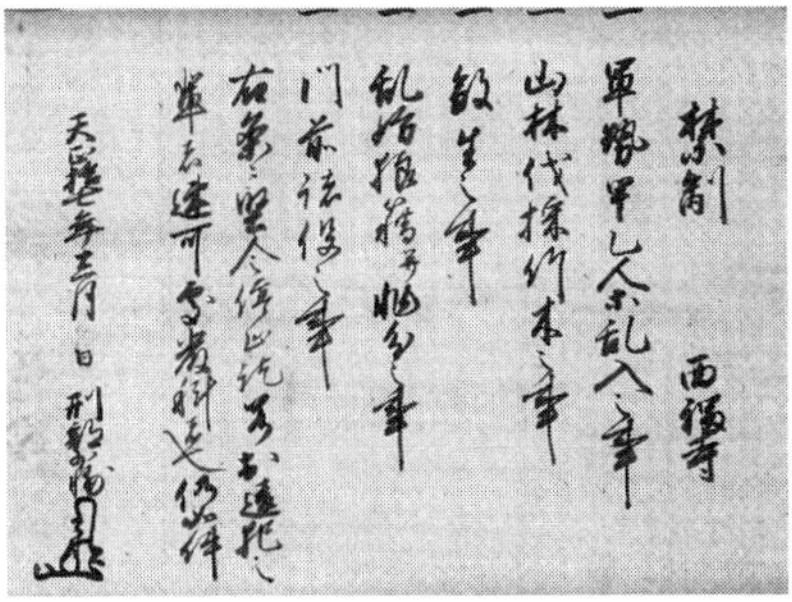
禁制　西福寺
一 軍勢甲乙人等乱入之事
一 山林伐採竹木之事
一 殺生之事
一 乱妨狼藉并賦役之事
一 門前諸役之事
右条々堅令停止訖、若於違犯之
輩者速可処厳科者也、仍件
天正拾七年十二月 日　刑部少輔

写真44　大谷吉継禁制

しかし、吉継は敦賀に長居することはなかったようだ。領主交代にともなう要事を終えたら、早々に大坂に戻るよう促す同年一二月七日付の浅野長吉《あさのながよし》の書状《しょじょう》が届いていた（小宮山文書）。すでに豊臣秀吉は北条《ほうじょう》氏征討《せいとう》と朝鮮出兵《ちょうせんしゅっぺい》を決断し、諸大名に対し具体的指示を下し始めていたから、吉継もまた秀吉のもとに戻らなければならなかったのである。翌天正一八年から一九年にかけて、吉継は秀吉が始めた北条氏との戦争(小田原《おだわら》の陣)に従軍し、北条氏が屈服した後は、秀吉の天下一統事業の総仕上げである奥羽《おうう》地方の検地《けんち》と領知割《りょうちわり》(奥羽仕置《しおき》)に従事することになる。

蜂屋頼隆の遺産　敦賀で吉継を迎えたのは頼隆の旧家臣たちである。頼隆の一族と推定される蜂屋近勝《ちかかつ》(又兵衛《またべえ》)・蜂屋隆長《たかなが》(稲壁《いなかべ》、右京進《うきょうのしん》)は、多くの時日を京・大坂で過ごす頼隆を支えて領国《りょうごく》経営に従事した。頼隆が亡くなると、高野山高室院《こうやさんたかむろいん》に弔問の礼状を届けていることが知られる(高室院文書)。しかし、後述するように、近勝・隆長、そして蜂屋市兵衛《いちべえ》がそれぞれ吉継のもとで高持《たかもち》の家臣となり、領国経営に従事してゆく。

古代以来、敦賀は日本海沿岸諸地域や対岸諸国からの文物を京・大坂方面に供給する拠点としての歴史を歩んできた。豊臣秀吉はこの地に城を築き、その歴史に新たな一ページを加えようとしていた。蜂屋頼隆は秀吉が天下人《てんかびと》への道を歩み始めた天正一一年に敦賀に領知を与えられ、秀吉の構想を形にする事業を託された人物なのである。

吉継はこれを継承し、それを仕上げる役割を負うことになった。ゆえに、近勝・隆長らが頼隆の遺志を継ぎ、働く意思を示せば、これを歓迎したであろう。ちなみに、頼隆の知行《ちぎょう》は「越前《えちぜん》五万石」といわれる(『多聞院日記』同年一〇月八日条)。ところが、頼隆は敦賀に移る前、信長から和泉《いずみ》一四万石をあたえられていたため減封《げんぽう》にもみえる。この間、頼隆に瑕疵《かし》があり、秀吉の不興《ふきょう》を買ったということは確認できない。むしろ、秀吉の側近衆の一員として、連歌や茶の催しには必ず選ばれてその席にあったから、敦賀移封《いほう》も秀吉が意図した人材配置と考えるのが穏当である。

吉継は敦賀郡二万石余が初めての領知、領国経営である。しかし、吉継もまた秀吉に選ばれ、頼隆が残した家臣たちとともに秀吉の構想を形にしてゆくのである。

戦争と地震　戦争や自然災害がその土地の歴史に大きな刻印を残すことはいうまでもない。敦賀もまたその例外ではなく、蜂屋頼隆・大谷吉継の領知にも一定の影響を及ぼすことになったと推定される。

遡って元亀元年(一五七〇)四月、越前朝倉《あさくら》氏攻略のため若狭《わかさ》経由で敦賀に兵を進めた織田信長は、天筒山《てづつやま》城を力攻めにして陥落させ、金ケ崎《かねがさき》城に籠る朝倉景恒《かげつね》を誘降《ゆうこう》して敦賀を占領した。この戦いのなか、気比《けひ》社の社家《しゃけ》たちが朝倉方について奮戦し、結果、気比社は壊滅、社家にも戦死するものがあり断絶の危機に瀕した。この時に壊滅した気比社の社殿《しゃでん》などは、信長侵攻のおよそ半世紀前に朝倉氏の全面的支援を得て再興されたものである。浅井長政《あざいながまさ》の不穏な動きに接して信長はまもなく撤退し、再び敦賀は朝倉氏が回復した。しかし、さらなる気比社再興の機会もないまま、天正元年、再び越前に兵を進めた信長により朝倉氏は滅亡させられてしまう。信長が敵対した気比社の復興を企図することはなかった。

そして、秀吉の時代、蜂屋頼隆・大谷吉継も気比社の復興には手を付けず、敦賀津《つるがつ》に接する地に新しい城を築いたのである。中世敦賀津は気比社を中核にして発展を遂げてきた(外岡一九九六、若狭路文化研究会二〇一八)。その歩みを停止させて城を築いた頼隆・吉継の時代が、敦賀の歴史の大きな転換期となる可能性を有したことは疑いない。ちなみに、気比社の再興が成るのは、その城がすでに廃れた後の慶長一九年(一六一四)、松平忠直《まつだいらただなお》領知時代のことである。

次に、天正一三年一一月、現在の近畿〜中部地方の広い範囲に未曽有《みぞう》の災害をもたらす大地震が発生した。「天正《てんしょう》地震《じしん》」の名でよばれることになるこの地震の被災状況を伝える史料のなかには、越前北庄《きたのしょう》、敦賀、日本国中在々所々滅亡に及んだとの文言がみえる(長滝寺文書)。若狭湾に津波が押し寄せたとの情報もあり(『兼見卿記』同年一一月二九日条)、まずは敦賀の重大被災は疑いようのないところである。

被災の規模、実情が史料的に確かめられないのは残念であるが、蜂屋頼隆にはその規模、実情に応じた何らかの行

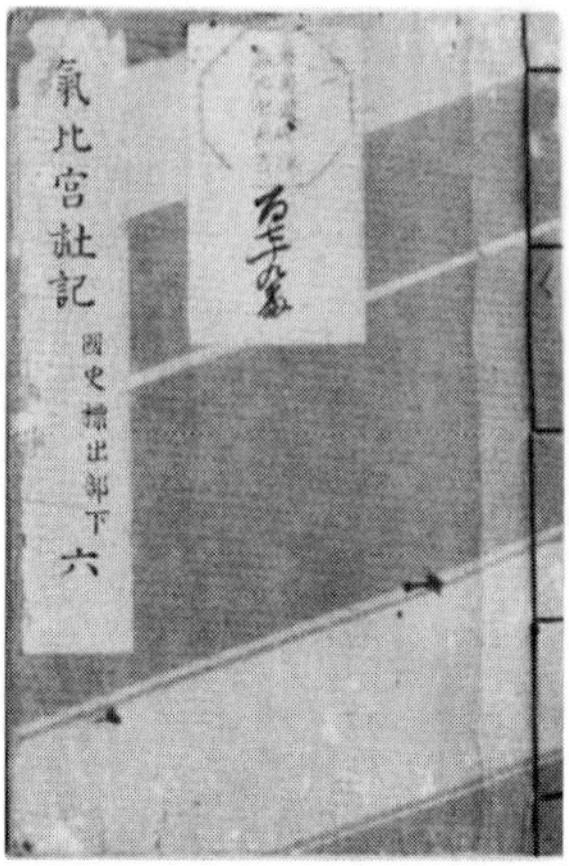

写真45 『気比宮社記』

動が求められたことは容易に想像できる。また、城を中核に据えた新たなまちづくりを実現するという動きのなかでは、重大被災がこれを加速させるという側面もある(ショック・ドクトリン)。

鎌倉時代の気比社領目録 江戸時代の気比社家平松周家《ひらまつちかいえ》が撰述した気比社の社誌『気比宮社記《けひぐうしゃき》』(写真45)には、建暦二年(一二一二)九月日付「気比宮神領作田所当米已下所出物等惣目録《しんりょうさくでんしょとうまいいかしょしゅつもつとうそうもくろく》」(以下、社領目録と略す)が載せられている。社領目録は、社領の年貢《ねんぐ》・公事《くじ》や気比神人《じにん》の交易活動を前提とした貢納物《こうのうぶつ》などからなる収入目録と、神宮寺《じんぐうじ》の仏事、気比社の神事費用や宮司などへの給分《きゅうぶん》(在京《ざいきょう》する大宮司《だいぐうじ》給分の運賃含む)などからなる支出目録から構成され、気比社の活動の全容が把握できる内容となっている(外岡一九九三)。気比社研究の最重要史料といってよい。

周家はその学究的態度によって、『気比宮社記』に収録した文書・記録類についての書誌情報を掲載している。社領目録については、気比社家の角鹿《つのが》(嶋《しま》)・河端《かわばた》・平松の各家が所持していた記録に拠ったが、それぞれ「脱誤」(脱字・誤字)が多く、文章にも異同があって判断は難しかったこと、平松家の記録には、文禄二年(一五九三)二月一日に「越府《えつふ》」(越前国府《こくふ》・府中《ふちゅう》)で写したという書写奥書があると記している。織田信長の越前侵攻から二〇余年、越前国府に赴き、社領目録を確認、書写した社家があったのである。一時は壊滅の危機に瀕した社家も立ち直りつつあったことを示す情報である。

また、越前国府(府中)に保管される社領目録の写本《しゃほん》が存在したのであれば信頼性が高い。室町時代の守護《しゅご》斯波《しば》氏の府中守護代《しゅごだい》、これを継承したといわれる朝倉氏の府中奉行人《ぶぎょうにん》、織田信長配下の府中三人衆(不破光治《ふわみつはる》・佐々成政《さっさなりまさ》・前《まえ》田利家《だとしいえ》)と、それぞれ越前を支配した武家はかならず国府(府中)に特定の代官《だいかん》をおいた。土地台帳などの行政史料がここに保管されていたからであろう。後述するように、文禄二年の段階で府中は大谷吉継の支配下にあった。そうした便宜もあったのだろう。ただ、吉継自身は朝鮮に出陣中であった。明《みん》の参戦、朝鮮の抵抗など厳しい軍事情勢のなかにあった。社領目録の書写奥書が記された文禄二年二月には、幸州山城《ヘンジュサンソン》(大韓民国京畿道《キョンギド》)の激戦も経験している。吉継が朝鮮から帰国するのは同年五月のことであるから、社家が府中に赴いた背景に吉継の存在をみることは難しい。

しかし、筆者は大谷吉継の出自を青蓮院門跡《しょうれんいんもんぜき》(京都市東山区粟田口《あわたぐち》)周辺(坊官大谷家)に求めている(外岡二〇一六)。中世荘園《しょうえん》制の枠組のなかで気比社は青蓮院支配下にあり、平松周家が『気比宮社記』を撰述したのも、青蓮院門跡の下命によるものであった。青蓮院門跡との関係は信長・秀吉の時代を越えて江戸時代まで継続する。その意味で、吉継は気比社再興に無関心ではなかったと考えている。

敦賀五万石　大谷吉継の領知について、「敦賀五万石」という表記で示されることがある。前任の頼隆も「越前五万石」(前掲『多聞院日記』)であった。ただ、敦賀郡は二万石余の石高しかない。吉継が敦賀に領知を得た時の石高はその二万石余であったと考えられている。

吉継が秀吉から給分を得たことを示す史料としては、天正一一年八月一日付の羽柴秀吉判物《はんもつ》(金沢市立玉川図書館所蔵　津田文書)が知られる。この文書は、津田小八郎《つだこはちろう》に授与した播磨《はりま》国揖東《いっとう》郡・矢田《やた》郡内所々の知行目録であるが、揖東郡越部《こしべ》下庄《しものしょう》「弐百石」については「大谷紀介《きのすけ》(吉継)分」と記されている。その後、敦賀に領知を得るまでに加増はあったと考えられるが、城持《しろもち》大名になるのは初めてのことで、知行高も格段に増加したといえる。

そして、いよいよ五万石に届いてゆくのは、奥州仕置から帰還してまもなくのことである。天正一八年一二月、奥州仕置で協働した上杉景勝《うえすぎかげかつ》の家臣色部長真《いろべながざね》に宛てた同月一八日付の書状で、「越前府中木村常陸介《きむらひたちのすけ》知行分」を拝領《はいりょう》し

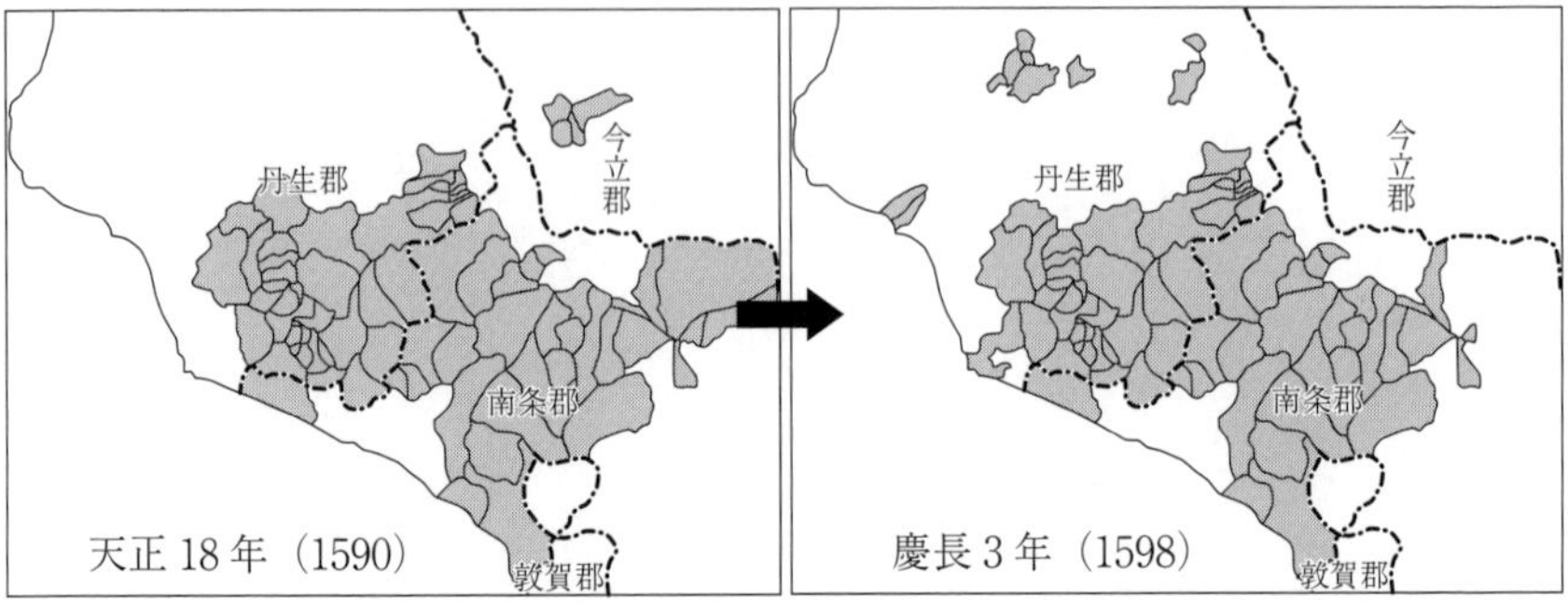

図１　大谷吉継領の変遷

たと述べている（色部文書）。木村常陸介（実名は重茲《しげこれ》など複数伝わる）の領知は越前府中一二万石、奥羽仕置では吉継とともに出羽《でわ》国内の検地に従事した（秋田藩家蔵文書、『上杉家御年譜』）。木村が府中を動くことはなく、吉継の加増は、木村知行分のうち二万六九四四石で、南条《なんじょう》郡・丹生《にう》郡・今立《いまだて》郡の六三カ村に分布していたことが、「大谷吉継府中郡知行物目録」により知られる（図1左、宮川源右衛門家文書）。

なお、吉継の領知高は慶長三年のいわゆる太閤《たいこう》検地実施の後、割り替えにより今立郡内の領知は失ったものの、慶長三年九月吉日付「越前国府中郡在々高目録」（馬場善十郎家文書、以下、「府中郡目録」と略す）によれば、差し引き三〇〇〇石ほどの加増となった（図1右、馬場善十郎家文書）。これでようやく五万石を超えることになった。吉継の領知を「六万石」と記す史料があるのも（『鹿苑日録』慶長二年九月二四日条）、そうした事情による。

ところで、領知高（石高）は当該地域の社会的総生産を米高換算で示した数字であるが、豊臣大名はその領知高に応じた軍役《ぐんやく》を課されることになった。朝鮮出兵については一〇〇石あたり五人の軍兵動員という基準があったという（中野二〇一九）。これに従えば、吉継は二五〇〇人の動員を求められたことになる。

家臣団構成　吉継が本格的に家臣を抱えるのは、敦賀領知を得て以降のことと考えられる。吉継にはいわゆる譜代《ふだい》の家臣はいなかったからである。蜂屋近勝ら蜂屋頼隆の旧臣を抱える選択をした背景には、彼らの実績を買うという判断とともに、そうした吉継固有の事情も存在した。ただ、頼隆は和泉《いずみ》で一四万石、越前で五万石を領知していたのである。旧臣すべてを抱え込むことは困難であったかもしれない。

さて、吉継の家臣については現状で九〇人余が確認できる。江戸時代の大名家には給人帳《きゅうにんちょう》などと呼ばれる家臣の名簿が残されていて、これによって家臣団構成が判明する場合が多い。しかし、廃絶した大名家、とくに関ケ原《せきがはら》合戦で敗北、廃絶となった大名家についてはは同質の史料は残されないので、家臣団構成を知ることはできない。

ところが、吉継の場合は事情が異なる。先ほど紹介した慶長三年の「府中郡目録」は、府中郡における吉継知行分の村付《むらづ》けと家臣の知行高を載せる史料だからである。今ここでその全容を紹介する紙幅はないが、家臣団構成の特徴を記しておきたい。「府中郡目録」には五四人の家臣の名前と知行高が記されている。これら家臣は敦賀郡内にも知行高があった可能性があるので、家臣個々の総知行高がここに示されているわけではないし、また、吉継の家臣すべてがここに名を連ねているわけでもないことは、「五四人」という数字でわかる。ただ、家臣団構成を考える史料としては充分活用できる。

慶長三年の加増分を加えて府中郡内約三万石のうち、二万三八〇〇石ほどが家臣に分け与えられている。掲出する表3は、知行高五〇〇石以上の家臣の一覧である。敦賀で吉継を迎えた蜂屋市兵衛・蜂屋近勝・蜂屋隆長の名もある。彼らは同じく表

表３　大谷吉継家臣知行高上位者一覧

家臣名	知行高石／斗升合
下河原宗右衛門尉	3107/994
蜂屋市兵衛	2212/419
蜂屋又兵衛（近勝）	2150/260
高橋次郎兵衛	1119/950
佐藤小安右衛門尉	1000/000
井口六左衛門尉	879/542
蜂屋右京進（隆長）	759/999
新城新左衛門尉	699/542
古川太郎衛門尉	599/981
松原孫右衛門尉	550/000
河崎十大夫	530/000
若林五左衛門尉	514/077
下河原平右衛門尉	500/070

にみえる下河原宗右衛門尉《しもがわらそうえもんのじょう》・高橋次郎兵衛《たかはしじろべえ》・井口六左衛門尉《いぐちろくざえもんのじょう》らとともに領国経営を担っている（西方寺文書、永賞寺文書、秦実文書、道川文書）。若林五左衛門尉《わかばやしござえもんのじょう》は吉継の使者口上《ししゃこうじょう》を携えて活動している（西福寺文書、小宮山文書、『鹿苑日録』慶長四年一一月二二日条など）。吉継の側近衆であったと考えられる。

新城《しんじょう》・松原《まつばら》・河崎《かわさき》については履歴を追えないが、これら高知行の家臣を含め、家臣団はおおよそ敦賀在住の留守居《るすい》的な集団と、大坂・京に常住した吉継の周辺に在り、敦賀と大坂・京を往還する集団とに分けられるように感じられる。豊臣大名の一般的な姿ともいえるだろうが、秀吉の身辺雑事を担うところからスタートした吉継にとっては充分な成長、成功である。

太閤板と敦賀湊　慶長二年九月二四日、伏見の「華第」、すなわち吉継邸で、秀吉・家康《いえやす》らを招いた盛大な饗宴が催された。この宴で接客にあたったのは養子の大学助《だいがくのすけ》（吉治《よしはる》）であった（『鹿苑日録』同日条）。吉継は、これに先立つ文禄三年一〇月、湯治《とうじ》に訪れた草津温泉《くさつおんせん》（群馬県吾妻《あがつま》郡草津町）から直江兼続《なおえかねつぐ》に書状を認《したた》めている。ここで吉継は、眼を患い花押《かおう》を据《す》えられないので判形《はんぎょう》で失礼すると述べている（吉川金蔵氏所蔵文書、『新潟県史』史料編）。そして、その後、同五年（一〇月二七日に慶長に改元）までの期間、文書《もんじょ》などで吉継の行跡を追うことができない。この宴が吉継の引退、後継者披露セレモニーであった可能性は高い。

しかし、隠居の身とはいえ、仕事は残されていた。慶長二年前後といえば、まずは文禄五年閏《うるう》七月一三日に発生した大地震（慶長伏見《けいちょうふしみ》地震）で倒壊した伏見城（京都市伏見区）の再建など、一連の復興事業にともなう資材調達基地としての敦賀湊の運用である。敦賀に新しい城を築き、政策的流通拠点として高度化を図ってきた蜂屋頼隆、そして吉継の実績が評価の俎上《そじょう》に載せられる時が来たといえるのかもしれない。

調達資材の核となるのは木材である。出羽地方の木材産地で規格サイズにプレカットされた板材（太閤板《たいこういた》）を船積みして敦賀に陸揚げし、琵琶湖《びわこ》経由で伏見などに運んだ。秀吉一流の合理的手法である。吉継は敦賀で陣頭指揮にあたったわけではないが、吉継の差配で作業が進められたことを示す史料には事欠かない（道川文書など）。材木は用途により丸太の状態で届く場合もあったようであるが、荷下ろしした船が空船《からぶね》のまま出羽に戻ることはあるまい。災害特需で敦賀湊に集う商人たちには大きな商機が訪れたのである。

豊臣秀吉の死、関ヶ原合戦　慶長三年八月、豊臣秀吉が死去する。主を失った豊臣政権の最大課題は朝鮮での戦争を止め兵員を帰国させることであったが、吉継はこれに直接関与した形跡はない。しかし、領国経営でいえば慶長三年は越前国検地（太閤検地）の年であり、敦賀郡では六月から七月にかけて実施されている。

また、この年一二月には京都北野社《きたのしゃ》（京都市上京区）松梅院禅昌《しょうばいいんぜんしょう》と大酒に及ぶことがあった（『北野社家日記』同月一九日条）。過ぎにし慶長二年九月の宴の折、「刑少久しく所労《しょろう》なり、悪疾たるをもって五六年出ず（大谷吉継は長らく病気である。治りにくい病なので五、六年表に出てきていない）」（『鹿苑日録』同月二四日条）と記された重病説を覆す快復ぶりをみせている。そして、秀吉の死後、徳川《とくがわ》家康との権力闘争に敗れた石田三成《いしだみつなり》が慶長四年閏三月に豊臣政権から離脱すると、豊臣秀頼《ひでより》幼少という条件のもと政権の実質的首班となった家康や豊臣奉行衆（増田長盛《ましたながもり》・長束正《なつかまさ》家《いえ》・前田玄以《まえだげんい》）らとともに、豊臣政権が直面する諸課題に向き合ってゆく（石畑二〇一二、外岡二〇一六）。宇喜多秀《うきたひで》家《いえ》家中《かちゅう》の権力闘争には吉継自身が仲裁を試みている（『慶長見聞書』など）。島津《しまづ》家重臣伊集院忠真《いじゅういんただざね》の反乱に際しては、当主忠恒《ただつね》を支える書状を認めている（島津家文書）。

しかし、慶長五年七月、吉継は三成の居城《きょじょう》佐和山《さわやま》（滋賀県彦根市）を訪ね、三成が示した家康打倒の計画に賛同した。家康は上杉景勝の謀反《むほん》鎮圧を名目に関東に下っていた。日増しに強まる家康の存在感に接した吉継が、秀頼の未来に大きな危惧を抱いた可能性は高い。秀吉生前から誰よりもその権力伸長を恐れた三成と協働する動機は充分にあ

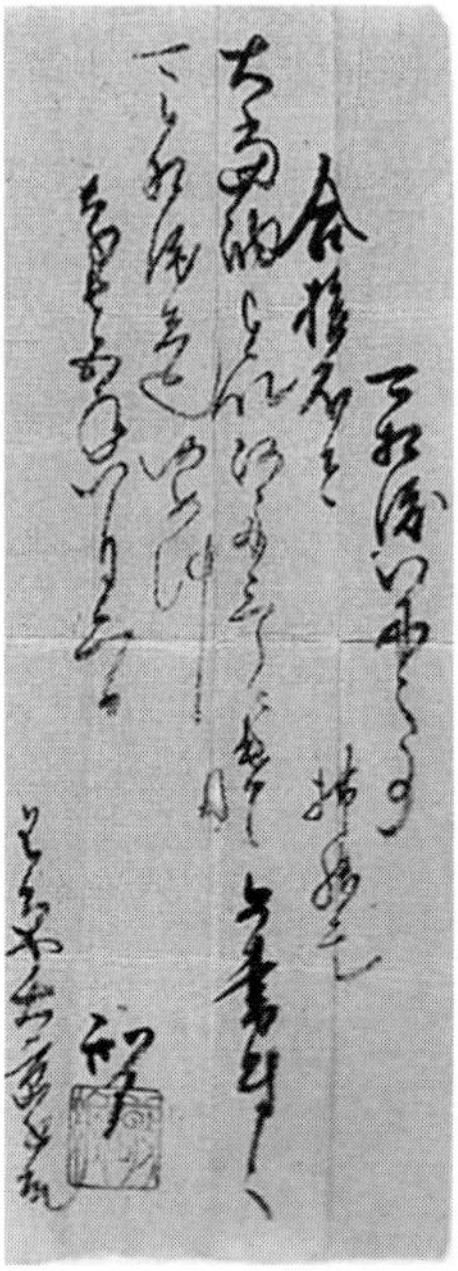
写真46　大谷吉継黒印状

った。

慶長五年八月二日付で吉継は黒印状《こくいんじょう》（写真46）を発し、河舟三郎《かわふねさぶろう》に米を遣わすよう蜂屋隆長に指示している（道川文書）。家康の留守居が守る伏見城が小早《こばや》川《かわ》秀秋《ひであき》・鍋島勝茂《なべしまかつしげ》らの活躍によって陥落する直前に伏見を離れた吉継は、七月三〇日ごろ、敦賀に向け大坂を発つ（『類聚文書抄』）。すでに金沢を発って大聖寺《だいしょうじ》城（石川県加賀市）を落とし、越前国内に侵入してきた前田利長《としなが》の軍勢に対処するためである。軍記類の記述によれば、吉継は敦賀から北上して、まず東軍・堀尾吉晴《ほりおよしはる》留守居の府中城に押さえの軍勢を置き、西軍・青木一矩《あおきかずのり》が籠る北庄《きたのしょう》を目指したという（『慶長見聞書』など）。

なお、前述の黒印状と同日付で今泉《いまいずみ》浦（南越前町今泉）に禁制を授与しているから（西野次郎兵衛家文書）、吉継は敦賀から海路今泉浦に着き、府中に向かった可能性もある。しかし、利長は突然軍勢を金沢に戻してしまい、結局吉継と利長が交戦することはなかった。軍記・伝記類の記述では、吉継には海路金沢を目指す計略があるとの謀報に利長が惑わされたことになっている（『武辺咄聞書』など）。真偽のほどはわからない。

吉継はそのまま越前に滞陣する。そして八月二三日、西軍の拠点岐阜《ぎふ》城陥落の報を得て越前の陣を解き、決戦の地関ヶ原に向かい、秀吉死後の豊臣政権をともに支えた家康と戦い、命を落とすのである。

10　京極高次（一五六三―一六〇九）

―近世小浜城下町の基礎を築く―

徳満　悠

京極高次のイメージ

京極高次《きょうごくたかつぐ》について、はっきりとしたイメージを浮かべることができるだろうか。率直なところ、ちょっと難しいのではないかと思う。京極氏という名門に生まれながらも半生はあまり浮かばれず、妹や妻といった親族女性の助けでなんとか出世した、といったところだろうか。キリシタンの関係で名前が挙がることもあるだろう。あるいは、高次本人よりも妻の初《はつ》（浅井《あざい》長政《ながまさ》の次女）の方が有名かもしれない。

写真47　京極高次画像（模写）

高次が若狭《わかさ》国を領国として支配したのは、慶長五年（一六〇〇）から一四年のわずか九年間である。これは酒井《さかい》家を含めた歴代小浜藩主《おばまはんしゅ》の中でも短い部類に入る（入国・死去の時期を考慮するとさらに短い）。さもありなんというところか。とはいえ、高次が若狭を治めた九年間は、その後数百年続く江戸時代の最初期であり、社会が中世から近世へと変化する時期であった。本稿では高次の若狭支配を追いつつ、若狭が近世社会へと向かう様子をうかがってみたい。

高次の出自　まずは高次本人について、その出自などを確認しておこう。高次は永禄六年（一五六三）、当時の京極家当主京極高吉《たかよし》と、近江《おうみ》北部で勢力を伸ばしていた国人《こくじん》・浅井久政《ひさまさ》の娘との間に生まれた。母は後にキリスト教に改宗し京極マリアとして有名な人物だが、父高吉は系図などに名前が見えるものの、間違いなく存在したという確証はない。中世の京極氏（佐々木《ささき》氏）の系図に見える「高慶《たかよし》」という人物が高吉に当たるという（太田二〇〇三）。京極氏は室町幕府の四職《しき》家の一つであり、近江・出雲《いずも》・隠岐《おき》・飛騨《ひだ》などの守護《しゅご》を兼任した有力守護家であったが、一六世紀に入ると守護任国各地で新興勢力が台頭し、勢力を弱めていた。高次が生まれたのは、まさにこのころである。

元亀元年（一五七〇）、高次は人質として織田信長《おだのぶなが》のもとに送られた。これは高吉、あるいは市《いち》（信長の妹）との人質交換であったと考えられている。以降、高次は信長の家臣として活動することとなり、槇島《まきしま》城（京都府宇治市）の戦いや伊賀《いが》攻めなどに加わっている。丸亀《まるがめ》藩に伝わる『京極御系図《きょうごくおんけいず》』によると槇島城の戦いでは先陣《せんじん》に加わり、褒賞《ほうしょう》として近江国内に五〇〇〇石の領地を与えられたという。ところが、本能寺《ほんのうじ》の変によって高次を取り巻く状況は一変してしまう。

本能寺の変と高次　天正一〇年（一五八二）六月に本能寺の変が起こると、高次は明智光秀《あけちみつひで》方として行動した。『京極御系図』では、京極氏の復興を目論んだ江北《こうほく》の浪人《ろうにん》たちに強いられて大将となり長浜《ながはま》城を攻めた、とあるが、実際には光秀に誘われて加担したのだろう。これにより、高次は豊臣秀吉《とよとみひでよし》の怒りを買ってしまう。このとき鍵となるのが、妹で秀吉の側室となる龍《たつ》（後の松《まつ》の丸殿《まるどの》）である。『京極御系図』などでは松の丸殿の計らいによって許されたとされているが、秀吉の政治的な思惑もあったのではないだろうか。余談だが、このとき同じく光秀に加担した若狭守護武《たけ》田元光《だもとみつ》は許されずに自害させられている。理由はともかく秀吉に許された高次は、天正一二年、近江高島《たかしま》郡（滋賀県高島市）に領地を与えられ、その後も大溝《おおみぞ》（同）、八幡《はちまん》（同県近江八幡市）、大津《おおつ》（大津市）と加増《かぞう》されつつ国内を転々とした。またこの間、浅井長政の次女初と結婚している。

大津籠城戦　慶長五年、高次に再び転機が訪れる。関ケ原《せきがはら》合戦である。当初高次は西軍方についており、北陸攻めを担当していた大谷吉継《おおたによしつぐ》に従っていた。ところが西軍諸将が美濃《みの》へ進軍を開始するなか、高次は美濃へ向かわず近江に戻り、琵琶湖《びわこ》を渡って大津城へと入った。そして兵糧《ひょうろう》などの準備を整え、九月三日から籠城《ろうじょう》を開始したのである。これに対し、西軍は七日より攻撃を開始した。陸上・湖上双方から攻撃を加え、特に長等山《ながらやま》からの砲撃が苛烈《かれつ》だったという。しばらく籠城を続けていた高次も次第に劣勢となり、一四日に和談《わだん》、翌一五日には開城《かいじょう》した。

開城後、高次は宇治《うじ》に逃れ、その後剃髪《ていはつ》して高野山《こうやさん》に向かってしまう。『寛政重修諸家譜《かんせいちょうしゅうしょかふ》』では徳川家康《とくがわいえやす》に会うことを恥じて出家したとの記述があり、西軍を防ぎきれなかったことを咎められると考えていたのかもしれない。ところが家康は、西軍を食い止めたことを賞し、高野山から下りるようにと再三書状を送った（『寛政重修諸家譜』）。合戦自体が短期間で終結したこともあり、数日の遅延でも十分な効果があったのだろう。当初は固辞していた高次だが、弟高知《たかとも》を使者にされると断り切れなかったのか、高野山を下りて家康に面会している。この戦功により高次は若狭八万五〇〇〇石を与えられた。

若狭での活動　まずは高次が若狭を支配していた九年間（慶長五～一四年）の様子を概観しておこう。『京極御系図』によれば、高次は慶長五年一〇月に初めて若狭に入国した。時期を同じくして国内宛ての文書発給《はっきゅう》が始まっている（熊川区有文書など）。翌六年には近江高島郡で七〇〇〇石を加増され、合計で九万二〇〇〇石持ちとなった。このころから小浜《おばま》城とその城下町の整備を開始したと考えられている。またこの年に高次と妻の初は洗礼《せんれい》を受け、キリスト教に改宗した（清水二〇一七）。

慶長八年に彦根《ひこね》城、一一年には江戸城の普請《ふしん》手伝いが命じられた（『京極御系図』）。ただし病気のため、江戸城普請には参加しなかったようだ。慶長一二年には小浜城と城下町の整備が一応完了した。ただし小浜城は未完成だったようで、子の忠高《ただたか》を経て酒井忠勝《ただかつ》の時代（正保二年〈一六四五〉）にようやく完成する。山城である後瀬山《のちせやま》城から海城である小浜城への本拠移転は、かなり大規模な事業になったものと思われる。二年後の慶長一四年、若狭で没する。享年は四七である。

若狭支配体制　高次の若狭支配体制にははっきりしない点も多いが、まずは家臣団構成についてみてみよう。当時の家臣は、その名前が『京極御系図』などに現れる人物は把握できるものの、家臣団やその知行《ちぎょう》などを見渡すことのできる史料はなく、全体像はよくわかっていない。

在地支配について、忠高の時代には地方《じかた》知行制を採っており、小浜市本保《ほんぽ》の家に残された覚書《おぼえがき》には、給人《きゅうにん》として内《ない》藤八右衛門《とうはちうえもん》・辻左馬介《つじさまのすけ》・内藤二郎右衛門《じろううえもん》などの名前がみられる（清水三郎右衛門家文書）。高次も同様の体制を採っていたのだろうか。また、直轄の蔵入地《くらいりち》では小浜の町人を代官《だいかん》に任命した事例もみられ、当時小浜で最も勢力を誇った商人の一人、組屋六郎左衛門《くみやろくろうさえもん》は、遠敷《おにゅう》郡志積《しつみ》浦（小浜市志積）・立前《りゅうぜん》村（同竜前）・野代《のだい》村（同野代）、合計五一七石あまりの代官に任じられている。

なお、家臣の配置は一部が明らかになっており、江戸時代の地誌『若狭郡県志《わかさぐんけんし》』によると、若狭西部の高浜《たかはま》城（高浜町事代《ことしろ》）に多賀越中守《たがえっちゅうのかみ》、東部の国吉《くによし》城（美浜町佐柿）に佐々加賀守《さっさかがのかみ》（義勝《よしかつ》）を配した。どちらの城も国境に近く、その押さえとして配置されたのだろう。

高次の浦支配　高次時代の浦支配でもっとも著名な史料が「若狭国浦々漁師船等取調帳《わかさのくにうらうらりょうしふねなどとりしらべちょう》」（桑村文書）だろう。この史料は国内の浦ごとに船・水夫《かこ》・網の数を書き上げたもので、後の時代には櫂役賦課《かいやくふか》の基礎資料となった史料として理解されている。記載事項は、所有者ごとの船数と船あたりの乗員数、浦で所持する網の数が中心で、郡ごとの水

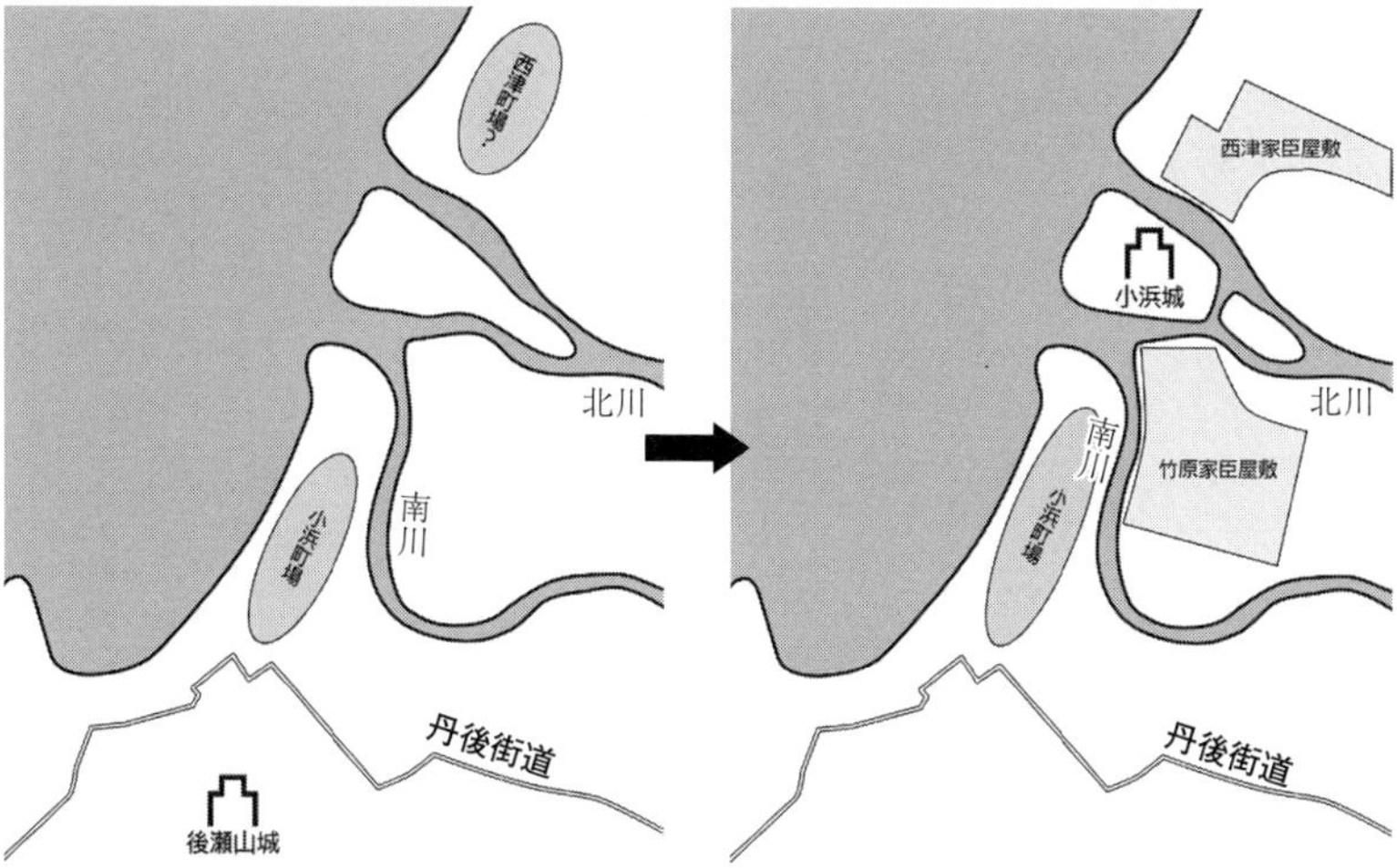

図２　武田氏時代の小浜（左）と、京極氏時代の小浜（右）の模式図

夫の人数や船の種類ごとの数も記載がある。

特に船の種類（漁船なのか貨物船なのか）は細かく記録されており、運送役として徴発することも考慮した取り調べであったことがうかがえる。小浜城築城に際して作られたという評価もあり（岡田一九九四）、首肯《しゅこう》できる。若狭を支配するにあたって、浦が村と同等以上に重要な要素であることを示す史料で、高次の在地《ざいち》支配に対する姿勢をうかがうことができる。

小浜城下町の建設　若狭有数の港町である小浜には、戦国時代に守護武田氏の本拠地として後瀬山城が築かれた。後瀬山城はその後数代にわたって領主の居城《きょじょう》として用いられ、高次も入国当時はここに入った。後瀬山城は小浜を膝下《しっか》に抱える位置に築かれていたものの、先行する町場《まちば》を取り込むことはできず、小浜が城下町としてどの程度機能していたかは不明である。高次は入国からほどなくして後瀬山城を廃し、南川《みなみがわ》・北川《きたがわ》の河口部分に小浜城の建設を開始した（図２）。

これにより、小浜城とその隣接地区は大きく変容した。まず城の南側（竹原《たわら》）が開発され、武家地《ぶけち》となった。加えて北側に位置する西津《にしづ》のうち、南端部の漁師町を大きく北に移転させてここも武家地とした。京極氏時代の絵図資料は残されていないため当時の詳細は不明だが、酒井氏時代には、竹原に家老《かろう》クラスの上位家臣、西津に下位家臣が配置されている（須田家文書など）。酒井氏が京極氏の城下町を大きく改変した記録は見当たらないため、高次の時代から同様の住み分けがなされていたものと考えたい。

そして、小浜東部の低湿地を埋め立てて町場とした。このとき建設された町が上《かみ》・下市場《しもいちば》町と突抜《つきぬけ》町である。市場仲買文書によると、これら三町が成立したのは慶長一二年とされている。ただし武田氏時代からの町場は、寺院の移転などはみられるものの構造的には大きな改変を受けなかったため、江戸時代以降、現代まで古い町割りが残されることになった。

小浜城築城　城下町建設と並行して小浜城の築城も進められた。国内三郡（三方《みかた》・遠敷・大飯《おおい》）の浦々刀祢《うらうらとね》中宛てに高次の家臣が連名で発給した文書では、「小浜城大橋」の板材を秋田まで取りに行くよう命じたり、本丸《ほんまる》周辺の海に捨石《すていし》を行うように命じたりしており（桑村文書）、国内を総動員して築城にあたっていたことがうかがわれる。しかし築城は難工事であったようで、高次の時代だけでは完成しなかった。子の忠高や、京極氏の後に若狭を領した酒井忠勝の時代にも建設が続けられ、最終的に小浜城が完成したのは、忠勝時代の正保二年である。

高次の小浜支配　こうしてつくられた城下町小浜を、高次はどのように支配したのだろうか。江戸時代の地誌『拾《しゅう》椎雑話《すいざつわ》』によると、町奉行《まちぶぎょう》が置かれていたことがわかる。京極氏支配の間に三人の奉行が記されており、慶長年中の奉行は島志摩守《しましまのかみ》と村山将監《むらやましょうげん》である。この二人は小浜城築城に際して動員を命じる連署状《れんしょじょう》の発給者としてもみられ、奉行人のような立場にあったものと考えられる（桑村文書）。これに対応して、町人の側にも町年寄《ちょうどしより》が置かれていた。同じく『拾椎雑話』によれば、設置時期こそ不明だが、吹田藤兵衛《すいたとうべえ》と絹屋四郎左衛門《きぬやしろうさえもん》の二人がみえる。このころから、町奉行と町年寄を通じた町支配が行われていたのだろう。

また、都市の有力な町人に対しては優遇策を採った。たとえば水運に従事した桑村《くわむら》氏に対しては、船役《ふなやく》や地子《じし》、町《まち》役《やく》の免許状を与えているし（桑村文書）、長井《ながい》氏に対しても同様に、屋敷地の地子免許を認めている（長井健一家文書）。彼らはいわば初期豪商《ごうしょう》といえる存在で、酒井氏の時代まで町年寄などを務めてゆく家である。興味深いのは、高次の二代前に若狭を領有していた浅野長政《あさのながまさ》に宛てた書状のなかで「小浜町人について申し越していただいたことは、詳細を了解した」と高次が述べている点である。小浜支配に携わった経験から、町人への対応策を高次に伝えていたのかもしれない。

筆頭商人の組屋　町人の中でも突出して有力だったのが組屋氏である。組屋氏は廻船《かいせん》業に従事した商人で、豊臣秀吉の時代から政権と結びつきが強かった。文禄《ぶんろく》・慶長《けいちょう》の役《えき》で軍需物資を輸送したり、米を輸送したりしたことで著名である。慶長六年に高次が発給した安堵状《あんどじょう》では、組屋氏に対して「商人方御公用米《くようまい》」のうち一六石を与え、諸公事《しょくじ》や船役《ふなやく》の免除を認めている（組屋文書）。ここでいう「公用米」とは、小浜の商人から徴収した商業税のことと思われ、組屋氏が徴収して京極氏に納めていたのだろう。

この「公用米」にかかわる組屋氏の扱いは、ほかの商人と一線を画しており、組屋氏が有した特権的立場を示すものと考えられる。また組屋氏は桑村氏のように、代官として年貢《ねんぐ》の収納も請け負っていた。高次はこうした有力商人を自身の支配機構に組み込み、若狭支配を行っていたのである。若狭だけにみられる現象ではないが、都市を支配するとともに、うまく利用した手法であるといえよう。

交通の掌握　高次は小浜だけでなく、交通の要衝であった熊川《くまがわ》（若狭町熊川）も重点的に整備・掌握を進めていた。熊川は若狭・近江を結ぶ街道上の集落で、ほぼ国境に位置している。天正末年ごろから交通拠点として整備が進められ、特に浅野長政によって町建ての促進と諸役免許が行われた（熊川区有文書）。高次もこの方針を継承しており、長政と同様の諸役免許状を発給している。

加えて高次は熊川と近江高島郡双方に対し、高島から熊川へ入る馬借《ばしゃく》の駄賃《だちん》について規定を定めた。それによると、馬一頭は一石《こく》につき六升《しょう》、もう一頭は一石につき相場次第に支払うこととされている。二石分の規定になっている理由はわからないが、京極氏が米を運ばせる際の駄賃として明確に定めている。さらに、京極氏からの切手《きって》(伝馬手形《てんまてがた》のようなものか)がない場合は利用させてはならないことも確認しており、馬借が不当に利用されないよう対策を講じていることがわかる。ここで定められたのはあくまで京極氏が利用する場合の規定ではあるが、若狭から国外へ向かう交通経路を掌握しようとする姿勢を読み取ることができる。

小浜藩の基礎固め　ここまで述べてきた以外にも、国内寺社への禁制《きんぜい》発給や諸職人への職安堵など、内政に関して高次の行ったことは少なくない。とりわけ、その後二五〇年以上続く城下町小浜の基礎を作り出したことは、最も大きな事績といえるのではないだろうか。それはまた、大名権力が都市支配を志向し、実現してゆく過程を表しているようにも思われる。京極高次が若狭と関係をもった時間は九年と短いが、若狭の歴史にとって、極めて重要な九年間であったというべきであろう。

コラム❺　溝江長氏の文化的ネットワーク

溝江長氏とは

溝江《みぞえ》氏は越前朝倉《えちぜんあさくら》氏に仕えた河口荘《かわぐちのしょう》溝江郷（あわら市大溝《おおみぞ》周辺）を拠点とする一族である。朝倉氏滅亡後は織田信長《おだのぶなが》に降ったが、天正二年（一五七四）に越前で一向一揆《いっこういっき》が蜂起《ほうき》し、溝江館《みぞえやかた》（写真48）が攻められ落城し一族が自害した。しかし、当主の遺児である長氏《ながうじ》は難を逃れ脱出したとされ、後に信長や豊臣秀吉《とよとみひでよし》に仕え、最終的に金津《かなづ》（あわら市中心部）とそのほかあわせて一万石余りを領する。

越前の多くの武将や国衆《くにしゅう》が所領《しょりょう》を失うなかで、長氏は戦国期から豊臣期まで本領地《ほんりょうち》である金津を治めつづけた。このようにしぶとく、戦国の世を生き抜いた「知恵」を、長氏の交友関係から紐解いてみたい。

写真48　溝江館跡（あわら市大溝）

連歌で文化人と交流

『源氏物語竟宴記《げんじものがたりきょうえんき》』（『墨海山筆』）によると、天正一〇年二月一八日、源氏物語の講義が修了した暁《あかつき》に、熊勝《くまかつ》（後の連歌師《れんがし》松永貞徳《まつながていとく》）を亭主とする連歌会《れんがえ》が催された。元関白九条植通《かんぱくくじょうたねみち》をはじめ、細川幽斎《ほそかわゆうさい》・松井友閑《まついゆうかん》などが名を連ねているが、実は、この時の参加者に長氏の名もみられる（今福二〇〇五）。なお、『源氏物語』といえば、長氏は後に、秀吉の奉行人《ぶぎょうにん》山中長俊《やまなかながとし》と『源氏抄《げんじしょう》』の貸し借りをしている（早稲田大学図書館所蔵文書）。

また、江戸初期に写された『集連《しゅうれん》』によれば、天正一九年三月一〇日、上杉《うえすぎ》氏家臣の大国実頼《おおくにさねより》（直江兼続《なおえかねつぐ》の弟）を亭主とする連歌会に長氏も参加している。

この会には、連歌師の里村紹巴《さとむらじょうは》や里村昌叱《しょうしつ》・里村玄仍《げんじょう》のほか、上杉氏家臣の木戸寿三《きどじゅさん》(休波《きゅうは》)らがみえ、豊臣政権下における大名の家臣や、秀吉とも交流のある連歌師が集っていた。当時の連歌では、そこへ集う人々の連帯感を強める演出効果が期待された。長氏は、連歌を通じて文化人との交流を深めていたことがわかる。

公家や儒学者との接点　織豊期から江戸前期にかけての公卿《くぎょう》・西洞院時慶《にしのとういんときよし》が記した『時慶記《ときよしき》』の文禄二年(一五九三)一二月一六日から一七日条のなかに、「溝江大炊助(長氏)に初めて知人に成り候《そうろう》」とあり、長氏と時慶が初めて互いを知る間柄になったことがわかる。時慶も連歌師の紹巴や昌叱などと交友があり、先述した長氏と連歌師との「文化的ネットワーク」が二人を結び付けたのかもしれない。

ところで、長氏の娘は、小早川秀秋《こばやかわひであき》の右筆《ゆうひつ》である賀古宗隆《かこむねたか》に嫁いでいた(三宅二〇二一)。慶長四年(一五九九)、長氏は京都で娘婿《むすめむこ》の宗隆とともに伏見《ふしみ》に参り、奉公《ほうこう》していたことが、宗隆から当時の儒学者《じゅがくしゃ》である藤原惺窩《ふじわらせいか》に宛てた書状によりうかがえる(『日本書紀 神代巻』紙背文書)。ちなみに惺窩は、同郷である宗隆とは親交が深い間柄で、豊臣氏家臣の木下勝俊《きのしたかつとし》や大村由己《おおむらゆうこ》らとも交友がある関係だった。この宗隆書状のなかで「ちと溝大(長氏)御見舞《おみまい》なさるまじく候や(長氏が惺窩のところへ訪問なさらないだろうか)」と宗隆は述べている。

慶長三年、秀秋が越前へ移封《いほう》となった際、長氏は秀秋の与力《よりき》となっていた。これを機に、秀秋の家臣である宗隆との繋がりが生まれ、彼を通じて長氏と惺窩は出会った可能性がある。

時代を生き抜く術《すべ》　以上、紹介した史料から、連歌などを通じた文化人とのネットワークや、長氏の教養の高さをうかがうことができる。それらを駆使して、織田氏家臣、また豊臣政権関係者や、ゆかりの文化人と交流を深め、長氏の幅広い人脈が形成されていった。そのことは、長氏が時代を生き抜くことができた要因のひとつだったのではないだろうか。

(角　衣利奈)

11 結城秀康（一五七四―一六〇七）・忠直（一五九五―一六五〇）

―松平一族のなかの不遇な親子―

長谷川 裕子

写真49　結城秀康画像

ひっそりと誕生した次男

長子《ちょうし》の単独相続が一般化した時代においても、母の家柄など種々の理由で年長男子が家を継承できないケースも多々ある。徳川家康《とくがわいえやす》の次男として、天正二年（一五七四）に生まれた結城秀康《ゆうきひでやす》もその一人である。徳川家康の長男信康《のぶやす》が天正七年に非業の死を遂げた後、最終的に徳川の家督《かとく》を継いだのは、次男秀康ではなく、三男の秀忠《ひでただ》であった。後に、越前松平《えちぜんまつだいら》家六八万石の礎《いしずえ》を築き、北陸の要として父家康に一目《いちもく》置かれた初代藩主結城秀康も、その幼少時代は父からの愛情を受けられない「不遇な」人生を強《し》いられていたのである。

秀康がこの世に生を受けた場所は、遠江《とおとうみ》国敷知《ふち》郡宇布見《うぶみ》（静岡県浜松市）の中村源左衛門《げんざえもん》屋敷であったという（『松平家譜』）。秀康の母、永見淡路守《ながみあわじのかみ》吉英《よしひで》の娘であるお万《まん》（長勝院《ちょうしょういん》）が、家康の居城を離れて浜名湖《はまなこ》の今切《いまぎれ》関（静岡県湖西市）辺りの一代官《だいかん》に過ぎなかった中村家（写真50）において出産したことからも、秀康の誕生が徳川家にとってそれほど期待されていなかったことがうかがえる。

「於義丸《おぎまる》」と名付けられた秀康が、実際に父家康と対面を果たしたのは、天正四年、数えで三歳の時であった(『松平家譜』)。その対面も、前もって予定されていたものではなく、家康家臣の本多重次《ほんだしげつぐ》から秀康誕生の報告を受けていた兄信康が、岡《おか》崎《ざき》城(愛知県岡崎市)を訪れた家康に対して、秀康の「お手を引き」家康の御前に連れてきて「私の弟の於義丸でございます」と紹介したことで実現したという(『松平家譜』)。

写真50　中村家住宅

詳細は不明な点が多いが、秀康の誕生に対する家康の対応は、次男秀康ではなく三男秀忠を後継者に選んだことと結びつき、さまざまな憶測を生んでいる(池上一九八〇、隼田二〇〇八)。

人質生活の幼少時代　その後、秀康の動向が歴史上明らかとなるのは、天正一二年、秀康が数えで一一歳のことである。織田信長《おだのぶなが》の次男信雄《のぶかつ》とともに、小牧《こまき》・長久手《ながくて》の戦いにおいて豊臣秀吉《とよとみひでよし》と戦っていた家康が、その講和に際して差し出したのが秀康であった。戦国期の領域権力が講和や同盟を結ぶ時には、両者の力関係によって人質《ひとじち》が送られる場合もある。秀康についても、「三川《みかわ》徳川人質」と記されているように(『兼見卿記』同年一二月二五日条)、実質的には人質として秀吉のもとで育てられることになったわけである。ただ、人質とはいっても、「羽柴《はしば》(秀吉)所へ養子」(『家忠日記』同月一二日条)、「筑州《ちくしゅう》(秀吉)猶子《ゆうし》」(『多聞院日記』同月二二日条)として待遇され、「射術《しゃじゅつ》御稽古《おけいこ》」(『松平家譜』)をつけられるなど、秀吉のもとで秀康はそれなりに大事にされていたようである。

養父秀吉から「秀」の字、実父家康から「康」の字を与えられた「秀康」は、「羽柴」姓を名乗って豊臣政権の一員となった。河内《かわち》国に一万石を賜った翌年、一二歳で元服《げんぷく》した秀康は「従四位下侍従《じゅしいげじじゅう》兼三河守《みかわのかみ》」に任じられ、「徳川息侍従」(『兼見卿記』天正一三年一〇月六日条)として秀吉とともに朝廷に参内《さんだい》、天正一六年には左近衛権少将《さこんえごんのしょうしょう》となるなど、豊臣政権のなかで順調に出世していく(『松平家譜』)。しかし、秀吉と家康との政治的なかけ引きのなかで、一向に上洛してこない家康に対して、秀康を殺害すべきとの浮説もあがるほど(『松平家譜』)、家康が上洛して聚楽第《じゅらくだい》で秀吉と対面を果たすまでは、秀康の政権内での立ち位置は不安定だったのかもしれない。

いまだ天下一統への道半ばにあった秀吉政権において、一武将として九州征伐の軍勢に加わり初陣《ういじん》を遂げた秀康の次の試練は、天正一八年に訪れる。この時、秀康は数えで一七歳。秀康は秀吉の「人質」から、関東の名家、結城家の養子として、結城領を継承することとなったのである。前年に秀吉側室の淀《よど》が長男を出産したことも大きく関係しているが、それとともに、天正一五年に関東に出された秀吉による「惣無事《そうぶじ》」要請も(秋田藩採集古文書)、そのひとつのきっかけになったといえる。

関東の停戦を家康に任せたこの命令を受け、関東の雄、北条《ほうじょう》氏との対立を抱えていた関東の領域権力者たちは、しだいに秀吉との関係を深めていく。小田原《おだわら》合戦で北条氏が滅亡した後、跡継ぎのいなかった結城家から依頼されて、秀康は秀吉の「人質」という立場から、一国一城の主たる領域権力者として独立することとなった。そして、さらにその一〇年後、関ヶ原《せきがはら》合戦を経て、結城領一〇万一〇〇〇石から越前国六八万石の大大名に成長していくのである。

秀康の名乗った名字は?　このように秀康は、徳川家の次男として生まれながらも、豊臣秀吉のもとで元服を迎えたため、最初に名乗った名字は、秀吉に与えられた「羽柴」であった。しかし、結城家を相続する以前に、秀康が「羽柴」を自称していたかどうかは、現存する秀康の発給文書《はっきゅうもんじょ》からは確認することができない(黒田二〇一七b)。結城家に入る前の秀康の発給文書は少ないため、「三河少将」と称していたことが確認できるのみである(『聚楽第行幸記』)。

一方、結城を相続した後、秀康が「結城」を名乗ったことは、「結城少将」(東京国立博物館所蔵文書)や「羽柴結城少将」(木下文書)と署名した発給文書、および受給《じゅきゅう》文書(竹内周三郎氏所蔵文書・佐久間文書など)から確認できる。豊臣政権においては、多くの豊臣大名が「羽柴」姓を与えられていたため、「羽柴」を名乗る人びとは、「羽柴」の後に官途名《かんとめい》などを付けることで、個人を特定できるように工夫されていた。秀康もそのルールに則り、自身が継承した「結城」を冠することで、自他ともに認知されていたのであろう。

だが、慶長二年(一五九七)一〇月以降、秀康は「羽柴三州《さんしゅう》」(『後撰芸葉』)や「羽柴三河」(浅野文書)と呼ばれ、自身も「羽(柴)三河守秀康」(越葵文庫所蔵文書)と署名して文書を発給するようになる。この頃の秀康は、「羽柴」の一員としての意識が強く、「結城」は名乗っていても、それはあくまでも支配領域の名称として冠していたのではなかろうか。秀康の実弟である徳川秀忠が、自らを「江《え》(戸《ど》)中納言《ちゅうなごん》秀忠」と称して「結城少将(秀康)」宛てに手紙を出していることからも(『続片聾記』)、「結城」は「家」ではなく「場所」を示す名称として使われていたことが裏付けられる。実際に、越前入部前後の秀康が、秀忠から「越前宰相《さいしょう》」と呼ばれたことも、そのことを如実に示していよう(越葵文庫所蔵文書など)。

では、秀康の最後の地となった越前で秀康が名乗った名字は何か、というと、実ははっきりしていない(隼田二〇〇八)。越前において、秀康は終始「越前宰相」や「越前中納言」(芦浦観音寺文書など)と呼ばれ、また自身も「越宰相」(大関文書など)・「越中納言」(毛谷黒龍神社文書)としか署名していないためである。関ヶ原合戦後、豊臣から徳川の世へ移りつつあるなか、実家の徳川家との関係を深めていった秀康が、そのまま「羽柴」を名乗り続けたとは考えがたい。越前入部にあたり、養父である結城晴朝《はるとも》を伴ってきた秀康は、結城家の家督として新天地へ乗り込んできたといえるが、徳川との繋がりが重要視される世の中にあって、あえて「結城」を名乗るだろうか。
「此年《このとし》、秀康様台命《たいめい》をもって本姓に復され、徳川を称さる（慶長九年、秀康様は将軍の命により本姓に復し、徳川を称された）」とあるように（『松平家譜』）、越前時代の秀康は、自身の実家である「徳川」姓、おそらくは「松平」姓を、ようやく初めて名乗ったのではないだろうか。秀康は一時期、養父である結城晴朝から一字をもらって「秀朝《ひでとも》」と名乗ってはいたものの、現在、「結城秀康」として私たちに親しまれている「結城」姓より、秀康本人としては「羽柴」や「徳川」姓の方に、自身のアイデンティティーを見出していたのかもしれない。

秀康と徳川家の人びと

豊臣政権下で秀康は、奥州《おうしゅう》での一揆《いっき》鎮圧に出陣したり、朝鮮《ちょうせん》出兵《しゅっぺい》に備えて肥前《ひぜん》名護屋《なごや》城（佐賀県唐津市）に在陣したりと、動員を受けて結城領を離れることも多かった。そして秀吉が慶長三年に没すると、秀康は、大坂城に移った豊臣秀頼《ひでより》に替わって伏見《ふしみ》城に入った家康を補佐し、その留守を任されるなど、次第に徳川家の一員として活動する場面が多くなっていく。慶長五年の関ヶ原合戦の前哨戦《ぜんしょうせん》となった家康による上杉景勝《うえすぎかげかつ》征伐の際には、下野《しもつけ》小山《おやま》（栃木県小山市）に着陣したところで石田三成《いしだみつなり》の挙兵を知り、引き返して上洛することとなった徳川の軍勢と分かれた秀康が、上杉への押さえを家康から任されている（『松平家譜』）。そして、家康の期待に応え、伊達《だて》政宗《まさむね》らとともにみごとに大役を果たした秀康に、その恩賞として越前一国が与えられることになったのである。

秀康の越前拝領《はいりょう》が決定した時期は定かではない。醍醐《だいご》寺（京都市伏見区）の座主《ざす》は日記に、「三河守（秀康）家康息、これは越前を拝領」した（『義演准后日記』慶長五年一一月九日条）と記した。おそらくは、関ヶ原合戦の後、二カ月ほどで秀康の越前入りは決定したのではないかと考えられる。こうして秀康は、翌年八月一四日頃、伏見から越前北庄《きたのしょう》（福井市中央）に入国した（大関文書）。

晴れて徳川一門に復した秀康は、幼少期の人質生活や、年長子でありながら家督を継げないという不遇にありながらも、父家康と弟秀忠とは、きわめて良好な関係を築いていた。朝鮮出兵に際しては、家康とともに名護屋城に着陣し、家康が無病で機嫌よく過ごしていることや、朝鮮出兵勢の様子を秀忠に報告しつつ、小袖《こそで》や羽織《はおり》を進上している(服部玄三氏所蔵文書・越葵文庫所蔵文書)。

秀忠も、秀康の越前拝領に際して御祝いを述べ、「その地の御仕置《おしおき》等仰せ付けらるべきと察し入り候《そうろう》(越前支配はいずれ秀康に任せられるだろうと思っていました)」と、領国支配を始めた秀康を労いつつ、養生専一にと、その身体を気遣っている(越葵文庫所蔵文書)。また、徳川家四男の忠吉《ただよし》が関ヶ原合戦で活躍したことを喜び、その活躍は秀忠が立ち添ってくれた故であると感謝していることからも(中村不能斎採集文書)、徳川兄弟の仲はよかったといえよう。

しかも秀忠は、秀康自身の能力を尊敬していたようである。秀吉の死後、豊臣政権を支えるための大老職《たいろうしょく》が設置されるが、秀忠は「秀康が秀吉政権の大老の一人になるだろう」と述べているのである(大阪城天守閣所蔵文書)。実際には、秀康が大老になることはなかったが、秀忠が秀康の器量を高く評価していたことがうかがえよう(印牧二〇〇七)。

秀康の越前領国支配　越前に入国した秀康は、その所領が六倍強に増えたこともあり、多くの家臣を雇い入れることとなった。新たに雇い入れた家臣は、基本的には徳川家関係者が中心であるが、武田《たけだ》や北条など、滅亡した戦国大名の家臣も受け入れている(『諸士先祖之記』)。なかには、慶長五年一月、些細な喧嘩《けんか》で豊臣政権から改易《かいえき》され、浪人《ろうにん》となっていた依田康勝《よだやすかつ》を採用し、大野《おおの》の木本《このもと》領を預けるなど、広く有能な武将を求めていたことがわかる(依田文書)。

「北陸の主」(『慶長日記』慶長一〇年四月日条)であった加賀《かが》の前田利長《まえだとしなが》への押さえとして、「越前肝要の地」(藤垣神社文書)に配置された秀康は、その支配領域の行政単位を大きく変更した。それまで越前の領域支配単位は、戦国大名の朝倉《あさくら》氏の時代も織豊期の領域権力の時代も、古代の行政単位であった「郡《ぐん》」から細部化された中世的な「郡」

を単位に支配領域が定められていた。一方、戦国時代の関東では、「領《りょう》」という支配領域が採用されていた。「領」とは、軍事的な拠点である「城」が、戦時のみならず、日常的な政治拠点としても利用されるようになって形成された新しい支配領域である。戦乱が頻発する環境のなかで、すぐに戦時体制に移行できるよう、「城」を中心に形成された領域であるため、その範囲は古代・中世的な「郡」域・境界を超えた形で設定されていた。

結城領を支配していた時、秀康もこうした関東の実情を継承して結城領の検地《けんち》を行い、領域支配体制を作り上げていった(市村一九七九)。そのため秀康は、越前に入部した際にも、結城時代と同様に越前一国を「領」に編成したのである。越前に入国した慶長六年九月以降、秀康は家臣に知行《ちぎょう》を宛行《あてが》い、寺社に所領《しょりょう》を寄進《きしん》し始めるが、その際の宛行状や寄進状には与えられた知行地を「〇〇領△△村」と記していることから、領域支配の基礎単位である村を「領」に編成していたことが確認できる。

秀康時代に発給された宛行状や寄進状がすべて現存しているわけではないため、詳細は不明なところも多いが、いま現在確認できる越前国内の「領」は、三国《みくに》領・丸岡《まるおか》領・東郷《とうごう》領・藤島《ふじしま》領・志比《しい》領・西方《にしかた》領・田中《たなか》領・府中《ふちゅう》領・今《いま》庄《じょう》領・大野領・勝山《かつやま》領・敦賀《つるが》領の計一二領である。これらの「領」は、大野領・敦賀領以外は、従来の郡域とは無関係に、道や川など、人や物資の輸送路を境界とし、かつ領国内に配置した有力家臣の城や館を中核に設置されたことがうかがえる(長谷川二〇一七)。

領域権力の国替《くにがえ》が一般的になった織豊期政権以降、新たな領国に封じられた領域権力者は、まず検地の実施や支配領域(支城制《しじょうせい》)の再編と領域担当者の確定、知行割《ちぎょうわり》などの政策を実施する。越前では、秀吉が没する直前の慶長三年に太閤《たいこう》検地が実施されたあと、新たな一国検地は実施されなかったため、太閤検地の成果を基に知行割や支城制が整備されていったものとみられる。

府中城（越前市府中）の本多富正《ほんだとみまさ》や丸岡城（坂井市丸岡町霞町）の今村盛次《いまむらもりつぐ》など、各地に配置された領域担当者は、担当する領域における人夫《にんぷ》や陣夫《じんぷ》の調達を担っていたとみられることから、越前における「領」は、徳川の世になったとはいえ、北には強大な前田家、そして大坂にはいまだ豊臣秀頼がいるという軍事的緊張のなかで、戦争体制を維持し、迅速な動員を可能にすることを目的に設置されたものと想定できよう。秀康の領域支配の特徴は、支配行政単位としての「郡」を「領」に編成し直したところにあったといえる（長谷川二〇一七）。

早すぎる秀康の死　慶長一〇年、権中納言《ごんのちゅうなごん》に昇任し、徳川家の一員として活躍が期待されていた秀康は、慶長一二年、三四歳という若さでこの世を去る。慶長八年以降、秀康は江戸幕府の一大名として、江戸市街の修治、彦根《ひこね》城築城、江戸城改築などに従事し、慶長一一年には禁裏仙洞御所《きんりせんとうごしょ》造営の総督《そうとく》に任じられるなど、多忙を極めていた（橋本一九六六）。さまざまな事業で忙しくなった頃、すでに秀康は病を得ていたようで、慶長九年には煩いのために面談も叶わず（佐藤行信氏所蔵文書）、「手病申すについて、印判《いんばん》をもって申し入れ候《そうろう》（手の病を患っているので、印判で失礼します）」（南部晋氏所蔵文書）や、「煩《わずら》い故、少し手ふるい（ふるえ）申し候（病気なので少し手が震えます）」（個人所蔵文書）とあるように、病のために手も不自由となって花押《かおう》も据えられない状況に陥ったことが知られる。

そんな状態の秀康を心配していたのは、二代将軍となった秀忠である。秀忠は、江戸にいる秀康の長子忠直《ただなお》の息災を伝え、「御煩い御心元なく存じ（中略）よくよく養生の義、専一《せんいつ》に候（ご病気のこと心配です。よく養生することが専一です）」（個人所蔵文書）など、たびたび使者を派遣して、秀康の病状をうかがっている（越葵文庫所蔵文書など）。

眼を煩い（越葵文庫所蔵文書）、「臥《ふ》せり入る」（反町文書・三岳寺文書）ことも多くなった秀康の病状は、慶長一一年にはかなり悪化し、「御腫《は》れ物の故、ご対面なし」（『慶長日件録』同年五月一八日条）や、「かいな（腕）の腫れ物」（水野家文書）とあることから、腕など、目にみえるところに腫瘍があったことをうかがわせる。秀康の死因は、『当

写真51　松平忠直画像

代記』に「日ごろ唐瘡《とうがさ》あい煩い、その上虚なり」とあることから、戦国期に流行をみせた梅毒《ばいどく》であったことがわかる。また、曲直瀬玄朔《まなせげんさく》の『医学天正記』には、「越前宰相殿、瀉痢《そそり》・発熱・咽渇《いんかつ》・五令に加え滑《こつ》」と記されており、その他の病魔にも冒されていたようである（橋本一九六六）。

父家康からは、「病中に寒国へ罷り下る」のはよくないので、「上方にこれ在りて、緩々《ゆるゆる》と養生候様に（上方に滞在してゆっくり養生するように）」と心配され（島津文書）、伏見に留まっていた。その後、春になって越前に戻り、京都から名医三人を招いて治療に当たらせたが、その甲斐なく、慶長一二年閏《うるう》四月八日に越前北庄で没した。

秀康の死後、永見長次《ながみながつぐ》や土屋昌春《つちやまさはる》が後を追って殉死《じゅんし》（『松平家譜』）、本多富正《とみまさ》も殉死する覚悟であったことが知られている（藤垣神社文書）。それほどに、秀康が家臣に慕われていたことがうかがえるが、こうした家中の動きに対して、将軍秀忠や大御所《おおごしょ》家康は、「追腹《おいばら》切り伴せしむべきと申す者」を諌め、「中納言（秀康）に忠を存ずる輩は」、「三河守（忠直）を取り立」てて忠節を果たすように命じている（藤垣神社文書）。しかし、秀康が没してちょうど一〇〇日目にあたる同年七月二一日には、秀康の重臣として秀康を支え、越前の北の備えとして柿原《かきばら》（あわら市柿原）に住した多賀谷三経《たがやみつつね》が病死している。

秀康の跡取りは、長子忠直と決まっていたため、当時江戸にいた忠直が越前に戻って父秀康の葬儀を行い、一三歳で越前一国を継承した（写真51）。忠直は、文禄四年（一五九五）に結城（茨城県結城市）で生まれ、北庄で育った後、慶長八年頃からは江戸に居住していた。忠直は、秀忠の娘である勝姫《かつひめ》と婚姻を結び、慶長一六年に勝姫は江戸から越前に輿入《こしい》れする。

これまで、その婚姻は、秀康の死後、慶長一四年に決定したことは知られていたが(『西巌公年譜』)、実はすでに忠直の婚姻について、秀康は病中にあった慶長一一年には秀忠に依頼していたようである。この段階では、忠直の婚約相手が秀忠の娘とは明記されていないものの、「三河守御縁辺《えんぺん》の儀(忠直の婚約について)」、秀忠が「仰せ出され(ご命令され)」、「殊に少将に任じられ(加えて秀忠は忠直を少将に取り立て)」たことを秀忠に対して感謝していることからすれば(写真52、福井信用金庫所蔵文書)、忠直に対してそれ相応の待遇が用意されていたものと考えられる。病に伏せっていた秀康は、信頼を寄せる弟秀忠によって自身の死後の家の継承と安泰を保障され、後の憂いなく、心安く旅立ったのかもしれない。

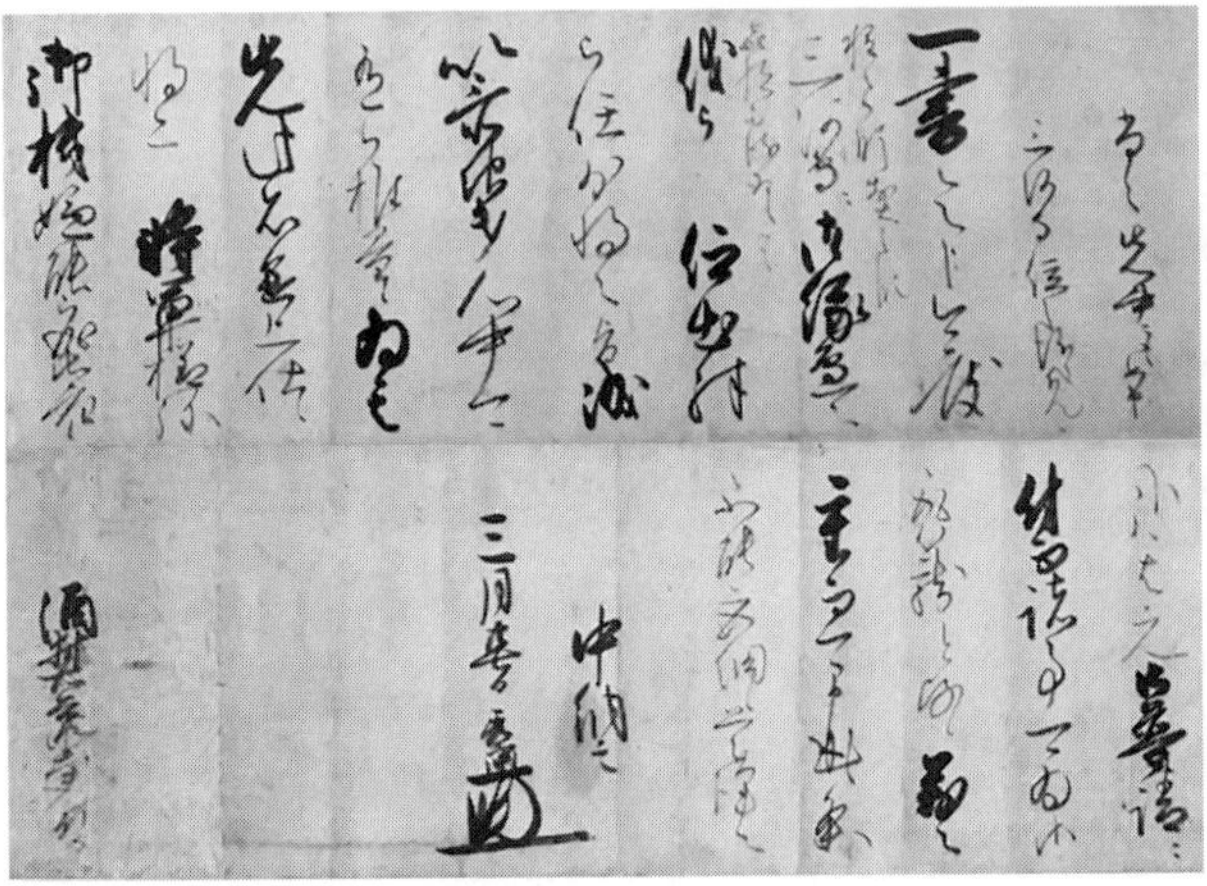

写真52　結城秀康書状

久世騒動と忠直の改易

とはいえ、跡を継いだ忠直による越前統治は、なかなか安泰な滑り出しとはいかなかった。慶長一七年には久世《くぜ》騒動《そうどう》と呼ばれる家中相論《かちゅうそうろん》が発生し、家中を二分する大騒動となった結果、裁許《さいきょ》を委ねた幕府によって多くの大身の家臣を失うこととなった。六八万石の大大名に成長した秀康が雇い入れた戦国の武辺者《ぶへんもの》を、まだ若い忠直が押さえることができなかったためであろうか(隼田二〇〇八)。

忠直は、二年後に起きた大坂冬の陣に着陣し、一番乗りの功を焦って多くの戦死者を出して家康に叱責されたものの(『松平家譜』)、翌慶長二〇年(一六一五)の大坂夏の陣では越前勢を率いて奮闘し、一番乗りの高名《こうみょう》を認められた(『松平家譜』)。特に、忠直勢の先鋒を担っていた西尾仁左衛門宗次《にしおにざえもんむねつぐ》が、夏の陣で家康の本陣近くまで攻め込んで恐れられた真田信繁《さなだのぶしげ》の首を挙げたことをはじめとして(長野二〇一六)、越前勢だけで四〇〇〇余りの首を討ち取るなど(個人所蔵文書)、めざましい活躍をみせている。その軍功により、同年閏六月一九日には従三位《じゅさんみ》・参議《さんぎ》に昇任し、久世騒動によって家中に生じた暗雲を吹き払うかにみえた。

しかし、その後の忠直は、「乱行」によって将軍秀忠に叱責された結果、元和九年(一六二三)二月一〇日、家督を長子光長《みつなが》に譲与し、自身は豊後萩原《ぶんごはぎわら》(大分市)への隠居を命じられてしまう。その要因については定かではなく、江戸時代を通じてさまざまな言説が作られている(小宮二〇一六)。忠直は、元和四年頃から江戸への参勤を怠るようになり、その対応をめぐっては、元和九年頃には諸大名の間でも噂になっていたようである(金子二〇一六a)。

剃髪《ていはつ》して「一伯《いっぱく》」と称した忠直は、隠居言い渡しから一カ月後に越前北庄を出発し、途中京都に立ち寄りながら、広島を経て、五〇〇〇石を与えられた萩原に蟄居《ちっきょ》した。二八歳で越前を去った忠直は、二八年間を萩原で過ごし、慶安三年(一六五〇)九月一〇日、五六歳でその生涯を閉じた。志半ばで病死した秀康につづき、若くして蟄居《ちっきょ》させられた、「不遇」な生涯であった。

12 本多富正（一五七二―一六四九）・本多成重（一五七二―一六四七）

―越前松平家を支えた「両本多」―

角　明浩

写真53　木造 本多富正像

富正と成重　本稿では、明治維新まで続く越前松平《えちぜんまつだいら》家（福井藩）の草創期を支えた家老の本多富正《ほんだとみまさ》と、その従兄弟にして初代丸岡《まるおか》藩主となった本多成重《なりしげ》を紹介する。なお成重は当初は「丹下《たんげ》」と名乗り、慶長一九年（一六一四）と思われる一〇月二五日付文書では、実名は「康当」とされる（佐藤二〇一七）が、「成重」と統一して表記する。また越前松平家は寛永元年（一六二四）まで越前一国を支配していたが、その藩名は時代をかぎらず「福井藩」と表記する。

本多家の系譜　徳川《とくがわ》家譜代《ふだい》家臣の代表格である本多家は、もとは藤原兼通《ふじわらのかねみち》の子孫の助秀《すけひで》が豊後《ぶんご》国本多《ほんだ》に居住して、「本多」と称したという。一三代の助《すけ》政《まさ》には定通《さだみち》と定正《さだまさ》の二子があり、定通系から助時《すけとき》流と正時《まさとき》流、定正系から正明《まさあき》流と正経《まさつね》流が分出する。遅くともそれらの各家は、戦国期に三河《みかわ》松平家（徳川家）に仕え、以後、酒井《さかい》家などとともに家臣団の一翼を構成し、江戸時代には、大名や旗本《はたもと》としてさらに多くの分家を創出する。

本稿で紹介する富正と成重は、定通系正時流にあたる。なお、いわゆる〝徳川四天王〟のひとり本多忠勝《ただかつ》は定通系助時流、徳川家康《いえやす》の謀臣の本多正信《まさのぶ》・正純《まさずみ》父子は定正系正明流にあたる。

源四郎と仙千代　富正の父は重富《しげとみ》、また成重の父は重富の弟の重次《しげつぐ》で、この二人は本多重正《しげまさ》（重信《しげのぶ》、重基《しげもと》とも）の子である。つまり富正・成重は従兄弟同士で、また同い年でもあった（系図3）。

重富は家康の嫡男信康《のぶやす》に仕えたが、信康が天正七年（一五七九）に自害させられると、隠居する。松平清康《きよやす》（家康の祖父）や広忠《ひろただ》（家康の父）の頃から仕えていた重次は、家康の代も多くの合戦に参加し、その勇猛果敢さと豪放な性格から「鬼作左《おにさくざ》」の異名があった。また奉行人《ぶぎょうにん》として徳川家領国の財政・民政・司法に携わり、天正一三年には岡崎《おかざき》城代《じょうだい》もつとめた。ちなみに家康の次男於義丸《おぎまる》（後の結城秀康《ゆうきひでやす》）は、重次のもとで養育された。なお重富の隠居後、その子の源四郎《げんしろう》（富正）も重次のもとで養われたという（『秀康卿行状記』）。

『岩淵夜話《いわぶちやわ》』に、出陣中の重次が妻に「一筆申 火の用心 おせんなかすな 馬肥《こ》やせ かしく」と文を送った話がある。この「おせん」が仙千代《せんちよ》（後の成重）として、またこの文は日本一短い手紙として有名になったが（本によっては「おせん痩さすな」とも）、『岩淵夜話』は「おせん」を重次の娘としている。一方、元禄期に起きた丸岡藩本多家のお家騒動の覚書《おぼえがき》、たとえば『越前丸岡騒動愚覚記《えちぜんまるおかそうどうぐおぼえき》』（国立歴史民俗博物館蔵）では、「お仙とは一子仙千代」と明記している。

系図3　本多家略系図

―重正（重信）（重基）┬重富―富正―
　　　　　　　　　　└重次―成重―

天正一二年の小牧《こまき》・長久手《ながくて》の合戦後、和睦《わぼく》の証として、於義丸が養子に入る形で秀吉のもとに遣わされ、重次の子の仙千代（成重）もお供として大坂に行く。ところが秀吉との交渉にあたっていた家康家臣の石川数正《いしかわかずまさ》が突然、秀吉のもとへ出奔《しゅっぽん》したので、重次は仙千代を帰国させ、代わりに源四郎（富正）を於義丸のもとに行かせた。富正・成重ともに幼少時から、福井藩祖である秀康と関わりがあったのである。

天正一八年、秀吉の命で家康が関東に移ると、重次は上総《かずさ》国古井戸《こいど》（小糸《こいと》）、後に下総《しもうさ》国相馬《そうま》郡井野《いの》を与えられるが、秀吉の不興を買ったこともあり隠居し、同地で没した。一方、秀康は同じ天正一八年に下総の結城晴朝《はるとも》の養子となり、関東の名門結城家を継ぐ。秀康の側に仕えていた富正は、その重臣として次第に頭角をあらわし、家康家臣で同じく秀康の奉行人となった今村盛次《いまむらもりつぐ》とともに、連署《れんしょ》状の署判《しょはん》に名を連ね、また家中の軍事指揮も担うようになった（佐藤二〇一七）。

それぞれの越前入国

関ヶ原《せきがはら》合戦後、秀康は越前一国を与えられる。慶長六年に北庄《きたのしょう》に入った秀康は、家臣に知《ち》行《ぎょう》地を与え、大身家臣の何人かを領内の要所に配置した。知行二万石を超える家臣が置かれたのは府中《ふちゅう》・大野《おおの》・丸岡など、戦国期やそれ以前から重要拠点として城館《じょうかん》があった場所で、富正は三万九〇〇〇石余りの知行で府中を、同じく秀康の奉行人であった今村盛次は、二万五〇〇〇石の知行で丸岡を与えられた（松平文庫「御家譜御下書之草案」など）。

慶長一二年に秀康が病死すると、家臣の土屋昌春《つちやまさはる》と永見長次《ながみながつぐ》が殉死《じゅんし》。将軍秀忠《ひでただ》は富正に、大御所《おおごしょ》の家康は、富正を含めた秀康年寄《としより》中に対し、それぞれ殉死を禁じた黒印状《こくいんじょう》を出している（藤垣神社文書）。特に家康からの黒印状は、死ぬのは易《やす》く主を立てるのは難しく、越前は「肝要《かんよう》の地」なので忠義を尽くすこと、追腹《おいばら》を切るなら子孫に至るまでその家は断絶《だんぜつ》にする、という厳しい内容で、秀康の嫡男にして一三歳の松平忠直《ただなお》を補佐することを求めている。

秀康期の詳細な年寄衆の構成は明らかではないが、秀康期の慶長八年から、忠直期のうち後に盛次が失脚する同一七年までの間、富正と盛次は、大寺社への寄進《きしん》や用水および家中の風紀に関する掟書《おきてがき》など、他の家臣の知行地を越えた重要な文書に連名で署判《しょはん》しており、二人が越前松平家の筆頭家老的地位にあったことがわかる（角二〇〇五）。同一四年から一六年にかけては、これに清水貞次《しみずさだつぐ》(孝正《たかまさ》)が加わり、三人が年寄衆として政治を主導していた。

慶長一七年、越前松平家を二分する越前騒動(久世《くぜ》騒動、自休《じきゅう》騒動)が起こる。発端は、越前松平家家臣の久世但馬《たじま》と町奉行の岡部《おかべ》自休の知行所に関わる百姓同士の殺人事件で、その犯人逮捕と訴訟をめぐり両者が激しく対立。やがて家臣団全体が府中城主の本多富正派と丸岡城主の今村盛次派に二分し、久世但馬追討にともなう武力騒動と但馬の自害にまで至った。

若い忠直にはこれを処理できず、富正と盛次とは江戸に呼ばれ、家康と秀忠の面前で対決した。この時、富正は主張を三点にまとめているが(『松平家譜』)、その三条目には、本来「一老《いちろう》」である自分を差し置いて、盛次が連署状などに「一老」の位次《いじ》で署判したとある。確かに当時の富正と盛次が発給《はっきゅう》した連署状をみると、そのほとんどにおいて富正が日下《じっか》に署名し、その後に続いて盛次が上位の位置に署名している(斎藤一九八七、角二〇〇五)。裁決の結果、富正側に理ありとされ、盛次は磐城平《いわきたいら》の鳥居《とりい》家へお預けとなり、今村方に与した他の松平家重臣も処分を受けた。

翌年、幕府は失脚した盛次の後任として、富正の従兄弟の成重を越前に遣わした。『富正公御代々覚書《おんだいだいおぼえがき》』(佐久間家文書)や『本多家譜』(越前史料)によると、富正が、越前は大国で肝要の地なので誰かもう一人家臣を遣わしてほしいと願い、自らの親族である成重の派遣を望んだという。この頃の成重は、父重次の死後、その遺領を賜り、小田原《おだわら》の陣や関ケ原《せきがはら》合戦にも従軍。慶長七年に近江のうち二〇〇〇石を加増されていた(『寛政重修諸家譜』『藩鑑』)。

なお福井藩の史書『国事叢記《こくじそうき》』によれば、成重はもとの知行地三〇〇〇石に三万七〇〇〇石を加え、あわせて四万石で丸岡城に入り、また「今村掃部助《かもんのすけ》跡不足たるべきの旨、御家老に仰せ付けられ(今村盛次の後任が不足なので、家老を命じられて)」とあることから、失脚した盛次の不足分を補完するべく、幕府からの付家老《つけがろう》的な立場で越前に入国したことがうかがえる。同書には富正と成重が、駿府《すんぷ》の家康や江戸の秀忠に拝謁《はいえつ》し、若年の忠直を後見するよう

写真54　横矧二枚胴具足
（本多成重着用）

命じられたこと、ここから富正と成重が、越前の「両本多」と称されるようになったとも書かれている。

大坂の陣での活躍　慶長一九年、徳川家と豊臣家との間で戦（大坂冬の陣）が起こり、諸大名に出陣が命じられた。松平忠直は、国許《くにもと》の富正と成重に人数を引きまとめさせ、富正らは全一一の備《そなえ》を編成、富正自身も二番備、成重が五番備を率いて出陣した（『松平家譜』『国事叢記』『続片聾記』など）。一〇月二一日付の陣中定書《じんちゅうさだめがき》では、先手《さきて》や組を離れ富正の命令なしに進軍してはならないとあり（森嶋家文書）、富正に指揮権が認められていることがわかる。

大坂城を包囲した徳川方は、大坂城の出丸である真田丸《さなだまる》に対して攻撃を開始。富正や成重らを先手とした越前勢も攻めかかった。しかし敵の猛反撃にあい、家康の命で忠直も軍を退却させようとしたが、富正と成重は互いに競い合い、鉄砲で城の狭間《さま》を攻撃しながら塀下で耐え、他の重臣が二人の馬印《うまじるし》を引き取って引きあげたという（『松平家譜』）。富正と成重は、前田《まえだ》家・井伊《いい》家・藤堂《とうどう》家などの重臣とともに、家康本陣へ呼ばれ、軽率に城攻めしたことを叱責《しっせき》されるも、死を恐れぬその働きで許された。この戦いで富正の兵も五人討死、負傷者数十人を出した（『本多家譜』）。成重も兜《かぶと》と鐙《よろい》（写真54）に敵の玉を受け、成重の嫡子重能《しげよし》も旗指物《はたさしもの》を撃ち折られるが、成重は「越前の魁将《かいしょう》」として、その活躍を家康から「いよ〳〵勇功を尽し候へ、父作左衛門にも劣らす」と賞されたという（『藩鑑』）。

徳川方と豊臣方はいったん和睦《わぼく》するも、翌二〇年に再戦（大坂夏の陣）。他の諸大名とともに越前松平家も出陣した。五月六日に富正と成重は越前勢が先鋒《せんぽう》となることを家康に願い出たが、その日の戦いに越前勢が参加しなかったことを叱責され、忠直率いる越前勢はひそかに抜け駆けをして七日の暁に天王寺《てんのうじ》に陣取る。越前勢は一六の備で、中央に松平忠昌《ただまさ》（忠直の弟）、右手には成重、左手には富正が配置された（『松平家譜』）。

夜が明けて、本格的な戦闘開始とともに越前勢も城に攻めかかる。富正は二ノ丸の京橋口門《きょうばしぐちもん》の脇の堀を乗り越えて侵入し、本丸の門まで押し攻め火を放った（『本多富正家伝抜書』）。松平家の『松平家譜』も富正を京橋口の一番乗りとしている（福井市二〇一二）。富正を祀る藤垣《ふじがき》神社（越前市）には、富正が大坂城の大広間から奪い取り奉納したという「千鳥《ちどり》の屏風」（福井県指定文化財）がある。

一方、成重は高所から形成を見切って下知《げち》し、大手門の左方を破り一番に城に入り、その際に敵の鉄砲の玉が鎧の左肩に当たるも、敵の首を二八討ち取り、城内のあちらこちらに火を放ったという。戦後、成重には恩賞として、家康から直々に国光《くにみつ》の刀と三吉野《みよしの》の茶壺《ちゃつぼ》（写真55）を賜り、また従五位下《じゅごいのげ》飛騨守《ひだのかみ》に叙任《じょにん》された（『寛政重修諸家譜』『藩鑑』など）。

写真55　茶壺 銘「みよしの」

大坂の陣での富正・成重の活躍は、越前松平家や本多家側の記録上のもので、そのまま全て二人の功績とするのは検討を要するが、夏の陣で、越前勢は敵方の勇将真田信繁《のぶしげ》を撃ち破り大坂城に一番乗りを果たすなど、目覚ましい戦功を挙げたことは確かである。『徳川実紀《じっき》』にも、徳川方が討ち取った豊臣方の首級のうち、越前勢が挙げたものが最も多かったとある。そのなかでも多く首を挙げたのは、一〇三級挙げた富正家臣で（富正率いた備全体で四二九級）、次に多かったのは六四級挙げた成重であったといい（『松平家譜』『越州御代規録』）、富正と成重が戦功を挙げ勝利に寄与したのは間違いない。

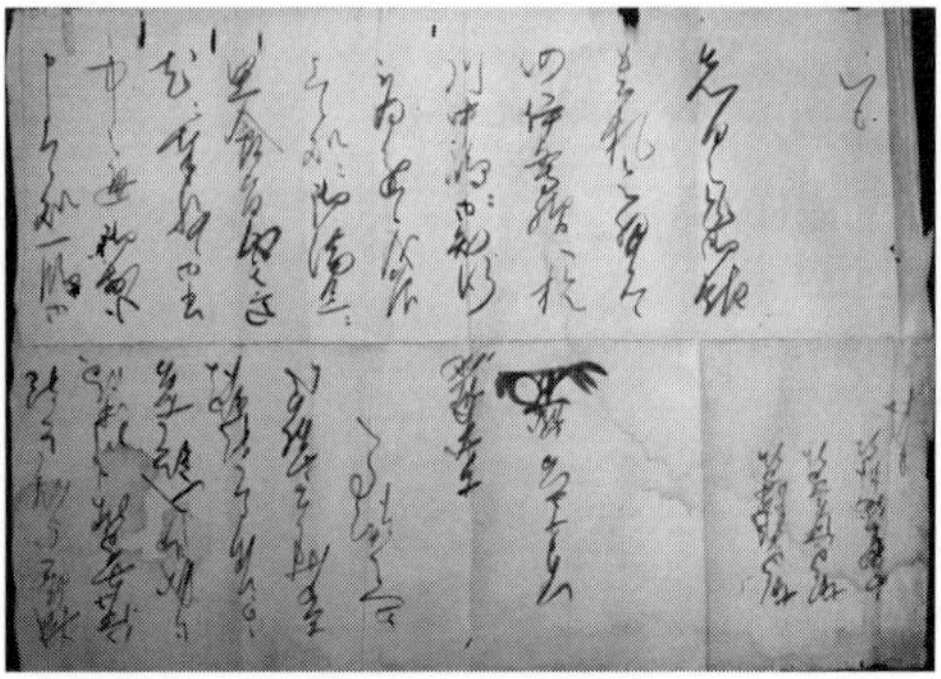

写真56　土井利勝書状

冬の陣・夏の陣ともに、家康は富正と成重を越前松平家の窓口としてさまざまに指示して、二人も合戦で先手をつとめ最前線で功名をたてた。また夏の陣後、二人は越前勢の抜け駆けについて家康に問われたが、ともに弁解をして切り抜けている。さらに三河国刈谷《かりや》の水野勝成《みずのかつしげ》側からの言い分で、どちらが大坂城一番乗りだったか家康・秀忠の面前で論争となった際に、成重の主張によって越前勢の一番乗りが確定したという(『藩鑑』『越州御代規録』など)。

年寄衆における双璧　大坂夏の陣の際、越前松平家臣の加藤宗月《かとうそうげつ》(康寛《やすひろ》)は大野城を守るよう命じられたが、その命を伝える文書には重臣である富正・成重と小栗美作守《おぐりみまさかのかみ》(正勝《まさかつ》)が署名している(『国事叢記』『片聾記』)。一方で、将軍秀忠の側近土井利勝《どいとしかつ》から越前松平家の重臣たちに、忠直の弟である忠昌の加増転《てん》封《ぽう》を報せた、元和二年(一六一六)と思われる書状(写真56、佐久間家文書)があり、その宛所は富正・成重および小栗正勝になっている。幕閣《ばっかく》も富正と成重を、越前松平家の筆頭格重臣として認識していたことがうかがえる。

その後、忠直が流罪《るざい》となる元和九年まで、越前松平家重臣が発給した連署書状(写しも含める)をみると、差出に署名しているのは富正・成重、それに加え小栗正勝・岡嶋壱岐守《おかじまいきのかみ》・本多七左衛門《しちざえもん》といった新しい家臣たちであった。元和五年五月二日に北庄で大谷浦《おおたにうら》と大比田《おおひだ》村の裁定があったが、この時も富正・成重・小栗正勝・岡嶋壱岐守・本多七左衛門の五人の面前で両村の対決が行われた。この五人の年寄衆の体制は、元和九年まで続く(佐藤二〇一七)。また年不詳だが忠直期のものと思われる諸士に対する装飾や生活風紀に関する掟書にも、富正・成重を含めたこの五人が署名している(「忠直公御代秘蔵御書付」)。

例外として元和九年六月一二日付の勝山神明別当興福寺《かつやましんめいべっとうこうふくじ》への寄進状には、富正と小栗正勝・岡嶋壱岐守が(国泰寺文書)、同年一〇月二六日付の笹治大膳《ささじだいぜん》への加増覚《かぞうおぼえ》には、富正と本多七左衛門・岡嶋壱岐守がそれぞれ署名し、成重の名はみられないが(山県家文書)、成重が丸岡城に入った慶長一八年から、忠直が改易《かいえき》される元和九年にいたるまで、富正と成重は家中における家老としてゆるぎない地位にあり、藩政をリードしていたと考えられる。

成重の独立　松平忠直は大坂の陣の後、元和四年頃から、江戸に参勤《さんきん》しないなど不行跡《ふぎょうせき》が目立つようになる。成重が諌《いさ》めるも、忠直はかえって憤り丸岡城を攻めようとしたため、成重はやむを得ず、上洛《じょうらく》して京都所司代《しょしだい》に事の次第を諮《はか》る事態にまでいたった(『元和年録』『徳川実紀』)。

元和九年、ついに将軍秀忠は、甥である忠直の隠居と豊後への配流《はいる》、仙千代《せんちよ》(忠直の嫡子《ちゃくし》、後の松平光長《みつなが》)が後を継ぐことを決定。その後、富正・成重、および小栗正勝・岡嶋壱岐守・本多七左衛門らに、配流先の忠直との交信の禁止や家中諸法度《かちゅうしょはっと》の遵守を命じた黒印状が出されている(『国事叢記』『松平家譜』)。

翌寛永元年四月、幕府は仙千代を北庄から越後高田《えちごたかだ》へ移し、高田を治めていた松平忠昌を北庄に移し替えた。それにともない五月、成重は六三〇〇石加増され四万六三〇〇石の大名として取り立てられ、ここに丸岡城を居城とした丸岡藩が成立する。六月には忠昌の弟の直政《なおまさ》・直基《なおもと》・直良《なおよし》らも、それぞれ大野・勝山《かつやま》・木本《このもと》が与えられ、大名として独立した。

成重は越前松平家の家老ではなくなったが、忠昌が越前北庄に入って来た際に、肥後《ひご》の大名細川忠利《ほそかわただとし》が家臣に宛てた書状に「越前へは松平伊与殿(忠昌)、都合五十万石にて、その内に本多伊豆(富正)を相添えられ候、本多たんげ(丹下＝成重)は越前の丸岡城を御預け成られ、是は親子かわり〴〵に江戸へ詰め候へ、御陣の刻は伊与殿へ御付き成られべくの由に候」(細川家史料)とある。成重が大名として独立したことを知らないこと、従兄弟同士の富正・成重を「親子」とするなど、いくつか事実誤認があるが、富正と成重が交替で江戸に詰めて、軍事動員の際は忠昌に附属するということが書かれており興味深い。富正と成重がともに支えるこの体制は、正確には忠直期におけるものだが、「両本多」の言葉どおり、二人が越前松平家における二本の柱石として、他国の大名にも受け止められていたといえよう。

ところで現在の丸岡城天守《てんしゅ》(写真57、国重要文化財)は、全国に一二ある現存天守(江戸時代またはそれ以前に建てられた)の一つで、近年の調査によって寛永年間(一六二四~四四)に建てられたことが明らかになった(坂井市二〇一九)。成重が大名として独立した後に改修・建築されたと考えられる。

写真57　丸岡城

また福井藩がキリシタン改めのため、成重が領有する滝谷《たきだに》浦に入港した船も全て、福井藩の外港の三国《みくに》湊に寄せることになり、寛永二一年三月に成重が福井藩に抗議するという一幕もあった(『松平家譜』)。かつて家老として越前松平家(福井藩)を支えた成重だが、一大名として独立後は、湊の権益をめぐり福井藩と競合する間柄となったのである。

福井藩の筆頭家老　富正や成重と並んで忠直期の年寄衆であった小栗正勝・岡嶋壱岐守・本多七左衛門は、転封《てんぽう》した仙千代に従って越後高田に移る。結局、寛永元年の越前諸藩の再編成のなかで、富正だけが越前松平家において、松平忠昌のもとで年寄衆筆頭の地位を確保して加増も認められたのである(佐藤二〇一七)。

越前に入った直後の忠昌は施政方針を定めた法令を発布したが、これに署名しているのは富正・永見吉次《よしつぐ》・狛孝澄《こまたかずみ》で、寛永四年になると年寄衆に松平正世・杉田《すぎた》権之介《ごんのすけ》(壱岐)三正《みつまさ》が加わっている(松平正世は翌五年に死去)。同じ時期の落首に「頼むへし 本多丹波(富正)に壱岐(杉田壱岐)如来 鬼か志摩(永見吉次)なる伊勢(狛孝澄)海老のつら」(『越州御代規録』)とあり、成重の独立後、家老として忠昌の政治を支えたのは、秀康・忠直期から仕え、寛永一一年より丹波守を称した富正と、忠昌の幼少時から仕えた永見志摩守(吉次)・狛伊勢守(孝澄)・杉田壱岐守(三正)の四人であったことを物語っている。

なお「佐久間家文書」には、富正の贈答進上に対する将軍秀忠や家光《いえみつ》の返報《へんぽう》である黒印状が残っている。これらの贈答は藩主の松平家を媒介せず、富正と将軍家との間に直接の関係があり、単なる陪臣《ばいしん》とはみられていない(佐藤二〇一七)。また富正の娘を娶《めと》った松平直基(忠昌の弟)から、富正に対する書状に「上様(家光)おほしめしには貴殿其《そこ》元《もと》に御入り候を、越前のかため(固め)と思し召され候様子にて」(佐久間家文書)とあり、越前に富正がいることを、将軍家光が「越前の固め」と考えていることを伝えており、興味深い。

正保二年(一六四五)に忠昌が没するが、幕府老中は忠昌の嫡子万千代《まんちよ》(後の光通《みつみち》)が幼少の間、家老の富正・永見吉次・杉田三正・狛孝澄・酒井外記《げき》が相談して国を治めよと命じている(『松平家譜』)。同年、富正は隠居し「元覚斎《げんかくさい》」と名乗るが、慶安二年(一六四九)に府中で没し、龍泉寺《りゅうせんじ》(越前市)に葬られた。富正は本領である府中の町や道路整備も手がけるとともに、福井城下では芝原《しばはら》用水を開いた。また、治水事業として築いた九頭竜川左岸堤防は隠居後の名をとって「元覚堤《げんかくづつみ》」と呼ばれる。

そして次世代へ　富正の嫡子昌長《まさなが》は、秀忠の妻江《ごう》からかわいがられ、家光や忠長《ただなが》にも謁見しており、将軍家からも目をかけられていたという(佐藤二〇一七)。富正の死後、昌長は家督《かとく》と府中領を相続し、府中本多家は明治維新まで福井藩の筆頭家老として存続。大名に近い扱いとして、明治時代以降には華族《かぞく》の男爵《だんしゃく》家に列した。次男の正房《まさふさ》とその子孫も代々、福井藩で家老職を輩出する「高知席《こうちせき》」の家格にあった。

一方、成重の嫡子重能は、正保二年に家督を継ぎ二代目丸岡藩主となり、丸岡藩本多家は元禄八年（一六九五）にお家騒動で改易される四代まで続く。次男の重看《しげみつ》は、幼い頃に富正の養子になったが、富正に実子が生まれたこともあり、成重のもとに戻り、寛永三年に成重所領のうち三〇〇〇石を分知され、旗本に取り立てられた（本多大膳《だいぜん》家）。この三〇〇〇石は越前において初めて成立した旗本領として、明治維新を迎えるまで存続した。なお同家に伝来した武具、道具、古文書等（国立歴史民俗博物館所蔵　本多家資料）は、江戸時代の大身旗本の歴史や文化を今に伝える。三男の重良《しげよし》も、元和三年に下総相馬《しもうさそうま》郡内に三〇〇〇石を賜り、旗本に取り立てられた。

四男重方《しげかた》（五男とも）は寛永三年（元年とも）に松平忠昌に召し抱えられ、子孫の家は福井藩の「高知席」として続く。その家伝文書（坂井市龍翔博物館所蔵　本多重方家文書）は、藩主からの知行宛行状《あてがいじょう》や、家の由緒、幕末に改革派として由利公正《ゆりきみまさ》らと活躍した本多飛騨《ひだ》の関係資料などを含む。「本多家資料」や「本多重方家文書」には、成重の大坂の陣での戦功を伝えた資料も多く残っている。また成重の五男や六男（名前は不詳）は尾張《おわり》徳川家に仕えたという。

富正は、秀康・忠直・忠昌・光通と四代にわたって仕え、成重も後に独立することになったが、「両本多」としてともに越前松平家を支えた。二人とも戦乱の終幕といえる大坂の陣を戦い、戦国の終わりから江戸時代の始まりを見届けた人生であった。その子たちの家も、次の時代の越前において脈々と受け継がれてゆくのである。

コラム❻　あわら市柿原に眠る多賀谷左近

多賀谷左近の墓　福井県最北端の市、あわら市は「あわら温泉」を有する温泉地として全国的に有名である。この市の中心部からやや北方に位置する柿原《かきばら》区（字墓堂《ぼどう》）に、あわら市指定史跡「多賀谷左近《たがやさこん》の墓」（写真58）はある。この墓所は、ゆるやかな丘陵に囲まれた田園地帯の真ん中に位置し、多賀谷左近の墓塔とみられる宝篋印《ほうきょういん》塔《とう》などが残る。また、かつて墓所内に存在した石廟《せきびょう》が「笏谷石《しゃくだにいし》」などを用いて復元されており、前述の宝篋印塔を覆っている（あわら市二〇一七b）。笏谷石とは、福井市中心部にそびえる足羽山《あすわやま》で産出される緑色《りょくしょく》火山礫凝《かざんれきぎょう》灰岩《かいがん》のこと。古来よりさまざまな石造物に加工され、人々の暮らしや文化を支えてきた石材である。

多賀谷左近とは　この墓所に葬られた多賀谷左近とはどのような人物であったのだろうか。以下、先行研究（あわら市二〇一七a）によりつつ述べていきたい。

多賀谷左近こと多賀谷三経《みつつね》（一五七八—一六〇七）は、織豊期から江戸初期にかけて活躍した武将である。左近は通称であり、元服《げんぷく》の際に「左近将監《しょうげん》」という官職に任官したとされることに由来する。

写真58　多賀谷左近の墓

多賀谷家（下妻系）家紋
「木瓜に一文字」

多賀谷氏は金子《かねこ》家忠《いえただ》を祖とし、家忠が鎌倉幕府から武蔵《むさし》国騎西荘《きさいのしょう》多賀谷郷《たがや》（埼玉県加須《かぞ》市内田ケ谷《うちだがや》）を与えられたことを家名の由来とする。南北朝期に多賀谷郷が初代鎌倉公方《かまくらくぼう》の足利基氏《あしかがもとうじ》から結城《ゆうき》氏（下総《しもうさ》結城氏）に恩賞として与えられ、結城氏の家臣となった。鎌倉公方とは、室町幕府が関東などを統治するために鎌倉に設けた出先機関鎌倉府《かまくらふ》の長官である。享徳三年（一四五四）、多賀谷氏は鎌倉公方足利成氏《しげうじ》の命令により上杉憲忠《うえすぎのりただ》を討った。その功績により、多賀谷氏は成氏から下妻《しもつま》（茨城県下妻市）周辺の領地と「木瓜《もっこう》に一文字」の家紋を与えられたとされる。寛正二年（一四六一）に多賀谷氏は居城の下妻城を完成させ、三経の父重経《しげつね》の代に領地は最大となった。

結城秀康に従う　三経は天正六年（一五七八）に重経の嫡男として生まれたが、天正一七年に下妻城を出て島《しま》城（茨城県結城郡八千代《やちよ》町）へと移る。その理由については諸説あり、主には次の三説が有力とみられる。①戦国後期の多賀谷氏は、結城氏と常陸《ひたち》国太田（茨城県常陸太田市）を本拠とする佐竹《さたけ》氏の両方に属しており、佐竹氏が多賀谷氏の家督継承問題に介入した結果との見方。②多賀谷氏内部における佐竹派と結城派の対立の結果との見方。③翌年に豊臣秀吉の小田原攻めを控えた多賀谷氏が、生き残りとこれまで培ってきた勢力を残すための方策との見方。

天正一八年には佐竹氏から宣家《のぶいえ》が下妻に入り、重経の後継者の地位についた。多賀谷氏は結城氏に従う三経（三経系）と佐竹氏に従う重経・宣家（下妻系）に分裂したのである。なお、三経系の多賀谷家は、下妻系とは異なる家紋「木瓜に笄《こうがい》」を用いた。

三経は天正一八年に太田城（茨城県結城郡八千代町）を築いて本拠とし、養子として結城氏を継いだ結城秀康《ひでやす》（徳川家康の次男、豊臣秀吉の養子）に従った。

三経の人脈　文禄二年（一五九三）、朝鮮出兵のため肥前《ひぜん》国名護屋《なごや》（佐賀県唐津市）に出陣した際、三経は石田三《いしだみつ》成《なり》を介添《かいぞ》えとして元服した。三経の「三」は、この時三成から与えられたものである（『多賀谷記』など）。

三経は秀康や、秀康の元養父である豊臣秀吉、秀康の実父である徳川家康などに対し、継続的に季節の祝儀を進上していた。彼らから三経に宛てた多くの礼状が今に残されている（多賀谷文書）。また、三経は公家《くげ》の飛鳥井雅枝《あすかいまさえだ》から蹴鞠《けまり》の伝授を受けており、公家とも交流があったことが確認される（多賀谷文書）。

このように、三経は豊臣家や徳川家、あるいは公家などと広く関わりを持っていたのである。

系図４　多賀谷氏系図　九千房英之氏による系図をもとに作成

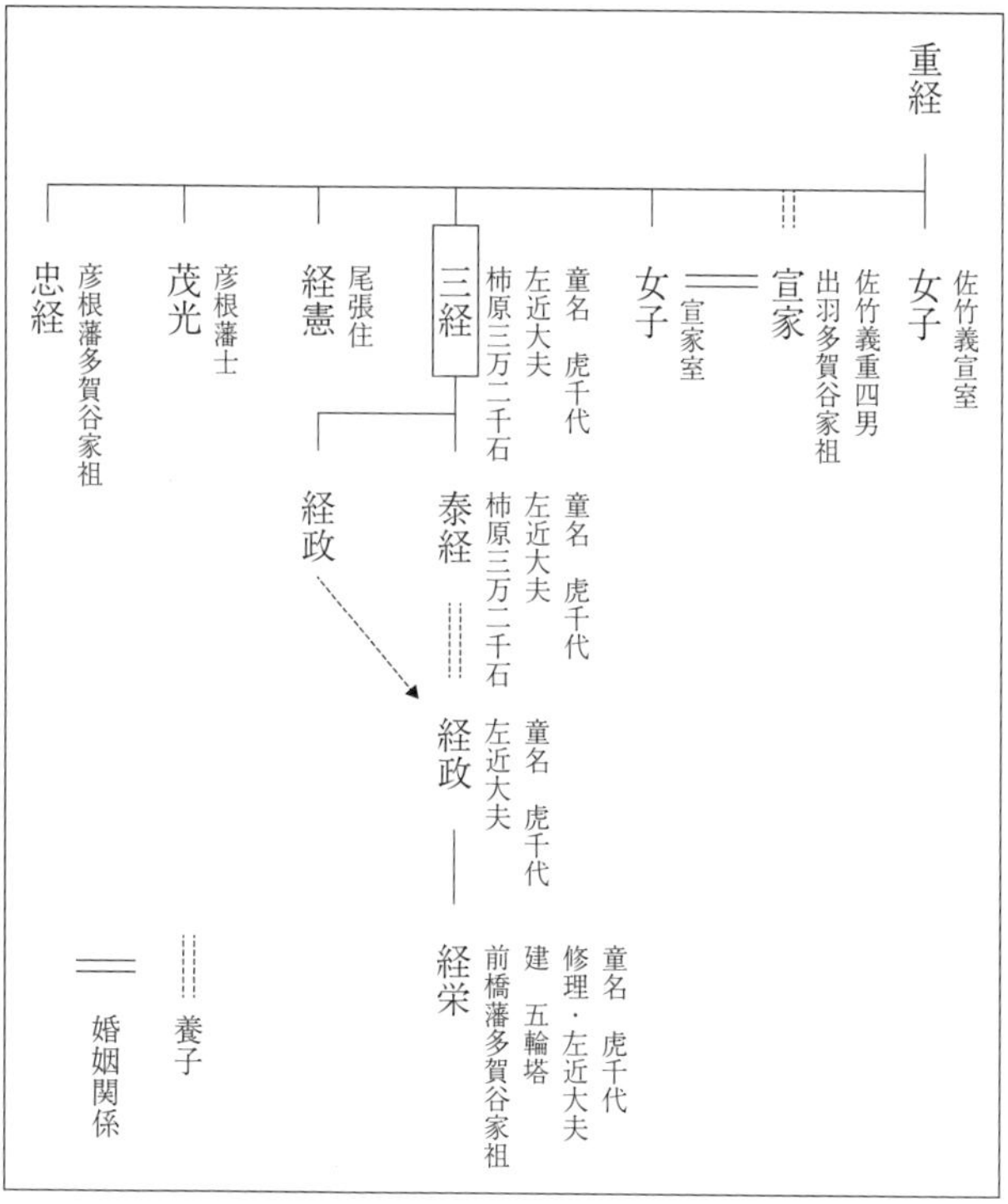

多賀谷家（三経系）家紋
「木瓜に筓」

柿原三万二千石　関ヶ原《せきがはら》の戦いの直前、三経は会津《あいづ》を本拠とする上杉景勝《かげかつ》攻めのため、秀康の先鋒として下野《しもつけ》国大田原《おおたわら》（栃木県大田原市）にいち早く布陣して上杉勢に備えた。家康の重臣であり、徳川四天王の一人として知られる榊原康政《さかきばらやすまさ》が三経に送った書状からは、三経が「在番《ざいばん》」して昼夜を問わず警戒に当たっていた様子がうかがえる（多賀谷文書）。

関ヶ原の戦いの後、上杉氏などを押さえた功績により、秀康は越前《えちぜん》一国六八万石を与えられて移封《いほう》となった。これは、徳川家を除く当時の全大名中で第二位の石高であり、三経も秀康に従って越前に移った。慶長六年（一六〇一）に三経は秀康から四六ヶ村三万石を与えられ、加賀前田《かがまえだ》家への備えとして柿原郷（あわら市山十楽およびその周辺）に館を構えた。慶長九年にはさらに二〇〇〇石の加増を受け、「柿原三万二千石」の大名並みの領地支配を任されたのである。この多賀谷領支配に関する史料はほぼ残っていないが、ため池などが三経統治時代に作られたという伝承が地元に残る。

慶長一一年には、秀康から三経に江戸城普請《ふしん》につき、掟書《おきてがき》が与えられた（多賀谷文書）。三経は、秀康請負分の現地責任者を任されていたことがわかる。慶長一二年、三経はこの世を去った。三〇歳だった。秀康が亡くなった三カ月後のことである。三経は以前から病を患っていたようであり、あたかも主君の後を追うような死であった。

三経没後の多賀谷家　三経の没後、多賀谷家を継いだのは息子の泰経《やすつね》であった。泰経は秀康の後継者である松《まつ》平忠直《だいらただなお》に仕え、大坂夏の陣では多賀谷勢が三八の首級をあげる活躍をみせた。しかし、その翌年の元和二年（一六一六）に泰経は一九歳という若さで亡くなる。泰経には子がなかったため、多賀谷家では弟の虎千代《とらちよ》（のちの経《つね》政《まさ》）を養子として相続させようとした。しかし、これは北庄《きたのしょう》藩（のちの福井藩）に認められず、ここに越前における多賀谷家の治世は終わった。

その後、経政の子である経栄《つねひで》は松平直基《なおもと》に召し抱えられ、越前を離れた。直基は秀康の五男で結城家の家督を継承した人物である。のちに経栄は三経の墓所内に三経の弔いと多賀谷家の復興を記念して五輪塔《ごりんとう》を建てている。多賀谷家は直基の子孫に仕え続け、上野前橋藩《こうずけまえばし》(群馬県前橋市)の家老として明治維新を迎えた。

記憶される三経　文化三年(一八〇六)、三経の二〇〇回忌にあたり柿原村の墓所で法事が執り行われた。三経の墓所で法事供養等が行われることは前代未聞であり、多くの人々が集まったという(九千房英之氏のご教示による)。平成二五年(二〇一三)には三経の遺徳を顕彰し、その墓所の護持・整備を図ることを目的として「多賀谷左近三経公奉賛会」が設立された。平成二七年に、あわら市と下妻市が姉妹都市となった際には、三経が両市ゆかりの人物であることが一つの契機となった。

乱世の激動のなか、数奇な人生を歩んだ一人の関東武士は「柿原の殿様」として、今も越前の地において、記憶され、愛されている。

(中西健太)

参考文献

足立　尚計　一九九五「柴田勝家の肖像画をめぐって」『福井市立郷土歴史博物館研究紀要』三
天野　忠幸　二〇二二『室町幕府分裂と畿内近国の胎動（列島の戦国史4）』吉川弘文館
あわら市　二〇一七a『あわらの殿様「多賀谷左近」』あわら市郷土歴史資料館
あわら市　二〇一七b『多賀谷左近三経石廟復元および史跡整備報告書』あわら市教育委員会
池上　裕子　一九八〇「結城秀康」『結城市史　第四巻　古代中世通史編』結城市（第四編第四章）
石川　美咲　二〇二一a「『遊行三十一祖京畿御修行記』について―解題と写真・翻刻―」『一乗谷朝倉氏遺跡資料館紀要二〇一九』
石川　美咲　二〇二一b「明智光秀と越前朝倉家の薬・生蘇散」『織田政権と本能寺の変』塙書房（藤田達生編）
石川　美咲　二〇二二a「戦国期越前朝倉氏発給文書にみられる横内折書状」『中世後期の守護と文書システム』思文閣出版（川岡勉編）
石川　美咲　二〇二二b「一乗谷朝倉氏遺跡」『北陸の名城を歩く　福井編』吉川弘文館（山口充・佐伯哲也編）
市村　高男　一九七九「豊臣大名の歴史的位置―結城秀康を中心として―」『地方史研究』一三一
今福　匡　二〇〇五『前田慶次―武家文人の謎と生涯―』新紀元社
越前市　二〇一六『文化財からみる越前市の歴史文化図鑑』越前市（越前市・越前市教育委員会文化課市史編さん室編）
大河内勇介　二〇二一「本能寺の変直後の柴田勝家と丹羽長秀」『福井県立歴史博物館紀要』一四
大河内勇介　二〇二二「戦国時代の真柄氏―真柄氏家記覚書の紹介―」『福井県立歴史博物館紀要』特別号
太田　浩司　二〇〇三「京極氏の歴史」『京極氏の城・まち・寺―北近江戦国史―』サンライズ出版（伊吹町教育委員会編）
太田　浩司　二〇一八「佐和山城主・堀秀政についての基礎的研究」『淡海文化論叢』一〇

大森　宏　一九九六　『戦国の若狭―人と城―』私家版
岡田孝雄　一九九四　「近世の村と浦」『福井県史　通史編3　近世一』福井県（第三章第四節）
小楠《おぐす》和正　二〇〇六　『結城秀康の研究』越前松平家・松平宗紀
奥野高廣　一九八八　『増訂　織田信長文書の研究　下巻』吉川弘文館
奥村　哲　一九七二　「豊臣政権における家臣団編成方式の考察―堀秀政家臣団の場合―」『北陸史学』二〇
奥村　哲　一九七八　「豊臣期一武将の軌跡―多賀秀種の場合―」『北陸史学』二七
尾下成敏　二〇一六　「丹羽長秀の居所と行動」『織豊期主要人物居所集成　第2版』思文閣出版（藤井讓治編）
小野正敏　二〇二二　「庭園に何を読むか、発掘庭園の意義と活用の課題―武家の城館を例に―」『令和4年度　日本庭園学会全国大会資料集』日本庭園学会
角《かど》　明浩　二〇〇五　「越前松平家初期における家臣団の再考察―今村盛次・本多富正・清水孝正らの政治地位を中心に―」『史学研究集録』三〇
角　明浩　二〇一五　「越前北庄城主期の堀秀政・秀治―発給文書の検討をとおして―」『戦国史研究』七〇
角　明浩　二〇二一　「清須会議後の羽柴秀吉と柴田勝家」『秀吉襲来』東京堂出版（渡邊大門編）
金子　拓　二〇一六a　「松平忠直の隠居と秋田藩―「越前御陣」の記憶―」『近世初期の大名と情報』東京大学史料編纂所研究成果報告二〇一五―二（佐藤孝之編）
金子　拓　二〇一六b　「本能寺の変の「時間」と情報―太陽コレクションに寄せて―」『大信長展―信長とその一族・家臣・ライバルたち―』太陽コレクション
金子　拓　二〇一九　『信長家臣明智光秀』平凡社新書
印牧《かねまき》信明　二〇〇七　「福井藩祖結城秀康」『福井藩祖結城秀康（平成一九年春季特別陳列）』福井市立郷土歴史博物館
川嶋將生　二〇〇八　『室町文化論考―文化史のなかの公武―』法政大学出版局

河村　昭一　二〇一九　「戦乱の時代から統一へ」『大野市史　通史編上　原始〜近世』大野市（第三章）
河村　昭一　二〇二一ａ　『若狭武田氏と家臣団』戎光祥出版
河村　昭一　二〇二一ｂ　「『国吉籠城記』における朝倉軍の侵攻年次について」『若越郷土研究』六五―二
河村　昭一　二〇二二　『若狭逸見氏の歴史―砕導山城跡保存会講演会―』砕導山城跡保存会・高浜公民館
木越　隆三　二〇〇〇　「越前惣国検地と検地手法」『織豊期検地と石高の研究』桂書房
木下　聡　二〇一六　「若狭武田氏の研究史とその系譜・動向」『若狭武田氏』戎光祥出版（木下聡編）
木下　聡　二〇二二　「戦国時代における武家官位について」『歴史研究』七〇四
木村真美子　二〇一一　「大覚寺義俊の活動と近衛家―将軍足利義晴と朝倉孝景との関係を中心に―」『室町時代研究』三
功刀《くぬぎ》　俊宏　二〇一一　「織田権力の若狭支配」『織田権力の領域支配』岩田書院（戦国史研究会編）
功刀　俊宏　二〇一七　「足利義昭・織田信長による若狭武田氏への政策について―武藤友益討伐などから―」『白山史学』五三
功刀　俊宏　二〇一九　「『壁蔵遺珠』所収の丹羽長秀文書」『戦国史研究』七八
功刀　俊宏　二〇二二　「官途は先祖を超えるも期待に応えられなかった朝倉義景」『歴史研究』七〇四
久野　雅司　二〇一七　『足利義昭と織田信長―傀儡政権の虚像―』戎光祥出版
久保　智康　一九八九　「越前における近世瓦生産の開始について―武生市小丸城跡出土瓦の検討―」『福井県立博物館紀要』三
熊　本　県　二〇一八　『細川ガラシャ（永青文庫展示室開設一〇周年記念・ＲＫＫ開局六五周年記念）』細川ガラシャ展実行委員会（熊本県立美術館編）
黒嶋　敏　二〇一二　『中世の権力と列島』高志書院
黒田　基樹　一九九七　「戦国大名北条氏の他国衆統制―「指南」「小指南」を中心として―」『戦国大名領国の支配構造』

岩田書院（初出一九九六）
黒田　基樹　二〇一七a「慶長期大名の氏姓と官位」『近世初期大名の身分秩序と文書』戎光祥出版（初出一九九七）
黒田　基樹　二〇一七b「結城秀康文書の基礎的研究」「松平秀康文書集」『近世初期大名の身分秩序と文書』戎光祥出版（初出一九九五）
石畑《こくはた》　匡基　二〇一二「秀吉死後の政局と大谷吉継の豊臣政権復帰」『日本歴史』七七二
小宮《こみや》木代良　二〇一六「松平忠直事件に関わる言説の変遷―福井藩・津山藩・幕府等において―」『近世初期の大名と情報』東京大学史料編纂所研究成果報告二〇一五―二（佐藤孝之編）
斎藤　嘉造　一九八七「越前府中領主本多富正とその差出し文書について」『福井県史研究』五
坂　井　市　二〇一一『天下人の時代と坂井―戦国武将の息吹と足跡―（みくに龍翔館第二五回特別展）』坂井市みくに龍翔館
坂　井　市　二〇一三『本多成重と丸岡藩（みくに龍翔館第二七回特別展）』坂井市みくに龍翔館
坂　井　市　二〇一九『丸岡城天守学術調査報告書』坂井市教育委員会文化課丸岡城国宝化推進室
笹木　康平　二〇一八a「天文期の若狭武田氏に関する一考察―粟屋元隆の反乱と天文九年武田・六角・京極同盟―」『十六世紀史論叢』九
笹木　康平　二〇一八b「若狭武田氏における「国家」」『戦国史研究』七六
笹木　康平　二〇二二「若狭武田氏の小浜における拠点形成―「在浜」「出浜」文言の検討を中心に―」『若越郷土研究』六六―二
佐藤　　圭　二〇〇二「朝倉氏と室町幕府―御礼進上を中心として―」『戦国大名朝倉氏と一乗谷』高志書院（水野和雄・佐藤圭編）
佐藤　　圭　二〇〇三「絶頂期の朝倉義景」『朝倉義景のすべて』新人物往来社（松原信之編）

佐藤　圭　二〇一五「奥羽大名と越前朝倉氏の通好」『秋大史学』六一
佐藤　圭　二〇一七「解説　本多富正関係文書について」『越前市史　資料編4　本多富正関係文書』越前市
佐藤　圭　二〇二一「中・近世以降期における大名家の重臣連署状―越前国を中心に―」『地域統合の多様と複合』桂書房（北陸中近世移行期研究会編）
柴辻俊六　二〇一六a「明智光秀文書とその領域支配」『織田政権の形成と地域支配』戎光祥出版
柴辻俊六　二〇一六b「柴田勝家発給文書と地域支配」『織田政権の形成と地域支配』戎光祥出版
清水有子　二〇一七「京極高次・高知」『キリシタン大名―布教・政策・信仰の実相―』宮帯出版社（五野井隆史監修）
水藤《すいとう》　真　二〇〇六『落日の室町幕府―蜷川親俊日記を読む―』吉川弘文館
高浜町　一九九二『若狭高浜むかしばなし』高浜町教育委員会
高浜町　二〇〇〇『戦乱の高浜城主逸見昌経展―郷土の中世と逸見一族―（平成一二年度企画展）』高浜町郷土資料館
田嶋悠佑　二〇一八「織豊大名領国と大身家臣―越後堀領国を事例として―」『地方史研究』三九三
田嶋悠佑　二〇二一「堀秀治論」『研究論集　歴史と文化』七
田中大喜・中島圭一・中司健一・西田友広・渡邊浩貴　二〇一八「益田實氏所蔵新出中世文書の紹介」『国立歴史民俗博物館研究報告』二一二
谷口克広　一九九八『信長の親衛隊―戦国覇者の多彩な人材―』中公新書
谷口克広　二〇〇五『信長軍の司令官―部将たちの出世競争―』中公新書
谷口克広　二〇一〇『織田信長家臣人名辞典　第2版』吉川弘文館
谷口研語　二〇一四『明智光秀―浪人出身の外様大名の実像―』洋泉社歴史新書y
土屋久雄・溝江伸康編　二〇〇〇『越前金津城主溝江家―溝江文書の解説と資料―』全国溝江氏々族会

外岡《とのおか》慎一郎　一九九三　「中世気比社領の基礎的考察―「建暦社領注文」とその周辺―」『福井県史研究』一一
外岡慎一郎　一九九六　「中世の気比神人とその周辺」『福井県史研究』一四
外岡慎一郎　二〇一六　『大谷吉継』戎光祥出版
登谷《とや》伸宏　二〇一七　「北庄城下町の空間構造について―織豊系城下町としての位置づけをめぐって―」『建築史学』六九
長澤伸樹　二〇一七　「「楽座」とは何か―越前橘屋を事例として―」『楽市楽座令の研究』思文閣出版
永田恭教　二〇一六　「光秀をめぐる知られざる女性たちとは?」『ここまでわかった本能寺の変と明智光秀』洋泉社歴史新書y（洋泉社編集部編）
中野　等　二〇一九　『太閤検地―秀吉が目指した国のかたち―』中公新書
長野栄俊　二〇一六　「西尾宗次の生涯―真田信繁を討った「無名の武士」の実像―」『若越郷土研究』六一―一
西尾和美　二〇一九　「戦国・織豊期毛利氏妻室の文書と署名―「つほね」呼称・候名・実名―」『戦国期文書論』高志書院（矢田俊文編）
朴《バク》　秀哲　二〇〇〇　「織田政権における寺社支配の構造」『史林』八三―二
橋本政宣　一九六六　「結城秀康について」『國學院雑誌』六七―四
長谷川裕子　二〇一七　「越前の「領」にみる越前松平氏の領国支配構造」『歴史研究の最前線』一九
馬部《ばべ》隆弘　二〇二一　「六角定頼の対京都外交とその展開」『日本史研究』七一〇
馬部隆弘　二〇二二a　「内藤宗勝の丹後・若狭侵攻と逸見昌経の乱」『地方史研究』四一五
馬部隆弘　二〇二二b　「江口合戦後の細川晴元」『戦国期阿波国のいくさ・信仰・都市』戎光祥出版（石井伸夫ほか編）
隼田《はやた》嘉彦　一九八九　「結城秀康の家臣団について」『北陸における社会構造の史的研究―中世から近世への移行期を中心に―』昭和六三年度科学研究費補助金（総合研究A）研究成果報告書
隼田嘉彦　二〇〇八　「結城秀康と松平忠直」『福井市史　通史編2近世』福井市（第一章第一節）

日　吉　町　二〇〇五『丹波動乱―内藤勝宗とその時代―（平成一七年度企画展）』日吉町郷土資料館
福　井　県　二〇二〇『天下人の時代―信長・秀吉・家康と越前―（特別展）』福井県立歴史博物館
福　井　県　二〇二二『中世若狭の「まち」（令和四年度秋季特別展）』福井県立若狭歴史博物館
福　井　市　二〇一二『大坂の陣と越前勢（平成二四年秋季特別展）』福井市立郷土歴史博物館
福島　克彦　二〇一九『明智光秀と近江・丹波―分国支配から「本能寺の変」へ―』サンライズ出版
藤井　譲治　一九九二「幕藩体制の成立」『小浜市史　通史編　上巻』小浜市役所（第三章第二節）
藤井　譲治　一九九四「越前・若狭の大名配置」『福井県史　通史編3　近世1』福井県（第一章第三節一～三）
藤田達生・福島克彦編
　　二〇一五『明智光秀（史料で読む戦国史3）』八木書店
藤野　立恵　二〇〇二「福井藩初期の家臣」『福井県地域史研究』一一
堀　　直敬　一九六七『堀家の歴史―飯田・村松・須坂・椎谷―』堀家の歴史研究会
堀越　祐一　二〇〇五「秀吉権力の成立と堀秀政」『戦国史研究』四九
松浦　義則　一九九四「丹羽長秀の若狭支配」『福井県史　通史編3　近世1』福井県（第一章第二節三）
松浦　義則　一九九七「近世的支配の形成」『福井市史　通史編1　古代・中世』福井市（第八章第三節）
松浦　義則　二〇二〇「戦国末期若狭支配の動向」『福井県文書館研究紀要』一七
松　江　市　二〇一一『松江藩主京極忠高の挑戦―松江創世記―（平成二三年特別展秋の巻）』松江歴史館
松原　信之　一九九四「長享・延徳の訴訟」『福井県史　通史編2　中世』福井県（第四章第二節一）
松原　信之　一九九七「朝倉氏の最盛期と滅亡」『福井市史　通史編1　古代・中世』福井市（第六章第三節）
松原　信之　二〇〇八『越前朝倉氏の研究』三秀舎
松原　信之　二〇一二「豊臣政権と越前の長谷川秀一（東郷侍従）について」『福井県地域史研究』一三

三鬼清一郎　一九九一「堀秀政」『国史大辞典　第一二巻』吉川弘文館
三宅　正浩　二〇二一「賀古豊前守考」『日本歴史』八八〇
村川　浩平　一九九六「羽柴氏下賜と豊臣姓下賜」『駒沢史学』四九
本川《もとかわ》　幹男　一九八九「福井藩初期の民政組織について」『福井県地域史研究』一〇
森谷　尅久　一九八〇「大津籠城」『新修大津市史3　近世前期』大津市役所（第二章第二節）
山下　春渓　一九三一『北荘城主堀秀政』山下文庫
米原《よねはら》　正義　一九七六『戦国武士と文芸の研究』桜楓社
米原　正義　一九九四「朝倉氏の文芸」『福井県史　通史編2　中世』福井県（第六章第四節一）
若狭路文化研究会　二〇一八『影印本　氣比宮社記　上巻』若狭路文化研究会・げんでんふれあい福井財団

本文写真一覧（出典）

1　武田信賢禁制（妙興寺蔵、福井県立若狭歴史博物館写真提供）
2　武田元光三首和歌懐紙（福井県立若狭歴史博物館蔵）
3　当国御陣之次第（『宗滴夜話』所収、金沢市立玉川図書館近世史料館蔵）
4　国吉城址遠望（若狭国吉城歴史資料館写真提供）
5　織田信長朱印状（福井県立歴史博物館蔵）
6　北庄城（越前国絵図）（松平文庫、福井県文書館保管）
7　朝倉義景画像（心月寺蔵、福井県立一乗谷朝倉氏遺跡博物館写真提供）
8　毛氈鞍覆（複製品）と白傘袋（復元品）（福井県立一乗谷朝倉氏遺跡博物館蔵）
9　木簡「御屋形様」墨書（福井県立一乗谷朝倉氏遺跡博物館蔵）
10　犬追物図屏風（17世紀初頭）（福井県立美術館蔵）
11　原寸再現された朝倉館（福井県立一乗谷朝倉氏遺跡博物館）
12　朝倉義景書状（松平文庫、福井県文書館保管）
13　復元されたゴブレット（福井県立一乗谷朝倉氏遺跡博物館蔵）
14　姉川合戦図屏風に描かれた真柄十郎左衛門直隆（福井県立歴史博物館蔵）
15　真柄氏家記覚書（冒頭部分、福井県立歴史博物館蔵）
16　木造 逸見昌経坐像（園松寺蔵、高浜町郷土資料館写真提供）
17　武田信方画像（龍泉寺蔵、福井県立若狭歴史博物館写真提供）
18　『若州三方郡国吉籠城記』（天明7年）（美浜町教育委員会蔵、若狭国吉城歴史資料館写真提供）
19　逸見氏系図（部分、園松寺蔵、高浜町郷土資料館寄託）
20　伝明智光秀画像（模写、東京大学史料編纂所蔵）
21　『遊行三十一祖京畿御修行記』（別願寺蔵、福井県立一乗谷朝倉氏遺跡博物館写真提供）
22　『針薬方』（個人蔵、熊本県立美術館写真提供）
23　熊川宿空撮（若狭三方縄文博物館写真提供）
24　細川藤孝室沼田氏画像（模写、東京大学史料編纂所蔵）
25　豊原寺跡出土独鈷杵（福井県立一乗谷朝倉氏遺跡博物館蔵）

26 妻木煕子の墓（西教寺）
27 柴田勝家画像（柴田勝次郎氏蔵、福井市立郷土歴史博物館保管）
28 柴田勝家掟書（大連三郎左衛門家文書、あわら市郷土歴史資料館写真提供）
29 柴田勝家書状（溝口半左衛門家文書、福井県立歴史博物館写真提供）
30 『絵本豊臣勲功記』（福井県立歴史博物館蔵）
31 府中両人連署状（慈眼寺蔵、福井県文書館写真提供）
32 小丸城跡出土文字瓦拓本（原品は越前市味真野史跡保存会蔵、拓本は越前市教育委員会作成・所蔵）
33 金森長近画像（素玄寺蔵）
34 大野城石垣幷長屋門破損之覚図（名古屋市蓬左文庫蔵）
35 寺内町金森（金森町自治会蔵、大野市教育委員会写真提供）
36 越前大野城から眺めた大野市街地
37 丹羽長秀画像（模写、東京大学史料編纂所蔵）
38 丹羽長秀諸役免許状（福井県立歴史博物館蔵）
39 堀秀政画像（本願寺福井別院蔵）
40 北岸から見た九頭竜川
41 三国問丸中宛 堀秀治判物（森田正治家文書、福井県文書館写真提供）
42 堀秀政画像（長慶寺蔵）
43 堀秀政墓（長慶寺）
44 大谷吉継禁制（西福寺蔵、敦賀市立博物館写真提供）
45 『気比宮社記』（氣比神宮蔵、敦賀市立博物館写真提供）
46 大谷吉継黒印状（道川文書・真願寺蔵、敦賀市立博物館写真提供）
47 京極高次画像（模写、東京大学史料編纂所蔵）
48 溝江館跡（あわら市大溝）
49 結城秀康画像（大寶寺蔵、福井県立歴史博物館写真提供）
50 中村家住宅（浜松市文化財課写真提供）
51 松平忠直画像（浄土寺蔵、福井県文書館写真提供）
52 結城秀康書状（福井信用金庫蔵）
53 木造 本多富正像（藤垣神社蔵）
54 横矧二枚胴具足（本多成重着用）（国立歴史民俗博物館蔵）
55 茶壺 銘「みよしの」（本多家資料、国立歴史民俗博物館蔵）
56 土井利勝書状（佐久間家文書、越前市中央図書館蔵）
57 丸岡城
58 多賀谷左近の墓

表紙・裏表紙

肖像画（トリミング）

・朝倉義景画像（心月寺蔵、福井県立一乗谷朝倉氏遺跡博物館写真提供）
・柴田勝家画像（柴田勝次郎氏蔵、福井市立郷土歴史博物館保管）
・丹羽長秀画像（模写、東京大学史料編纂所蔵）
・京極高次画像（模写、東京大学史料編纂所蔵）
・結城秀康画像（大寶寺蔵、福井県立歴史博物館写真提供）

史跡

・丸岡城（公益社団法人福井県観光連盟「福井県公式観光サイト　ふくいドットコム」より転載）
・朝倉館跡（公益社団法人福井県観光連盟「福井県公式観光サイト　ふくいドットコム」より転載）
・後瀬山城跡（福井県立若狭歴史博物館写真提供）
・小浜城跡（福井県立若狭歴史博物館写真提供）

【著者紹介】
外岡　慎一郎（とのおか しんいちろう）
1954年生まれ　奈良大学教授　博士（史学）
著書に『武家権力と使節遵行』（同成社）、『大谷吉継』（戎光祥出版）、『「関ケ原」を読む』（同成社）。

【編者紹介】
福井県郷土誌懇談会（ふくいけん きょうどし こんだんかい）
福井県に関する考古、歴史、地理、民俗、自然等の研究を通して郷土文化への関心を深め守ることを目的として1952年に発足（事務局：福井県立図書館内）。機関誌『若越郷土研究』を年２回刊行。これまでに「福井県郷土叢書」や「福井県郷土新書」などを出版。当ブックレットの既刊に『越前・若狭の戦国』『幕末の福井藩』『福井県の方言』がある。
石川　美咲（いしかわ みさき）
1991年生まれ　福井県立一乗谷朝倉氏遺跡博物館学芸員
大河内　勇介（おおこうち ゆうすけ）
1982年生まれ　福井県立歴史博物館学芸員
角　明浩（かど あきひろ）
1978年生まれ　坂井市龍翔博物館学芸員

【執筆者紹介】（五十音順）
角　衣利奈（かど えりな）
1992年生まれ　あわら市郷土歴史資料館文化財専門調査員
功刀　俊宏（くぬぎ としひろ）
1973年生まれ　江東区文化財専門員
倉田　尚明（くらた なおあき）
1993年生まれ　高浜町郷土資料館学芸員
笹木　康平（ささき こうへい）
1987年生まれ　札幌市職員
佐藤　圭（さとう けい）
1953年生まれ　元福井県教育庁埋蔵文化財調査センター所長
田中　孝志（たなか たかし）
1975年生まれ　大野市教育委員会事務局生涯学習・文化財保護課指導学芸員
徳満　悠（とくみつ ひさし）
1989年生まれ　福井県立若狭歴史博物館学芸員
中西　健太（なかにし けんた）
1993年生まれ　福井市立郷土歴史博物館学芸員
長谷川　裕子（はせがわ やすこ）
1972年生まれ　跡見学園女子大学教授
水野　佑一（みずの ゆういち）
1993年生まれ　若狭国吉城歴史資料館学芸員

岩田書院ブックレット
歴史考古学系H32

越前・若狭 武将たちの戦国

2023年(令和5年)11月25日　第1刷　2300部発行　定価［本体1500円＋税］
著　者　外岡慎一郎 ほか
編　者　福井県郷土誌懇談会＋石川美咲・大河内勇介・角 明浩

発行所　有限会社岩田書院　代表：岩田　博　http://www.iwata-shoin.co.jp
〒157-0062 東京都世田谷区南烏山4-25-6-103　電話 03-3326-3757　FAX03-3326-6788
組版・印刷・製本：藤原印刷

ISBN978-4-86602-164-5　C3321　¥1500E

コピーOK

松浦義則ほか著／福井県郷土誌懇談会編
ISBN978-4-86602-038-9 C1321

越前・若狭の戦国

岩田書院ブックレット・歴史考古学系H24
2018年６月刊・Ａ５判・154頁・並製本・１５００円（税別）

本書本編では次の論点で、戦国期の越前・若狭を記述する。①戦国大名の形成について、越前の朝倉孝景が日本で最初の戦国大名になったことを、先行する守護斯波氏の領国支配の特質から解明する。②戦国大名の合戦について、朝倉氏にとっての加賀一向一揆、武田氏にとっての丹後との合戦を取り上げる。③越前・若狭の農村において形成された中間得分としての内徳とその売買が、戦国期社会の基礎にあることを指摘する。④自立を強めた農民と、大名などの領主との基本的関係がどのようなものであったかを、指出を中心に明らかにする。⑤寺社、浦人、町と町衆、交通業者について、その活動の実態と、なによりもこの人たちが地域のなかで果たしていた役割について検討する。最後に、終末を前に総動員体制をとる朝倉氏と、内部分裂を深める武田氏を、対照的に描く。
他に、特論２編を収録。

【主要目次】

本川幹男ほか著／福井県郷土誌懇談会編

ISBN978-4-86602-092-1 C1321

幕末の福井藩

岩田書院ブックレット・歴史考古学系Ｈ29

2020年３月刊・Ａ５判・191頁・並製本・１６００円（税別）

「本書は、幕末福井藩の全体像を確認することを目標とし、政治はもちろん経済や社会、及び領民を含む藩政全体と維新変革との関わりをまとめたものである。

なお、執筆にあたっては次のことに留意した。

①本書の始まりを弘化・嘉永期(1844-54)とし、天保期(1830-44)は簡略な扱いとした。
②本書の終わりを明治４年(1871)の廃藩置県に置き、それを目処に筆を擱いた。
③第２章「殖産興業策の推進と文久期の福井藩」にもっとも多くのページを割いた。殖産興業策が本書の重要な柱になると考えたからである。
④通史的な展開を目指したが、一般に周知の所は簡潔に扱い、そうでない部分にページを多く割いた。
⑤本書では福井藩で一貫させた。越前藩と称することは、越前藩内に存在した他の譜代諸藩等を無視し、却って福井藩の理解を誤らせると考えるからである。
⑥本編の他に５人の研究者による小テーマによる論考を加えた。」

（本川「はしがき」より。一部改変）

【主要目次】

加藤和夫ほか著／福井県郷土誌懇談会編

ISBN978-4-86602-152-2 C3321

福井県の方言

岩田書院ブックレット 歴史考古学系Ｈ31

ふるさとのことば再発見

2023年３月刊・Ａ５判・176頁・並製本・**１５００円**（税別）

「本書は福井県の方言に関心を持つ方はもちろん、これまで福井県の方言にあまり関心がなかった方たちにも、福井県方言の概要を知っていただき、地域で生活する上で大切なアイデンティティであるべき方言について広く知っていただくために、比較的平易に解説したものである。（中略）筆者の四〇年近い方言研究で得た知見をもとに、福井県方言の歴史と高年層方言の特徴、さらには最近の変化などについて、同じ県でありながら北陸方言と近畿方言という別の方言区画に属する嶺北方言と嶺南方言の両方を取り上げてまとめたものである。」

（本書「はじめに」より）

【主要目次】